辽宁省哲学社会科学青年人才培养对象委托课题（项目编号：2022lslwtkt-055）

沈阳市哲学社会科学规划课题（项目编号：SY202109Q）

政府购买农民工公共服务及其治理效能研究

A Research on the Government Purchase of Public Services for Migrant Workers and Its Governance Efficiency

孙健 著

中国社会科学出版社

图书在版编目（CIP）数据

政府购买农民工公共服务及其治理效能研究 / 孙健著. —北京：中国社会科学出版社，2021.10
ISBN 978-7-5203-8903-7

Ⅰ.①政⋯　Ⅱ.①孙⋯　Ⅲ.①民工—劳动就业—社会服务—研究—中国　Ⅳ.①D669.2

中国版本图书馆 CIP 数据核字(2021)第 162796 号

出 版 人	赵剑英
责任编辑	林　玲
责任校对	石建国
责任印制	李寡寡

出　　版	中国社会科学出版社
社　　址	北京鼓楼西大街甲 158 号
邮　　编	100720
网　　址	http://www.csspw.cn
发 行 部	010-84083685
门 市 部	010-84029450
经　　销	新华书店及其他书店
印　　刷	北京明恒达印务有限公司
装　　订	廊坊市广阳区广增装订厂
版　　次	2021 年 10 月第 1 版
印　　次	2021 年 10 月第 1 次印刷
开　　本	710×1000　1/16
印　　张	21.75
字　　数	320 千字
定　　价	128.00 元

凡购买中国社会科学出版社图书，如有质量问题请与本社营销中心联系调换
电话：010-84083683
版权所有　侵权必究

前　言

自 20 世纪 70 年代以来，世界上一些主要国家相继掀起了针对行政效率与服务质量的改革并取得了良好效果，特别是通过政府与社会合作为国民提供公共服务，为构建现代公共服务供给体系提供了新型模式和具体路径。外国政府改革公共服务供给方式的做法为我国政府体制改革和职能转变带来了重要影响。2013 年 9 月，国务院办公厅印发《关于政府向社会力量购买服务的指导意见》（国办发〔2013〕96 号）正式提倡政府购买模式，并基于国家顶层设计制定了诸多支持措施，政府购买服务随即成为北京、上海、深圳等各大城市政府体制改革的重要内容。在此过程中，政府购买服务范围也逐渐扩展到就业培训、医疗卫生、教育住房、文化体育、社会保险、法律援助、社区服务等多个领域。从实践效果来看，政府购买服务提升了公共服务体系的供给能力与质效水平，对我国构建共建、共治、共享的社会治理格局产生了重要影响。

农民工是我国发展城镇化进程中形成的特殊劳动力群体，他们户籍在农村，工作在城镇，在城乡间、城城间进行着循环反复的时空流动。随着我国城镇化、工业化、农业现代化的快速推进，农民工群体通过在各个岗位上的不懈打拼，已然成为国家建设和社会发展的重要生力军。长期以来，我国政府为保障和改善农民工的就业和生活待遇，相继为其提供了职业技能培训、劳动安全保护、法律援助服务等一系列公共服务，对改善农民工的就业条件和生活环境发挥了重要作用。但受制于政府公共服务供给体制及其有限能力的束缚,由政府直接提供农民工公共服务始终存在着供给种类偏少、供给质效不高、供给水平偏低等突出问题,未能充分和高质量地满足农民工群体多样化、多层次的服务需求,严重阻碍了农民工在城市的稳定就业和社会融入,对新型城镇化和农民工市民化等战略执行极其不利。为进一步改善农民工公共服务,我国政府逐渐创新农民工公共服务供给模式,即在以往公共服务供给机制及其经验基础上,通过运用政府购买服务方式来保障农民工均等享有公共服务。经过十多年的实践探索,政府购买农民工公共服务呈现出针对性强、机制灵活、操作简便、实效性突出等显著特点,切实提升了政府供给农民工公共服务的政策效能,基本满足了农民工及其家庭成员的公共服务需求,对全方位改善农民工及其所在家庭的发展条件和生活质量发挥着支柱作用。

当然,政府购买农民工公共服务毕竟是一个新生事物,其制度设计依旧处于起步阶段,在实践探索过程中难以避免地会产生一些问题与不足,例如供给种类不全、供给规模偏小、服务质效有待提升、评价监督有待完善等,都深刻影响着政府购买农民工公共服务的效率和质量,进而制约着农民工就业状况和生活条件的持续改善。基于此,深入探究政府购买农民工公共服务实践效果及存在问题,不仅是深化政府购买公共服务体制改革的现实需要,也是政府创新和完善农民工政策的决策依据,对准确把握社会治理格局下农民工群体发展方向具有重要参考价值。在这种背景下,本书在借鉴以往农民工公共服务政策及研究基础上,基于政府购买公共服务视角,对我国农民工公共服务政策及其实践进行全面的梳理、分析和总结,并围绕"政府购买农民工公共服务"这个主题,按照政策依据、实践内容、主要成效、存在问题、改革展望的脉络,分十章进行全景式概括与系统性总结。希冀通过本书的研究,可以总结成功经验以利于推广,发现具体问题以利于改进,以切实增强政府购买农民工公共服务实践的治理效能。

第一章，绪论。改革开放四十年，农民工作为城市中规模巨大、贡献突出的劳动力群体，逐步参与分享我国政府购买公共服务的政策红利，并基于对公共服务享受的改善建议倒逼服务水平和质量的持续提升。从政府购买农民工公共服务实践效果来看，利用政府购买服务这一治理工具，不仅提高了政府供给农民工公共服务的效率和水平，而且增强了社会力量服务农民工的专业化、精准化与优质化，大幅提升了农民工接受公共服务的覆盖率和满意度。在过去十多年间，学界对政府购买农民工公共服务的实践成果进行了初步探索，内容涉及政府购买农民工公共服务体系、就业创业公共服务、文化公共服务、农民工随迁子女义务教育服务、法律援助公共服务等诸多方面，其研究成果已经具有一定规模，这对创新和完善农民工公共服务体系建设具有重要的理论引导意义，也对进一步提升政府购买农民工公共服务质效和水平具有实践推动作用。

第二章，农民工就业创业服务。农民工普遍存在着文化水平低端性和职业技能缺乏性的特征，导致其在激烈的城市劳动力市场竞争中长期处于相对劣势，很难获得理想和稳定的工作岗位，同时也严重束缚了其创业活动的开展。对此，政府通过购买农民工就业创业服务，促使农民工的就业创业能力和水平得到明显提升。一是政府购买农民工培训机构和实训基地服务，催生了一批高质量、专业化的农民工培训组织，为做大做好农民工培训工作奠定了平台基础。二是政府购买农民工职业培训服务，提升了农民工职业素质和就业能力，促进了农民工的稳定和优质就业，为农民工收入的稳步增加提供了坚实保障。三是政府购买农民工创业服务，提升了创业培训机构和孵化园区的服务热情与服务能力，促使农民工自我创业和团队孵化效果明显提高。四是政府购买农民工职业推介服务，加大了培育和扶持农民工服务中介机构的力度，提升了农民工职介服务的规范化、法制化和专业化水平，增强了农民工参与城市职业市场的便捷度和实效性。

第三章，农民工社会保险服务。我国政府高度重视农民工社会保险服务的改善工作，通过政府购买或补贴等手段，使农民工社会保险服务的内容逐渐丰富，供给形式逐步规范，显著提升了农民工社会保险的参与率和覆盖面，促进了全民平等参与及享有社会保险服务治理格局的形成。一是实施农民工社会保险补贴服务，逐步将农民工纳入城镇社会保障服务体系，确保农民工公平享受社会保险服务待遇，以集中解决农民工社会保险参保率低和"碎片化"等突出问题，加快推进城乡社会保险制度一体化进程。二是政府为农民工购买人身意外伤害综合保险，增强了农民工化解人身意外伤害风险的保障能力，为农民工外出就业提供了"安全伞"和"保险锁"，解除了农民工外出就业的心理负担和后顾之忧，促进了农民工更加积极的创业就业与职业攀登。

第四章，农民工住房保障服务。住有所居成为农民工在城市稳定工作与长期生活的重要支持，我国政府通过联合社会、市场等各种力量，为农民工群体实施了一系列住房保障服务项目，实现了对农民工各类住房保障服务需求的基本满足。一是制定和实施形式多样的农民工保障性住房服务政策，包括将住房困难农民工纳入公租房供给体系、为农民工提供购房财政补贴和租赁住房补贴等，整体改善了农民工的居住条件和生活环境，极大地增强了农民工的归属感和融入感。二是为解决和保障新生代农民工在高流动就业情况下的临时性居住问题，政府通过增加资金投入，大力建设农民工公寓、农民工"零工市场"和农民工综合服务中心等公共设施，改善农民工务工的临时居住环境和条件，基本满足了高流动性农民工在城市过渡的临时性住房需求。

第五章，农民工随迁子女教育服务。随着农民工举家迁移城市比例的逐步提升，各地政府通过联合社会优质教育资源和各界志愿服务力量，为农民工随迁子女提供更为连贯、更加丰富的教育服务和社会活动。一是政府鼓励和支持社会力量兴办农民工子弟学校等教学机构，并通过购买、补贴、奖励、减费等方式推动农民工子弟学校的教学设施不断完善、教学质量不断提升，积极化解农民工子女在城市接受义务教育的多重困境。二是政府推动农民工子弟学校逐步向更为规范、更为优质的民办学校转化，同时通过向民办学校购买教育学位，保障农民工随迁子女在城市接受义务教育的各种权益，为农民工家庭的长期凝聚开拓了全新道路。三是政府广泛开展关爱农民工子女活动，多措并举地解决农民工子女社会化教育和健康成长问题，显著增强了农民工随迁子女的社会融入能力与社会参与效果。

第六章，农民工医疗与健康服务。农民工在城市中通常从事的是风险高、强度大、周期长、环境差的工作，很容易导致他们形成群体性的职业疾病和心理问题，加之受到务工收入水平、流入地就医条件等客观因素的限制，农民工潜在的健康风险较其他城市劳动群体更加凸显。对此，政府通过购买医疗与健康服务，切实保障农民工的健康权益，成为农民工职业生涯平稳过渡的稳定器和重要防线。一是购买生理健康和医疗服务，逐步提升农民工接受健康服务的覆盖率，使农民工健康保障水平得到较大提升。二是做好农民工心理健康预防和治疗服务，联合社会力量积极开展农民工心理咨询与辅导、情感疏导与慰藉等具体项目，大力改善农民工群体的心理健康状况与社会适应能力。

第七章，农民工文化、体育与休闲服务。在现代城市生活中，文化、体育与休闲的紧密结合造就了一种更有品质和融入力的生活模式，这种模式也逐步渗透到在城市中打拼的农民工群体，促进了其生活品味的提高和生活质量的改善，还提升了其生产工作效率和社会参与、社会融合的积极性，是推进农民工融入城市的重要驱动力。因此，政府联合社会各界力量，积极为农民工提供文化体育产品和休闲娱乐等服务。一是制定政策法规保障农民工享有文化体育产品和休闲娱乐服务，国家有关部门先后制定了《关于进一步加强农民工文化工作的意见》《关于进一步做好为农民工文化服务工作的意见》《公共文化服务保障法》等政策法规，为农民工享有精神文化生活权益，以及形成政府、社会、企业共同参与的农民工文化服务供给格局提供了制度依据。二是在国家政策指引下，政府通过开展政府购买农民工文化休闲服务工作，为农民工提供图书、电影等文化产品服务以及体育健身等休闲服务，显著提升了农民工享有文化、体育和休闲等服务的质量和水平。

第八章，农民工法律宣讲与法律援助服务。由于农民工法律知识相对缺乏、法律意识相对淡薄，他们在就业和生活中受到不法侵害的现象时有发生。同时，农民工在自我权益保护中又缺少足够的法律认知能力、法律救济手段和依法维权本领，亟须政府和相关部门以及社会各类法律服务机构给予必要的法律援助服务。因此，政府联合社会共同建立农民工法律援助服务供给体系，致力于为农民工提供更为直接、具体、周到、细致的法律服务。一是国家和相关部门制定和实施了《关于全面治理拖欠农民工工资问题的意见》《保障农民工工资支付条例》等政策法规，同《劳动法》《劳动合同法》《法律援助条例》等相关法律一并构建起农民工权益保护的制度体系，对维护和保障农民工的合法权益发挥着基础性作用。二是各级政府和有关部门积极转变农民工法律援助服务思路，通过县区法律援助中心、工会、社区、企业等主要服务基地，广泛开展法律知识宣讲培训、农民工法律援助和农民工计划生育法律宣传与咨询等服务，实现法律服务与农民工近距离接触，将法律服务作为农民工保驾护航的必备利器。

第九章，农民工社会工作服务。社会工作在解决农民工城镇就业与生活问题、促进农民工城市融入和市民化等方面发挥着积极作用。政府运用多种手段推进社会工作融入农民工公共服务供给体系，尤其是通过购买社会工作服务方式满足农民工的多层次、多元化社会服务需求，成为了加强和改善农民工服务工作的关键环节。一是政府相关部门相继出台了《关于加强社会工作专业人才队伍建设的意见》《关于政府购买社会工作服务的指导意见》《关于在农村留守儿童关爱保护中发挥社会工作专业人才作用的指导意见》等政策，促进运用政府购买服务方式来满足农民工对社会工作服务的需求，切实解决了农民工及其家庭成员在就业和生活中的具体困难。二是政府通过购买社会工作服务实践，逐步将社会工作纳入农民工公共服务体系，并借助农民工社会组织、农民工服务中心等实体机构的专业能力和专业服务，力争彻底解决农民工及其家庭成员深层次的社会融入问题和持续发展问题。

第十章，政府购买农民工公共服务的治理效能及改进空间。长期以来，我国通过构建政府购买农民工公共服务政策体系和体制机制，有效提升了农民工公共服务供给的能力、质效和水平，更好地满足了农民工群体多元化、多层次的公共服务需求，在服务理念、服务方法、服务机制、服务范围等诸多方面取得了明显的治理效能。作为政府解决农民工问题的全新手段，政府购买农民工公共服务在制度设计和实践应用上还处于探索阶段，其体制机制建设仍存在不完善、不健全、不到位等不足，主要表现在购买方向精准化不足、购买范围和购买种类急需扩充、购买资金投入与总体购买规模相对偏小，以及缺少科学健全和系统完善的绩效评价和监督管理机制等。对此，我国政府需要认真审视并把握好政府购买农民工公共服务的发展方向和关键环节，通过加强政府购买农民工公共服务的基础理论研究、积极培育服务农民工的社会组织、扩大购买目录与提高供给质量，以及加强对购买服务的绩效评价和监督管理等策略，不断提升政府购买农民工公共服务的实践效能，全面推进农民工更快更好地享受到均等、专业、综合的公共服务待遇。

为农民工群体提供与城市居民均等化的公共服务，既是我国政府推进新型城镇化等国家战略的核心任务和重要推手，也是促成农民工社会参与和社会融入，实现全体国民共享改革发展成果的内在要求和关键标志。本书基于政府购买服务视角，探索农民工公共服务的政策发展历程及其实践中的治理效能。在向"小政府，大社会"格局转变过程中，我国不断改革创新治理农民工问题的政策体系和实践模式，通过购买服务方式为农民工群体提供公共服务，不仅提升了农民工公共服务本身的供给效能，还进一步推动了农民工享有长期满意的公共服务，对推进农民工城市融入与农民工市民化都发挥着显著的积极作用。在总结和吸纳以往经验基础上，笔者通过以上探索与思考致力于倡导以政府购买模式为农民工群体提供公共服务，并期盼在经济社会现代化过程中打造多方力量共同参与的农民工问题社会治理格局。同时，笔者建议政界和学界从社会治理现代化的高度出发，持续关注和重视政府购买农民工公共服务的理论研究、政策分析和实践探索。笔者认为，只有始终坚持改革视角，坚持人本理念，准确把握农民工政策的发展方向，全力提高农民工公共服务待遇水平，才能构建起农民工问题的社会治理格局，推动政府购买农民工公共服务提质增效、日臻完善，推动农民工实现从无序流动到安居乐业的彻底转变。最后，笔者衷心地希望本书能够为解决我国农民工公共服务问题提供一些实际经验和具体模式，也希望本研究能够为其他国家正在应对的人口流迁、移民和难民等问题的治理提供一些决策参考。

目 录

第一章 绪论 …………………………………………………………（1）
 第一节 我国农民工公共服务的政策发展历程 …………………（1）
 第二节 政府购买农民工公共服务的时代背景 …………………（8）
 第三节 文献综述与研究问题 ……………………………………（11）

第二章 农民工就业创业服务 ………………………………………（18）
 第一节 建设高水平农民工培训实训基地 ………………………（18）
 第二节 农民工职业技能培训服务 ………………………………（36）
 第三节 创业培训与孵化扶持服务 ………………………………（56）
 第四节 农民工职业推介服务 ……………………………………（80）

第三章 农民工社会保险服务 ………………………………………（91）
 第一节 农民工社会保险服务政策 ………………………………（91）
 第二节 农民工社会保险补贴服务 ………………………………（95）
 第三节 政府购买商业性保险服务 ………………………………（107）

第四章 农民工住房保障服务 ………………………………………（112）
 第一节 农民工保障性住房服务 …………………………………（112）
 第二节 农民工临时性住房服务 …………………………………（118）

第五章 农民工随迁子女教育服务 …………………………………（123）
 第一节 兴办农民工子弟学校 ……………………………………（124）
 第二节 政府购买农民工随迁子女教育学位 ……………………（133）

第三节　开展农民工子女社会化培育活动 …………………（141）

第六章　农民工医疗与健康服务 ……………………………（154）
第一节　农民工生理健康和医疗卫生服务 …………………（155）
第二节　农民工心理健康服务 ………………………………（168）

第七章　农民工文化、体育与休闲服务 ……………………（182）
第一节　农民工文化、体育与休闲服务政策 ………………（182）
第二节　农民工文化体系与服务平台建设 …………………（190）
第三节　农民工图书、电影等文化产品服务 ………………（201）
第四节　农民工体育健身与休闲服务 ………………………（212）

第八章　农民工法律宣讲与法律援助服务 …………………（223）
第一节　农民工法律援助政策 ………………………………（223）
第二节　农民工法律宣讲服务 ………………………………（232）
第三节　农民工法律援助服务 ………………………………（241）
第四节　农民工计生法律政策宣传和技术服务 ……………（255）

第九章　农民工社会工作服务 ………………………………（265）
第一节　农民工社会工作服务政策 …………………………（265）
第二节　农民工社会工作服务 ………………………………（272）
第三节　企业社会工作介入农民工服务 ……………………（280）

第十章　政府购买农民工公共服务的治理效能及改进空间 …（287）
第一节　政府购买农民工公共服务的治理效能 ……………（287）
第二节　政府购买农民工公共服务的尚存问题 ……………（296）
第三节　政府购买农民工公共服务的改革展望 ……………（307）

参考文献 ………………………………………………………（318）

后　记 …………………………………………………………（335）

第一章 绪论

中国政府为农民工提供与城市居民均等化的公共服务，既是保障农民工均等分享社会经济权益的基本手段，也是推进新型城镇化等国家战略的重要推手，更是实现全体国民共享改革发展成果的内在要求和关键标志。在向"小政府，大社会"格局转变过程中，中国政府不断改革创新农民工公共服务的供给体制，并通过联合社会各界力量，共同开启了政府购买农民工公共服务的社会治理模式。该模式不仅有效减轻了政府在应对农民工问题中的行政压力，还切实增加了农民工在享受公共服务中的参与感与获得感，对推进农民工的就业创业、城市融入以及长期安居发挥着巨大作用。

第一节 我国农民工公共服务的政策发展历程

自20世纪80年代以来，中国政府针对农民工流动迁移问题不断出台和适时调整方针政策，农民工政策主体内容从严格限制农村人口进城从业演变为积极促进农民工城市融入和市民化。实际上，在中国改革开放和现代化建设进程中，农民工作为城市经济发展中的主力军，为经济快速增长、大规模基础设施建设、日新月异的城镇化发展和"世界工厂"的形成做出了卓越的历史性贡献[①]。现阶段，随着农民工进入城市规模的持续增

---

① 李培林：《中国改革开放40年农民工流动的治理经验》，《社会》2018年第6期。

加，农民工为城市发展和繁荣做出的贡献将更加突出，其社会地位和社会形象应当得到大幅度提升。然而，从实际情况来看，农民工在与城市就业单位、社会环境以及城市社区居民的互动过程中却依然处于弱势地位和困难境地，其最为明显的表现在于城市为农民工提供公共服务呈现出区别化、差异化、碎片化等不佳效果。针对此类问题，中国政府基于社会治理格局的逐步形成，开始通过公开招标、竞争式谈判等多种购买方式构建新型农民工公共服务供给体系，有效提升了农民工公共服务供给效率和服务质量，并在机制建设层面确保了农民工拥有参与和享有公共服务的平等权益。

本章首先将对农民工公共服务政策的历史渊源和发展历程进行简要阐述，并从政策历程分析中引出我国政府购买农民工公共服务制度的发展阶段及其现状。基于已有政策文本的系统梳理，到目前为止，我国农民工公共服务政策主要经历了三个阶段，分别是：允许农民进入城镇并给予有限生活和工作条件阶段（1984—1999 年）；引导规范农民工流动并提供基本生活和工作保障阶段（2000—2012 年）；支持和促进农民工向城镇迁移并提供全方位公共服务阶段（2013 年之后）。

一 允许流动与有限服务时期（1984—1999 年）

20 世纪 80 年代中期，随着改革开放步伐的不断加快，中国城市建设和外资企业急需大量劳动力资源，国家政策开始允许农村人口进入城镇从事非农产业工作。1984 年 1 月，中共中央印发《关于一九八四年农村工作的通知》（中发〔1984〕1 号），明确"各省、自治区、直辖市可选若干集镇进行试点，允许务工、经商、办服务业的农民自理口粮到集镇落户"，标志着国家开始有限度地放开对农民进城务工经商的限制，使得农民进城工作和生活有了明确依据和具体渠道，开启了农村人口进军城镇的政策先河。1984 年 6 月，国务院发布《矿山企业实行农民轮换工制度试行条例》（国发〔1984〕88 号），规定全民所有制矿山企业所需的劳动力，除技术复杂的工种以外，应逐步实行农民轮换工制度，为农民工正式进入全民所有制企业工作开启了政策通道。1985年7月,公安部印发《关于城镇暂住人口管理的暂行规定》([85]公发47号),明确"对外来开店、办厂、从事建筑安装、联营运输、服务行业的暂住时间较长的人,采取雇用单位和常住户口所在地主管部门管理相结合的办法,按照户口登记机关的规定登记造册,由所在地公安派出所登记为寄住户口,发给《寄住证》",使得进城务工经商农民在城市的生活权和工作权有了规范具体的法律依据。1986年7月,国务院印发《关于发布改革劳动制度四个规定的通知》(国发〔1986〕77号),其中发布的《国营企业招用工人暂行规定》和《国营企业实行劳动合同制暂行规定》,允许报经省、自治区、直辖市人民政府批准,国营企业可直接从农村公开招工并统一实行劳动合同制,为农村人员进入国营企业就业提供了政策依据。

进入90年代,各地全民所有制企业招用农民合同制工人的数量急剧增加。为保障企业和农民合同制工人的合法权益,1991年7月,国务院颁布《全民所有制企业招用农民合同制工人的规定》(国务院令第87号),进一步明确"矿山企业根据生产、工作需要,每年可在国家下达的农业户口转为非农业户口的计划指标内,按照不超过合同期限为八年的农民轮换工人数3%的比例,将从事井下采掘生产劳动五年以上的农民轮换工中经业务技术培训考试或考核合格的技术生产骨干,转为城镇户口合同制工人",开启了农民工由农业户口转变为非农业户口的历史性跨越。1994年11月,劳动部颁布《农村劳动力跨省流动就业管理暂行规定》(劳部发〔1994〕458号),明确"当本地劳动力无法满足需求,并符合下列条件之一的[①],用人单位可跨省招用农村劳动力",并明确要求输入地劳动就业服务机构负责向本地用人单位招用的外省农村劳动者颁发外来人员就业证,输出地劳动就业服务机构负责对被外省招用的本地农村劳动力进行登记,并签发

---

① 此处政策条件包括三个方面:(1)经劳动就业服务机构核准,确属因本地劳动力普遍短缺,需跨省招收人员;(2)用人单位需招收人员的行业、工种,属于劳动就业服务机构核准的,在本地无法招足所需人员的行业、工种;(3)不属于上述情况,但用人单位在规定的范围和期限内,无法招到或招足所需人员。

外出人员就业登记卡,由此我国开始实行以就业证和就业登记卡管理为中心的农民工跨省流动就业管理制度。1997年11月,国务院办公厅转发劳动部等七部门《关于进一步做好组织民工有序流动工作的意见》(国办发〔1997〕42号),明确指出组织民工有序流动是关系经济与社会发展的大事,要求各地区、各有关部门要牢固树立城乡统筹、兴利除弊的指导思想,制定和完善组织民工有序流动的制度和措施,使这项工作经常化、制度化。该政策对确保农民工实现有序按需流动和维护劳动力市场正常秩序发挥了重要作用。至此,中国初步建立了允许农民进入城镇就业并给予有限服务的农民工政策制度。这一阶段的农民城乡流动虽然得到政策允许,但是将农民工的角色定位为城市经济发展所需劳动力而非需要市民化的公民来对待,对农民工的发展极为不利[①]。

二 规范流动与基本保障时期(2000—2012年)

21世纪伊始,国家相继出台了一系列支持农民工流动和发展的政策制度,逐步开启了政府供给农民工基本公共服务的机制平台。2000年6月,中共中央、国务院印发《关于促进小城镇健康发展的若干意见》(中发〔2000〕11号),要求改革小城镇户籍管理制度,鼓励农民进入小城镇,指出"从2000年起,凡在县级市市区、县人民政府驻地镇及县以下小城镇有合法固定住所、稳定职业或生活来源的农民,均可根据本人意愿转为城镇户口",并明确"要积极探索适合小城镇特点的社会保障制度""要高度重视进镇人口的就业问题",该政策的实施标志着我国县级市市区、县人民政府驻地镇及县以下小城镇全面放开了对农民落户的限制,对推动全国小城镇实现快速健康发展发挥了重要作用。2003年1月,国务院办公厅印发《关于做好农民进城务工就业管理和服务工作的通知》(国办发〔2003〕1号),明确"要把农民工及其所携家属的计划生育、子女教育、劳动就业、妇幼保健、卫生防病、法律服务和治安管理工作等,列入各有

---

① 刘爱玉:《城市化过程中的农民工市民化问题》,《中国行政管理》2012年第1期。

关部门和社区的管理责任范围",该政策凸显了服务农民工和维护农民工合法权益两个理念,标志着农民工政策从以管控为主到以服务为主的重大转变。2006年1月,国务院印发《关于解决农民工问题的若干意见》(国发〔2006〕5号),提出"逐步建立城乡统一的劳动力市场和公平竞争的就业制度,建立保障农民工合法权益的政策体系和执法监督机制,建立惠及农民工的城乡公共服务体制和制度",并指出了解决农民工工资保障、劳动管理、就业服务和培训、社会保障、权益维护、公共服务等若干问题的具体策略,对消除涉及农民工的歧视性规定和体制性障碍,加强和改善农民工的服务管理,以及改善农民工就业生活环境发挥了巨大作用。

这一时期,随着农民工人数的迅猛增加,改善农民工待遇和保障农民工权益被纳入党和国家的重要工作议程。2008年10月,《中共中央关于推进农村改革发展若干重大问题的决定》对建立促进城乡经济社会发展一体化制度进行了综合性布局,其中指出要"加强农民工权益保护,逐步实现农民工劳动报酬、子女就学、公共卫生、住房租购等与城镇居民享有同等待遇,改善农民工劳动条件,保障生产安全,扩大农民工工伤、医疗、养老保险覆盖面"。2011年2月,国务院办公厅印发《关于积极稳妥推进户籍管理制度改革的通知》(国办发〔2011〕9号),指出"在设区的市(不含直辖市、副省级市和其他大城市)有合法稳定职业满三年并有合法稳定住所(含租赁)同时按照国家规定参加社会保险达到一定年限的人员,本人及其共同居住生活的配偶、未婚子女、父母,可以在当地申请登记常住户口",并明确"城市综合承载能力压力大的地方,可以对合法稳定职业的范围、年限和合法稳定住所(含租赁)的范围、条件等作出更严格的规定,同时应当积极采取有效措施解决长期在当地务工、经商人员的城市落户问题"。至此,我国农民工进入中小城市的户籍门槛限制开始有条件放开。

2012年11月,胡锦涛同志在党的十八大报告中强调"加快改革户籍制度,有序推进农业转移人口市民化,努力实现城镇基本公共服务常住人口全覆盖",并要求"加快完善城乡发展一体化体制机制,着力在城乡规划、基础设施、公共服务等方面推进一体化，促进城乡要素平等交换和公共资源均衡配置，形成以工促农、以城带乡、工农互惠、城乡一体的新型工农、城乡关系"。十八大报告中的国家顶层设计为创新和完善农民工等流动人口管理和服务工作指明了方向，对进一步深化城乡户籍制度改革、提升农民工公共服务质量和水平发挥了引领作用。虽然这一时期的农民工服务范围和服务标准改善较大，但也突出存在着就业低端、住房困难、维权不力、医疗不足以及随迁子女义务教育学位缺乏等多方面难题，同时，城镇居民和农民工之间公共服务"新二元"矛盾开始出现，给国家建设和社会发展带来诸多隐患，亟待国家制定新的对策予以全面解决。

三　促进迁移与社会治理时期（2013年之后）

党的十八大以来，在习近平新时代中国特色社会主义思想指引下，中国农民工政策登高望远，聚焦服务，极大地促进了农民工城市融入及其市民化进程。2012年12月31日，中共中央、国务院印发《关于加快发展现代农业进一步增强农村发展活力的若干意见》（中发〔2013〕1号），指出"加强农民工职业培训、社会保障、权益保护，推动农民工平等享有劳动报酬、子女教育、公共卫生、计划生育、住房租购、文化服务等基本权益，努力实现城镇基本公共服务常住人口全覆盖"，大力提升了农民工公共服务的覆盖率及供给质效。2013年9月，国务院办公厅印发《关于政府向社会力量购买服务的指导意见》（国办发〔2013〕96号），对进一步转变政府职能、改善公共服务做出重大部署，指出"通过发挥市场机制作用，把政府直接向社会公众提供的一部分公共服务事项，按照一定的方式和程序，交由具备条件的社会力量承担，并由政府根据服务数量和质量向其支付费用"，并要求"因地制宜、积极稳妥地推进政府向社会力量购买服务工作，不断创新和完善公共服务供给模式，加快建设服务型政府"。在从重点对农民工实施公共管理到注重对农民工提供公共服务的转变过程中，政府购买服务的顶层设计将农民工公共服务推向高峰，农民工公共服务体系和体制机制建设也同步开始进入社会治理格局新时期。

此外，随着我国户籍制度的逐步放开，以及城市社会管理向社会治理的格局转变，各类社会组织为农民工提供服务的作用日益增强。2014年7月，国务院印发《关于进一步推进户籍制度改革的意见》（国发〔2014〕25号），提出"统筹户籍制度改革和相关经济社会领域改革，合理引导农业人口有序向城镇转移，有序推进农业转移人口市民化"，并要求建立居住证制度，明确"居住证持有人享有与当地户籍人口同等的劳动就业、基本公共教育、基本医疗卫生服务、计划生育服务、公共文化服务、证照办理服务等权利"，对推动农民工落户城镇、保障农民工及其家庭合法权益发挥了明显作用。在此基础上，国家加大了对服务农民工社会组织的扶持力度，2014年9月，国务院印发《关于进一步做好为农民工服务工作的意见》（国发〔2014〕40号），要求"改进对服务农民工的社会组织的管理，完善扶持政策，通过开展业务培训、组织经验交流、政府购买服务等方式，引导和支持其依法开展服务活动"，农民工公共服务供给主体和供给方式开始朝着多元化方向发展。2019年12月，中共中央办公厅、国务院办公厅印发《关于促进劳动力和人才社会性流动体制机制改革的意见》（厅字〔2019〕56号），明确要"畅通有序流动渠道，激发社会性流动活力"，提出"推进基本公共服务均等化，常住人口享有与户籍人口同等的教育、就业创业、社会保险、医疗卫生、住房保障等基本公共服务"，并倡导逐步建立起一个"合理、公正、畅通、有序"的社会性流动格局，为农民工均等享受城市公共服务、提升自我价值和实现发展预期创造了更多机会。通过数十年的政策积累，中国政府已经建立了农民工公共服务的基本制度框架和运行体制机制，开始从注重流动性就业支持和寄居式生活保障，逐渐向稳步实现农民工平等享受城市公共服务的方向转变，总体打造出一种全社会关心爱护农民工的和谐氛围，显著增强了农民工在城市工作与生活的归属感、获得感与幸福感。

第二节　政府购买农民工公共服务的时代背景

自20世纪70年代以来，世界上一些主要国家在社会服务和社会保障方面的支出越来越大，导致各国财政支出压力激增，陆续出现了入不敷出的发展困境，甚至发生了严重的经济社会危机。在此背景下，各国政府提供公共服务的表现不佳，无法充分满足公民的基本服务需要，导致公民对政府的管理能力和服务质效产生了不满和动摇。为有效应对日益严重的财政困境，重拾公民对政府的信心和信任，一些国家相继掀起了针对政府行政效率与服务质量的改革并取得了显著成效。在此改革浪潮中，这些国家大多采取了政府购买公共服务方式，即由政府和社会力量合作为公民提供公共服务，开启了公共服务社会化供给的新路径。与此同时，一些国家还通过政府购买方式为外来移民提供专属服务，对促进移民的社会融入带来了极大便利。外国政府实施政府购买公共服务的做法为中国政府体制改革和职能转变带来了重要借鉴。从20世纪90年代开始，中国在部分地区，例如深圳市罗湖区（1994年）、上海市浦东新区（1995年），尝试通过政府购买模式为公众提供公共服务。在总结试点经验基础上，2013年9月，国务院办公厅印发《关于政府向社会力量购买服务的指导意见》（国办发〔2013〕96号），开始正式提倡政府购买服务模式并制定诸多措施给予支持，政府购买服务随即成为北京、上海、深圳等主要城市公共服务体制改革的重要内容。在政策实践过程中，其公共服务适用范围逐渐扩大到公民就业和生活等诸多领域，各类城市居民开始普遍接受由政府出资购买、由社会力量充当承接主体的新型公共服务供给模式，并对所享有的公共服务表现出愈发强烈的认同感和满意度。

中国农民工作为城市建设的重要劳动力资源，已经成为城市常住居民的重要组成部分。政府通过配置均等的、充分的公共服务，以满足农民工在城市的生活和就业需求，从而更好地促进农民工的市民化进程，将对全面推进人口城镇化和促进城乡人口、资源、环境协调发展具有巨大的现实意义。进入21世纪以来，中国政府开始着力为农民工提供多项城市公共服务，农民工也开始逐渐参与到公共服务制度建设并开始分享其改革红利。总体来看，在为农民工提供公共服务的过程中，采取由政府直接供给的方式取得了一些成绩，农民工分享城市公共服务的状况得到一定程度的改善，但在供给效率和供给效果上存在着明显不足，即受到农民工群体高流动性、务工阶段性、城乡交替性等特征的影响，政府公共服务直接供给与农民工服务不稳定需求之间经常表现出结构性矛盾，导致农民工公共服务出现了供给偏差与碎片化、服务间断和错位等问题，严重影响了农民工参与城市公共服务体系及享有服务待遇的热情与动力。针对此类问题，中国政府在公共服务改革中给予农民工群体格外关注和重点支持，出台了很多保障农民工群体生活与发展权益的政策制度。例如，2006年1月《国务院关于解决农民工问题的若干意见》（国发〔2006〕5号）指出"农民工问题事关我国经济和社会发展全局"，"解决农民工问题是建设中国特色社会主义的战略任务"，并系统全面地对保障农民工公共服务做出了具体规定，明确要"建立惠及农民工的城乡公共服务体制和制度"、"使他们和城市职工享有同等的权利和义务"、"加强和改善对农民工的公共服务和社会管理"、"为农民工生活与劳动创造良好环境和有利条件"和"增加公共财政支出，逐步健全覆盖农民工的城市公共服务体系"，标志着农民工在国家顶层设计中已经获得了与城镇居民基本平等的公共服务权益，使得各地在做好农民工就业培训和服务、解决农民工社会保障问题、维护农民工子女平等接受义务教育权益、改善农民工城镇居住条件、提供农民工法律援助服务等方面取得重大进展。

与此同时，在宏观政策指引下，为彻底解决农民工公共服务供给中存在的具体问题，从而全面提升农民工公共服务的质效和水平，政府开始寻找农民工公共服务供给新模式，而相关社会力量的蓬勃发展恰好提供了新的供给主体和服务平台，政府购买农民工公共服务便在这样的背景下逐步发展起来。从近年来的实践效果看，政府购买这一治理工具不仅有效提高了政府与社会联合供给农民工公共服务的质量和效率，而且逐步推动了社会力量供给公共服务的专业化、精准化与优质化，显著提升了农民工对政府购买服务的认知效果、接受意愿与满意程度。在此背景下，基于政府购买视角下的农民工公共服务理论体系亟需健全和完善，以更好地协调和优化政府、社会、市场等要素在供给农民工公共服务中的互助关系。具体而言，应创新性地将政府、市场和社会纳入同一分析框架中，明晰三者在促进农民工社会融合中的职能作用，即政府主要发挥好政策制定、规划、管理和监督的作用，市场要充分发挥对农民工人力资源的基础配置作用，社会要将农民工接纳为与市民具有平等权利的社会成员[①]。通过政府、市场和社会"三位一体"的机制联动和耦合作用，使政府、市场和社会之间的互补功能和互助效应得以充分发挥，以全面改善和提升农民工及其家庭的公共服务水平和社会融入水平，并为政府购买农民工公共服务政策的制定和完善及相关理论体系的构建提供重要启迪和新的思路。

党的十八大以来，随着政府体制改革以及社会治理格局的逐步建立，在公共服务领域构建政府与社会相互协作、紧密配合的良性互动模式已是大势所趋。对于农民工群体而言，新的公共服务治理模式也开始发挥其巨大潜力，即在制度层面上更为有效地保障了农民工的服务需求及其福利待遇，对推进农民工积极的城市定居与市民化具有关键作用。在此基础上，中国政府特别重视农民工公共服务的政策体系建设，例如2014年9月《国务院关于进一步做好为农民工服务工作的意见》（国发〔2014〕40号）和2019年4月《中共中央国务院关于建立健全城乡融合发展体制机制和政策体系的意见》（中发〔2019〕12号）等中央政策，均重点强调"农民工公共服务"这一主题。农民工公共服务政策体系的逐步构建，既为全面实施政府购买农民工公共服务奠定了坚实基础，又进一步对政府购买农民工公共服务的标准提出了新的要求，成为新时期治理农民工公共服务问题的核心环节，铸成了政府购买农民工公共服务的政策宝库。总而言之，在"十

---

① 悦中山、李卫东、李艳：《农民工的社会融合与社会管理——政府、市场和社会三部门视角下的研究》，《公共管理学报》2012年第4期。

四五"时期乃至更长远的现代化建设中，政府购买农民工公共服务不仅关系到中国城乡融合发展与城乡劳动力转移的有效衔接，更加关乎中国经济社会转型阶段和现代化建设时期城乡人口资源在各区域、各领域中的优化配置，是促进新型城镇化和实施乡村振兴等国家战略的核心推动力量。

第三节　文献综述与研究问题

基于农民工公共服务政策发展历程和当前时代背景，中国政府不断改革创新农民工公共服务供给体制机制，此番浪潮引发了学界对农民工公共服务问题的极大重视，并开始进行政府购买服务视角下的规模化研究。通过对以往文献的系统总结，学界关于政府购买农民工公共服务的探讨集中在综合研究与专题研究两大类，其中专题研究主要涉及农民工就业创业服务、子女教育服务、文化服务以及农民工法律援助服务等领域。总体来看，学界已有成果不仅是对农民工公共服务研究深度和广度的提升，也为本书开展政府购买农民工服务及治理效能研究奠定了坚实的文献基础。

一　政府购买农民工公共服务综合研究

学界关于政府购买农民工公共服务的综合探讨中，主要研究问题涉及政府、市场、社会、企业等力量的相互关系以及由多方服务主体所形成的互动格局。例如，何晓红认为农民工公共服务供给要处理好政府的主导作用、市场的配置作用、社会的补充作用之间的关系，并在市场对资源优化配置发挥决定性作用的同时，充分发挥政府、社会在农民工公共服务中的作用，努力形成政府、市场、社会三者之间的新型协同互动和有效合作机制[①]。张汝立认为在农民工公共服务供给中，非政府组织具有非营利性、公益性、创新性和灵活性等特征，能在很大程度上与政府的社会福利目标

---

① 何晓红：《农民工公共服务：政府、市场、社会新型协同互动》，《云南行政学院学报》2017年第3期。

达成一致性，并发挥政府和市场不可代替的作用，基于此提出扶持和推动农民工非政府组织的发展，积极探索服务券、合同外包等政府购买服务模式，充分调动和引导社会力量参与农民工支持项目，提高农民工公共服务的供给效能[①]。

此外，还有学者重点考察农民工公共服务供需机制及其改革路径。例如，谢宇和谢建社对农民工基本公共服务的供给侧改革路径进行研究，认为农民工日益增长的需求与公共服务供给间的矛盾比较突出，对此提出政府要通过购买服务、合作伙伴等形式促进社会组织健康发展，使之成为连接政府与农民工之间的公共服务供给平台，从而实现农民工公共服务生产多元化，提升农民工享有公共服务的获得感[②]。针对农民工公共服务项目存在的供给不足、供给缺失、质量有别等具体问题，沈水生提出了建立地方政府激励约束机制、提高城镇向农民工提供基本公共服务意愿、推动农民工基本公共服务实现法制化、标准化、信息化、便捷化等对策建议，并特别强调了要推动农民工公共服务提供主体多元化，对那些适合由社会组织承担的农民工公共服务事项，要以政府购买服务的方式交由社会组织去承担[③]。综合来看，综合研究成果为开展政府购买农民工公共服务专题研究，以及农民工政策效能研究打下了理论基础，同时也从不同视角提供了可以借鉴的实践经验，为后续开展长期性的深入探索提供了源动力。

二 政府购买农民工公共服务专题研究

（一）政府购买农民工就业创业服务研究

在此类专题研究中，学界重点关注的是政府购买农民工就业培训服务及其优化路径。例如，苏雷认为农民工公共就业培训采用政府购买模式，

[①] 张汝立等：《中国城市贫弱群体政策研究》，社会科学文献出版社2018年版。
[②] 谢宇、谢建社：《农民工基本公共服务供给侧改革路径新探》，《江西师范大学学报（哲学社会科学版）》2019年第5期。
[③] 沈水生：《农民工共享城镇基本公共服务的进展、问题及对策》，《社会治理》2017年第6期。

其实质是由政府出资为满足条件的农民工提供一技之长的培训,目的是提高农民工的就业竞争力,使其实现就业或者再就业,并提出政府购买培训模式具有降低受训人员承担成本、有利于提高农民工参与公共就业培训积极性、减少政府在培训设施和人员经费方面的支出、促使政府集中精力执行监督职能、提高培训机构服务水平等显著优点[1]。王飞认为政府购买农民工就业培训服务包括传统购买模式和培训券购买模式,指出传统购买模式由政府对农民工培训机构给予培训补贴,培训券模式由符合培训条件的农民工到政府领取就业培训券,自主选择培训机构和培训专业,培训机构在农民工培训结束后持就业培训券到政府领取培训经费,并基于模式创新提出完善运行机制、加大培训经费投入、加强培训资金监管、创新多元主体参与机制、探索优化市场化与社会化培训路径等创新举措[2]。高洪贵在政府购买公共服务理论视角下,指出政府购买农民工培训服务存在着农民工培训与职业需求之间契合失衡等问题,并提出了强化政府责任意识、积极培育农民工培训社会组织、建立健全政府购买农民工培训的监督和评估机制以及构建规范化运行机制等完善政府购买农民工培训的优化路径[3]。此外,随着社会组织等社会力量的快速发展,学界对农民工就业创业组织的兴起及其政府支持效果愈加关注。例如,刘佳认为发展农民工劳务中介组织是保障农民工就业的重要途径,是保证农村剩余劳动力顺利向城市转移的重要手段,提出应当借鉴国内外劳务中介组织的发展经验,大力促进农民工劳务中介组织的发展,从构建农村劳动力信息平台、培养农村劳务市场经纪人队伍、延伸劳务中介服务领域、开展订单式培训及规范发展劳动派遣模式等方面入手,不断完善与创新农民工劳务中介组织的发展路径[4]。石丹淅和王轶认为激励高素质农民工高质量返乡创业,具有明显的

---

[1] 苏雷:《农民工公共就业培训的公众满意度研究》,硕士学位论文,西南财经大学,2011年。
[2] 王飞:《政府购买农民工就业培训服务模式研究》,《当代经济管理》2012年第12期。
[3] 高洪贵:《农民工教育培训的困境及其超越——以政府购买公共服务理论为视角》,《现代远距离教育》2014年第2期。
[4] 刘佳:《农民工劳务中介组织发展问题研究》,硕士学位论文,辽宁师范大学,2009年。

就业效应、经济效应和社会效应,提出政府应实施更加积极的农民工返乡创业支持政策,强调要善用政府购买服务机制加强返乡创业服务供给侧改革,加强创业园、创业孵化基地、农村实训基地等创业载体建设,通过构建返乡创业组织服务支撑体系,为返乡人员提供低成本、全要素、便利化的创业服务①。

（二）政府购买农民工子女教育服务研究

在此专题中,学界重点关注农民工子女教育服务的多元主体供给模式,例如石宏伟等基于"政府—市场—社会"分析框架,提出了针对农民工随迁子女义务教育供给模式的创新性理论,认为必须充分释放市场机制和社会机制的供给潜力,并通过政府购买教育服务的方式,在提供、生产、管理、评估等供给环节引入不同的供给主体,从而构筑政府主导、市场补充、社会参与的多元协作供给新模式,为农民工随迁子女在流入地平等接受义务教育提供保障②。还有学者以新生代农民工为例进行深度解析,例如邬志辉和李静美研究发现农民工随迁子女在城市接受义务教育面临着就读公办学校困难、就读民办学校教育成本较高、在流入地参加中考困难等现实问题,并据此指出保障农民工随迁子女平等就学升学权利是实现社会公平正义的内在要求,提出了四项改善农民工随迁子女在城市就学的政策路径：一是建立城市学位预报预警系统,引导农民工有序携带子女流动；二是扩大城市公办学校学位供给,缓解流入地政府教育财政压力；三是实施政府购买民办学校教育服务,切实减轻农民工家庭教育负担；四是改革随迁子女中考服务政策,探索随迁子女针对性补偿教育③。

（三）政府购买农民工文化服务研究

在此专题中,学界主要针对农民工公共文化服务存在的缺口问题,开

---

① 石丹淅、王轶：《乡村振兴视域下农民工返乡创业质量影响因素及其政策促进》,《求是学刊》2021年第1期。
② 石宏伟、刘刚：《农民工随迁子女义务教育供给模式创新研究——基于政府—市场—社会协作的分析框架》,《江海学刊》2017年第2期。
③ 邬志辉、李静美：《农民工随迁子女在城市接受义务教育的现实困境与政策选择》,《教育研究》2016年第9期。

展了一些具体研究并提出了相应改良路径。例如，王为理和任珺认为城市公共文化服务体系建设及资源配置应充分考虑辖区内农民工文化需求，并在供给方式上采用多元化供给模式，即通过创新公共文化机构管理运作机制、创新利用市场机制优化供给结构、创新新媒体公共文化服务平台建设等方式，积极推进农民工公共文化服务供给侧改革，解决好公共文化产品供给和农民工需求的匹配问题并最终服务于农民工个体发展①。还有学者重点探究农民工公共文化供给机制建设。例如，陈世香和赵雪认为随着农民工文化服务需求意识的提升以及需求结构的复杂化，农民工公共文化服务应建构以政府为主导、多元主体协同参与的供给机制，即政府充当公共服务的统筹规划者、组织管理者、融资者和监督者，而具体实施职能应当交给市场和社会，并通过委托生产、合同外包、特许经营等供给方式创新，使政府、企业和社会各尽其能，增强农民工公共文化服务供给机制的生命力，给予农民工更多文化选择机会②。

（四）政府购买农民工法律援助服务研究

在此专题中，学界主要关注的是农民工的法律服务需求及其公共服务多元供给路径。例如，陈宜等指出农民工法律援助受到制度因素、组织因素、社会因素和农民工自身因素等多维影响，通常处于需求大、诉求多元、成本高、难度大、知晓度低、通道不畅的不良生态，对此提出通过政府购买农民工法律服务方式来加强社会组织参与农民工法律援助，从而促进农民工社会组织的发展，并有效拓展农民工法律援助的途径，实现农民工法律援助服务主体多元化及其服务绩效的显著提高③。此外，有些学者提出了完善我国农民工法律援助制度的具体策略，例如，严惠认为农民工法律援助方面存在着法律法规滞后、体制机制不完善、人力财力普遍不

---

① 王为理、任珺：《农民工公共文化服务供给侧改革探析》，《特区实践与理论》2017年第2期。
② 陈世香、赵雪：《农民工公共文化服务供给机制研究：基于"服务三角"模型的建构》，《行政论坛》2017年第2期。
③ 陈宜、张涛：《接近正义：农民工法律援助生态分析及路径建构——以1767个农民工法律援助案件为样本》，《学习论坛》2017年第9期。

足、农民工法律意识淡薄以及政府部门协作配合不到位等问题，提出在发挥政府的主导地位的基础上，有针对性地实施建立健全农民工法律援助法律法规、推动政府落实农民工法律援助责任、在县级以上地区建立专项法律援助资金、完善农民工法律援助体制机制、加大对农民工法律援助人力和财力的投入、完善农民工法律援助协作配合机制等具体对策[①]。

三　研究评述与研究问题的提出

基于以往文献的系统整理与综合研判，本书集中探讨了政府购买农民工公共服务的综合发展情况及几类专题领域研究，并对学界具有一定影响力的研究成果进行了总结分析。从中能够发现，在农民工服务实践经验逐步积累的过程中，学界关于政府购买农民工公共服务的研究也形成了一定规模，其所获取的诸多成果立足于创新农民工公共服务体制机制，不仅对后续更为深入的理论探索具有引导作用，同时也对政府购买农民工公共服务实践的提档升级有着助推动力，为全面改进和完善政府购买农民工公共服务政策体系提供了参考借鉴。然而，在对研究文献的总体把握中也发现，目前学界对于政府购买农民工公共服务的研究呈现出碎片化状态，主要表现在两个方面：一是研究成果较为零散且独立性较强，内容更多聚焦在单方面的理论研讨或某一农民工公共服务领域的集中观察，整体上缺乏理论性和实践性相结合的系统性研究；二是在具体研究领域中，与农民工密切相关的就业创业公共服务研究比较丰富，而对文化、法律等其他公益性公共服务的探讨比较薄弱，尤其是农民工医疗健康、社会工作等现代公共服务，相关研究甚至处于空白状态。在这种情况下，学界难以从宏观视角系统洞察政府购买农民工公共服务的体系情况及其发展趋势，因而亟待学界进行综合性的政府购买农民工公共服务的理论整合与实践探索。

基于此，本书在学习、借鉴以往研究成果的基础上，紧紧围绕"政府购买农民工公共服务"这个主题，按照研究综述、政策依据、实践内容、

---

① 严惠：《论我国农民工法律援助制度的完善》，硕士学位论文，西北大学，2017年。

主要成效、主要问题、改革展望的逻辑顺序，综合运用文献研究法、统计分析法、案例分析法等研究方法，对中国政府购买农民工公共服务实践及其治理效能进行全面梳理和复合分析，并从中深入探索政府购买农民工公共服务的普遍性问题和一般性规律，为新时期进一步加强政府购买农民工公共服务机制和模式的建设，以及打造农民工公共服务社会治理新型格局提供新的发展思路。此外，希冀通过本书的系统化研究，能够总结成功经验以利于推广，发现具体问题以利于改进，为进一步提升农民工、移民等流动人口公共服务实践的治理成效，以及推进农民工、移民等流动人口公共服务政策体系的日臻完善贡献绵薄之力。

第二章　农民工就业创业服务

中国农民工最明显的特征是在进城务工时仍然持有农业户籍身份。身份的局限性导致农民工就业范围十分狭窄，加上农民工文化知识程度的低端和职业技能的缺乏，使得他们在激烈的城市劳动力市场竞争中长期处于劣势，很难在城市中获得理想和稳定的工作，同时也严重束缚其开展创业活动。通过政府购买农民工就业创业公共服务，广泛开展农民工职业技能培训、创业创新培训和孵化扶持服务，成为提高和拓展农民工就业创业能力的重要途径，也成为增强农民工城市融入力和返乡推动力的重要手段。长期以来，中国各级政府和有关部门高度重视农民工就业创业能力提升问题，通过劳动部门直接培训、企业自主培训、购买培训服务等多种方式，不断加强对农民工群体的职业技能培训和创业技能培训，有力提升了农民工群体的专业技术水平、职业技能素质和就业创业能力。本章将从政府购买农民工培训机构和培训实训基地服务、政府购买农民工职业培训服务、政府购买农民工创业培训与孵化扶持服务、政府购买农民工职业推介服务四个方面对政府购买农民工就业创业服务的实践探索进行系统梳理。

第一节　建设高水平农民工培训实训基地

农民工培训实训基地的主要职责是面向社会各类企业在职农民工、有技能提升愿望的农民工以及无就业技能的劳动者开展技能提升、就业技能等培训活动，使之经过培训合格后取得相对应的职业资格证书，培训实训基地同时承担职业技能竞赛、培训实训课程开发、培训实训成果交流展示等任务[①]。农民工培训实训基地是开展农民工培训的主要阵地和重要抓手，是做好农民工职业技能培训和就业创业培训的基础保障。进入新世纪以来，我国各级政府和相关工作部门为做好农民工职业技能培训和就业创业培训等工作，开始注重利用各种优质社会培训资源大力兴办农民工培训实训基地，全国农民工培训机构和农民工培训实训基地数量迅猛增加，培训能力和培训质量不断提高，在开展农民工转移就业培训、职业技能提升培训、创业创新培训等方面取得了明显的培训成效。特别是各级政府通过构建平等竞争的购买机制，使农民工培训相关社会组织积极参与农民工培训实训基地建设，全国农民工培训实训基地正规化、规范化、制度化建设取得了突出成绩。

为做好农民工培训实训基地建设工作，中国各级政府相继出台了一系列建设、购买和规范农民工培训实训基地的政策制度，极大地提高了政府农民工培训专项资金的使用效益和农民工培训的实际效果，促进了农民工培训实训基地建设规范、健康、稳步发展。相关主要政策有：

2003年9月，国务院办公厅转发农业部等6部门《2003—2010年全国农民工培训规划》（国办发〔2003〕79号），明确"符合条件的教育培训机构，均可申请使用农民工培训扶持资金"，要求"在充分发挥现有教育培训资源作用的基础上，改造和完善一批教育培训机构，加强基地建设，完善教学培训条件，建设一批能起示范和带动作用的农村劳动力转移培训基地"。该政策有力推动了农民工培训机构和培训基地建设，使全国农民工培训机构和培训基地基础设施和培训条件得到了根本性改善。2006年4月，劳动和社会保障部、国家开发银行印发《关于实施农民工培训示范基地建设工程的通知》（劳社部发〔2006〕14号），明确"优选100所基础好、

[①] 广西壮族自治区人力资源和社会保障厅：《广西壮族自治区农民工培训实训基地管理暂行办法》（桂人社发〔2017〕46号）。

后劲足、社会认可度高的技工学校""优选100个人口规模大、产业密集、职业培训机构集中、劳动者职业培训需求旺的区域性中心城市",运用国家开发银行政策性贷款给予重点扶持,建立、完善农民工培训示范基地。该政策的实施加大了农民工公共实训基地的扶持力度,对于改善农民工培训示范基地办学条件、增强农民工培训示范基地培训能力发挥了重要作用。

为进一步做好进城农民工培训工作,2010年1月,国务院办公厅印发《关于进一步做好农民工培训工作的指导意见》(国办发〔2010〕11号),明确"要按照农民工培训总体规划和布局,在全国主要劳动力输出和输入地区,依托现有培训资源提升改造农民工培训示范基地",要求"按照公开、公平、公正的原则,根据规定的条件和程序,通过招投标方式,面向全社会选择农民工培训机构"。该政策的实施有力促进了政府购买农民工培训公共服务的发展,全面加强了农民工培训机构和实训基地的建设,大幅提升了培训机构和实训基地的培训能力和培训水平,使全国农民工培训实训工作取得了突破性进展。在此基础上,2014年9月,国务院印发《关于进一步做好为农民工服务工作的意见》(国发〔2014〕40号),明确要"鼓励大中型企业联合技工院校、职业院校,建设一批农民工实训基地",对推动农民工实训基地建设和提高农民工培训基地的实训能力、实训水平发挥了重要作用。

为推进农民工等人员返乡下乡创业创新,2016年11月,国务院办公厅印发《关于支持返乡下乡人员创业创新促进农村一二三产业融合发展的意见》(国办发〔2016〕84号),要求"按照政府搭建平台、平台聚集资源、资源服务创业的思路,依托现有开发区、农业产业园等各类园区以及专业市场、农民合作社、农业规模种养基地等,整合创建一批具有区域特色的返乡下乡人员创业创新园区(基地)",明确"支持中高等院校、大型企业采取众创空间、创新工厂等模式,创建一批重点面向初创期'种子培育'的孵化园(基地),有条件的地方可对返乡下乡人员到孵化园(基地)创业给予租金补贴"。该政策的实施促使全国各地建立了一大批较大规模、较高水平的农民工创业创新园区(基地)和农民工创业孵化园(基地),为广泛开展返乡农民工创业实训和孵化服务提供了平台保障,有力地促进了返乡农民工创业创新事业和农村一二三产业的融合发展。为提升新生代农民工职业技能素质，2019年1月，人社部印发《新生代农民工职业技能提升计划（2019—2022年）》（人社部发〔2019〕5号），要求"逐步推进职业技能培训公共服务项目目录清单管理，政府补贴的职业技能培训项目全部向具备资质的职业院校和培训机构开放。推动落实劳动者自主选择职业培训机构和培训项目、按培训补贴标准领取补贴的政府购买服务方式"。该政策的实施使政府购买农民工培训公共服务进一步市场化、制度化、规范化，全面提升了农民工培训机构、实训基地和创业孵化园（基地）的服务能力和服务水平。

在上述方针政策的指导下，各地政府努力加强农民工培训实训基地建设并取得了突出成效。具体做法主要有：

一　给予培训机构、实训基地专项培训补贴

很多地方政府通过给予社会培训机构和培训实训基地专项培训补贴的方式，不断改善培训机构和实训基地的基础设施和培训条件，培育和建设了一大批农民工培训机构和农民工培训实训基地。

案例2-1

陕西省自2004年启动阳光工程以来，相继出台了培训机构认定原则、项目实施管理办法、补助资金管理办法等一系列农民工培训及转移就业的相关配套政策，在遵循"面向社会，公平竞争"原则的基础上，先后开展了数期农村劳动力转移技能示范培训基地认定工作，共认定农村劳动力转移培训机构442个，其中2009年扶持了35个重点县项目法人基地和22个省级优势专业品牌基地，累计培训并安置农村劳动力约58万人[①]。

---

① 姬建军：《陕西农民工培训"阳光工程"成效、问题和对策》，《长沙航空职业技术学院学报》2013年第2期。

由政府认定的农民工培训机构开展农民工培训服务，在对农民工培训质效、培训机构服务质量、农民工就业安置率等指标进行全面考核的基础上，由政府对农民工培训机构、培训基地进行农民工培训专项资金补助，是目前很多地方政府开展农民工培训公共服务的普遍做法，也是政府购买农民工培训公共服务的基本路径和有效形式，在农民工培训供给服务中占有极大的比重。

案例 2-2

2006年，北京市认定北京市工贸技师学院等35家技工学校和18所区县职业技术学校为首批承担农民工职业技能培训任务的培训机构，外来农民工经培训取得初级、中级、高级职业资格证书的，政府将分别给予培训机构400元、500元、600元的补贴[①]。

通过认定农民工职业技能培训机构并根据培训成效给予培训机构农民工培训补贴的方式，激发和调动了培训机构开展农民工培训的主动性、积极性，增强了农民工培训机构的责任意识和培训成效，对于提升农民工职业技能素质和就业能力水平具有重要作用。

有些地区在给予农民工职业培训机构培训补贴的同时，采取全部免除农民工培训费用的办法鼓励、支持农民工参加职业技能培训。

案例 2-3

2010年以来，甘肃省庆阳市人社局、财政局安排专项经费对农民工培训示范基地给予培训补助，支持培训基地对全市农民工等人员开展多层次、多工种的培训，培训期间所有学员的学费、教材费、鉴定

---

① 赵鹏：《北京：在职农民工可免费培训技能》，人民网，http://politics.people.com.cn/GB/14562/4740815.html，2006年8月25日。

费、交通费、办证费实行全免政策①。

在职业培训中免除农民工等学员的学费、鉴定费、交通费等各种培训费用，有效减轻了农民工学员在职业能力提升方面的经济负担，提高了农民工群体的参训积极性，极大地提升了农民工等学员的职业培训率和职业技能水平。

有些地区在开展农民工创业实训服务中，动员和组织知名企业、专业市场积极承担农民工创业实训服务，并按照实训人数、实训项目、实训质量给予相应标准的实训补贴。

案例 2-4

2015年12月，成都市人民政府办公厅印发《关于进一步做好农民工等人员返乡创业就业工作的实施意见》（成办发〔2016〕1号），明确支持返乡创业实训基地建设，动员知名乡镇企业、农产品加工企业、休闲农业企业、旅游企业和专业市场等为返乡创业人员提供创业实训服务，经认定的创业培训机构开展返乡创业培训，按培训结业人数给予900元/人补贴；经认定的模拟创业实岗训练机构开展训练，按模拟创业实岗训练人数给予800元/人补贴；经认定的创业后续服务机构开展服务，根据服务人数、项目、质量给予补贴。

返乡创业农民工是推动新农村建设和乡村振兴的重要动能和核心力量，其创业素质和创业能力对成功创业至关重要。因此，开展农民工返乡创业实训服务就显得极其重要，而知名企业、专业市场的实训服务对于农民工掌握创业本领、提升创业能力、确保创业成功具有重要保障作用。各

---

① 《甘肃省庆阳市农民工培训示范基地免费开展"送培训进企业进村组"活动》，中华人民共和国农业部网站，http://jiuban.moa.gov.cn/fwllm/qgxxlb/gs/201109/t20110921_2292616.htm，2011年9月21日。

地政府和相关部门应进一步加大对知名企业、专业市场开展农民工创业实训服务的补贴力度，推动农民工创业实训服务向更大规模、更高标准、更好效果方向发展。

有些地方政府通过认定农民工实训基地的方式给予相关实训机构农民工专项实训补助资金，对促进农民工实训基地实现又快又好发展发挥了重要作用。

案例 2-5

2016年5月，广西壮族自治区人社厅认定南宁市职业技术培训中心、北海市经济技术职业培训学校等15个基地为第二批自治区农民工培训实训基地，对每个基地给予100万元的资金补助，撬动社会力量来促进农民工培训，引导培训机构以就业为导向开展培训，促进农民工技能培训向多元化方向发展[①]。

利用现有的经济技术职业培训学校、职业技术培训中心等社会培训资源开展农民工培训实训服务，是一条投资少、见效快、质效好的培训实训捷径，有利于充分发挥社会培训资源的潜能和特长，有利于提高政府农民工专项培训实训补助资金的投资效益，也有利于农民工职业能力和创业能力的拓展和提高。同时，政府相关机构应当全面加强对农民工培训实训基地的管理和指导工作，以确保农民工培训实训基地的规范化、专业化发展。

案例 2-6

2017年7月，广西壮族自治区人社厅印发《广西壮族自治区农民工培训实训基地管理暂行办法》（桂人社发〔2017〕46号），明确规

---

① 张红璐、戚海军：《广西再添15个农民工培训基地 每个获100万补助资金》，人民网—广西频道，http://gx.people.com.cn/n2/2016/0601/c179430-28436502.html，2016年6月1日。

定了农民工培训实训基地专项资金使用范围主要有：用于开展农民工培训职业（工种）相匹配的设备购置、改造与维护、原材料消耗；用于农民工培训课程、培训教材开发的开支；用于购置教具、教材的开支；聘用培训农民工理论课教师和实习指导教师的开支；用于农民工培训专业教师队伍的提升培训开支；用于完善培训基础设施的开支。该政策要求通过建设培训实训基地，增强规模化、系统化、个性化培训农民工的能力。

该政策对农民工培训专项补助资金使用范围、基地培训能力和培训体系建设、农民工培训任务等方面内容做出了明确具体的规定，有利于农民工实训基地科学管理和规范使用农民工培训专项资金，提高了广西全区农民工培训实训专项资金的使用效益，促进了广西全区农民工培训实训基地的建设和发展，对提高农民工培训实训基地培训能力、培训水平、培训实效和促进受训农民工实现稳定就业、成功创业发挥了重要的推动作用。

案例2-7

济南市将农民工培训业务委托给进入定点培训机构目录的70多家专业培训机构，农民工获得职业技能资格鉴定证书后，培训机构得到培训补贴的80%，培训机构推荐农民工在半年内实现就业并签订6个月以上劳动合同，政府再将剩余的20%补贴给予培训机构，确保实现培训就业一体化服务[1]。

政府通过实施分期支付农民工培训机构培训补贴资金的办法，有利于压实农民工培训机构的培训责任，激发农民工培训机构的职业推介动力，促使农民工培训机构按照劳动力市场需求来组织和开展农民工职业技能培训，实现农民工培训就业"一条龙"服务，以有效提高农民工培训效果和

---

[1] 丛民：《技能培训成济南农民工就业通行证》，《工人日报》2018年8月16日。

农民工就业率。

案例2-8

  吉林省通过加大资金扶持力度支持建设农民工返乡创业基地，截至2018年末，全省累计命名省级农民工等人员返乡创业基地149个，省政府每年拿出2000万元资金，专项用于支持省级农民工返乡创业基地建设；2019年，对全省51个基地发放补助资金1760万元，使全省农民工创业培训能力和创业服务水平明显提高[①]。

  目前看，我国多数农民工创业基地基础薄弱，设施较差，亟需得到政府和社会各界的资金支持。政府通过直接发放农民工返乡创业基地培训专项资金的方式，支持和加强农民工创业培训基地的基础设施和培训能力建设，既是政府购买农民工创业公共服务的重要实践路径，也是农民工创业基地改善培训条件、提升农民工创业服务能力和服务水平的重要渠道。

二　政府与社会组织合作建设农民工培训机构

  有些地区通过政府与社会培训机构合作经营的方式开展农民工培训服务，其培训效率和培训效果十分喜人。

案例2-9

  2007年，中国首家由政府和相关专业机构共同设立的农民工研究机构"中国农民工研究院"和农民工培训基地在浙江省杭州市成立，农民工培训基地委托国家信息系统杭州培训中心对农民工开展信息

[①] 王丹、程佳雯：《我省积极探索农民工返乡创业新模式》，《吉林日报》2019年9月27日。

化、计算机等职业技能专项培训,以提高现有农民工的素质,培养中高级农民工蓝领人才①。

各级政府和相关部门与社会培训专业机构相互合作,通过建立高水平农民工培训基地,共同开展农民工职业技能培训工作,这种做法能够充分发挥政府和培训机构的各自优势,有利于保障农民工培训经费的供给,有利于提升农民工培训的效率,有利于保证农民工培训的质量,是政府、社会培训专业机构和受训农民工实现"三赢"的重大实践探索。

案例 2-10

2014 年,枣庄市公共就业服务部门与优质社会职业技能培训机构通过签订农民工培训订单的方式,在全市建成 82 家政府定点农民工职业技能培训基地,相继开办家政、缝纫等培训专业 20 余个,仅 2014 年 1—7 月,各培训基地就培训农村富余劳动力 1400 余名,其中培训合格的 1070 名农民工全部实现稳定就业,人均月增收达 800 多元②。

各级政府与农民工培训机构通过签订培训订单的方式培育和扶持农民工培训基地,对提高农民工培训针对性、实效性和提升农民工就业率具有重要促进作用。政府依据各类企业和专业劳动力市场对人力资源的具体需求与农民工培训机构签订培训订单,农民工培训机构严格按照政府培训订单的具体要求开展高标准、高质量的农民工职业技能培训,农民工在培训合格后可直接在相关企业和专业劳动力市场实现就业。签订农民工培训订单的方式有利于明确和落实政府与农民工培训机构各自的职责、义务和权

---

① 张玲丽:《农民工培训基地在杭成立》,《杭州通讯》2007 年第 1 期。
② 孙覆海、孙祯、郭金鹏:《枣庄订单式培训助推农民工就业》,《工人日报》2014 年 7 月 24 日。

益,对形成"企业订单、基地接单、政府买单"的农民工培训就业一体化运营机制具有重要借鉴作用。

三 政府通过招投标方式选取培训机构

在政府扶持农民工培训机构和农民工培训实训基地的进程中,采用招投标方式择优选择优质社会培训资源是各地政府建设农民工培训机构和农民工培训实训基地的重要路径,是政府购买农民工就业创业公共服务的重要购买方式。

案例2-11

2010年7月,黑龙江省人民政府办公厅印发《黑龙江省农民工培训工作实施方案》(黑政办发〔2010〕33号),明确"通过招投标方式,面向全社会选择农民工培训机构,确定其承担的培训项目和工种,并向社会公开发布",并要求"科学合理地确定培训补贴基本标准,并根据实际情况定期予以调整"。

政府通过招投标方式面向社会公开选择农民工培训机构,有利于公平、公正地选拔出社会最优质培训资源来开展农民工培训服务,能够有效保障农民工培训公共服务取得最佳质量和最好水平,能够逐步提升农民工培训合格率和农民工培训后的就业率,也能够使政府用于农民工培训的专项资金实现效益最大化。

案例2-12

2013年,山东省烟台市实施政府购买培训成果就业培训工作新机制,通过采购招标方式优选农民工等人员培训单位,确定64家投标单位为政府购买成果定点培训机构,并计划投入2000万元资金,培训农村劳动力等人员62000人①。

目前,招投标方式已经成为各地政府购买农民工培训实训基地公共服务的重要方式之一,通过社会培训机构统一参加投标和公平竞争,能够有序提升社会培训机构的竞争意识、责任意识、服务意识和质量意识,促使相关农民工培训机构不断提升硬件设施水平和软实力发展水平,促进农民工培训机构培训能力和培训效果稳步提升,推动政府购买农民工就业创业服务的质量、效率和水平得到快速提高。

案例2-13

山东省新泰市对农民工培训定点机构实行严格的退出机制,在年度培训工作结束后,由有关部门根据专业设置、培训内容、课程安排、收费标准、学员结业率、技能鉴定合格率等综合考评情况给予评估,对年度考核不合格、有违法违规行为、将培训任务委托转包其他单位等情形的培训机构,直接撤销其定点培训机构资格②。

各级政府建立健全严格的农民工定点培训机构淘汰制度和退出机制具有重要作用,能够督促和保障农民工定点培训机构强化自身责任,加强自身建设,尽职尽责、保质保量地履行好培训义务,确保农民工定点培训机构不断提升农民工培训质效和服务水平,提高农民工培训合格率和就业率,更好地满足农民工对于职业技能培训服务的现实需求。

此外,很多地区在政府购买农民工培训实训基地公共服务中注重加强对农民工进行"新技术、新产业、新业态、新模式"的培训。

---

① 长华:《烟台政府将购买培训成果 投2000万培训新劳动力》,胶东在线网,http://www.jiaodong.net/news/system/2013/03/07/011828170.shtml,2013年3月7日。

② 耿书仓、张效林:《新泰"六统一"搞活农民工职业技能培训》,《山东人力资源和社会保障》2018年第7期。

案例 2-14

2019年，雄安新区确定并公布首批15家职业技能提升行动定点培训机构，培训职业（工种）既有家政服务、砌筑工等数十种传统（职业）工种，也新增了人工智能、大数据工程、云计算等高级工种的培训[①]。

"四新"（新技术、新产业、新业态、新模式）经济是未来中国经济提质升级、转型发展的重要方向和必由之路，是推进企业生产力发展进步和实现规模经济效益的强大动能和重要推手，因此，必须有针对性地对农民工开展"新技术、新产业、新业态、新模式"等新知识、新技能的职业培训，逐步提升农民工群体适应"四新"经济发展模式和现代化市场经济的能力，推动农民工群体在新型经济发展模式下实现稳定就业和高质量就业。

四　投入专项资金打造劳务品牌培训基地

很多地方政府通过扩大劳务品牌专项发展资金投入规模来扶持和打造具有鲜明特色的劳务品牌培训基地，在各地培育了一大批名扬全国的农民工就业特色品牌。

案例 2-15

2005年，四川省为打造"川妹子"劳务品牌，通过项目招投标方式优选40个培训中标单位，集中培训4000名"川妹子"劳务品牌家政服务员，并实行"招生—培训—输出—维权服务—跟踪管理"一条龙服务，培训机构每培训输出一名"川妹子"家政服务员，政府将给

---

① 张伟亚：《雄安新区开展职业技能提升行动　新生代农民工可免费参加技能培训》，《河北日报》2019年12月24日。

予 400 元的培训补贴①。

农民工劳务品牌是职业价值证明和就业创业通行证，对农民工就业创业具有重要的品牌效应，特别是名闻全国的地方特色劳务品牌更是北京、上海、广州、深圳、天津、沈阳等大城市劳务市场上的"香饽饽"和"金名片"，因此，通过政府购买农民工培训实训基地公共服务的方式建设一批高质量、高知名度的农民工劳务品牌培训基地，对于培养数量更多、质量更好、名声更亮的品牌农民工具有重要意义。

案例 2-16

2015 年 10 月，河南省人民政府办公厅印发《河南省农村劳动力职业技能培训规划（2015—2020 年）》（豫政办〔2015〕134 号），明确要通过编写新教材、设置新专业等方式，建立劳务品牌培训基地，逐步形成在一定区域乃至全国知名的品牌专业，要求加大就业专项资金对劳务品牌培训基地的支持力度，落实职业技能培训补贴政策。

长期以来，河南省各级政府和有关部门通过建立多层次的农民工培训体系，逐步打造了"林州建筑"、"长垣厨师"、"鄢陵花工"、"遂平家政"、"唐河保安"、"西华的哥"等一大批劳务品牌②。其中，河南省长垣县先后投入资金一亿元，成立"河南博大烹饪学院"和"豫菜科学研究所"，设立名师名厨基金并筹建美食节、厨乡博物馆、烹饪文化节，使"长垣厨师"、"烹饪王国"成为享誉全国的知名品牌③。各地政府应学习和借鉴河南省培育和打造农民工劳务品牌的做法和经验，立足地域特色和历史传承，大力发掘具有鲜明地方特色的农民工劳务品牌，重视农民工劳

---

① 《"川妹子"培训全省招标》，《四川劳动保障》2005 年第 5 期。
② 任改玲：《河南省对外承包工程与劳务合作的发展探析》，《对外经贸实务》2009 年第 9 期。
③ 李凤发：《中部打造农民工"就业名片"》，《小康》2005 年第 9 期。

务品牌的培育工作，通过加大政策支持和资金扶持力度，建设好农民工劳务品牌培训实训平台，培养和造就较大规模的具有知名劳务品牌的农民工群体，通过劳务品牌的影响力更好地促进农民工转移就业。广西、湖南、江西等地在建设农民工劳务品牌培训基地方面也取得了突出成效。

案例 2-17

2015—2017 年，广西壮族自治区本级财政每年安排 3 亿元资金，专项用于支持农民工创业培训实训基地建设、农民工劳务品牌建设等农民工就业创业扶持服务，先后评审认定"八桂月嫂"、"浦北编织工"等 42 个优秀劳务品牌，并给予每个劳务品牌 100 万元的资金支持，为广西农民工劳务品牌的建立提供资金保障[①]。

此外，湖南省打造了"湘女家政"、"湘菜厨师"、"建筑湘军"、"湖南保安"等十大劳务品牌，每年实现劳务收入 600 亿元[②]，江西省打造了"资溪面包军"、"临川建筑军"、"南康木匠"、"宜春焊工"、"武宁装饰工"等一批在全国知名的特色劳务品牌，使越来越多的农民工依靠劳务品牌走上增收致富之路[③]。广西、湖南、江西等地在培育和建设农民工劳务品牌方面取得的成效进一步说明，建设农民工劳务品牌培训基地、实施农民工劳务品牌输出战略极其重要，能够推动农民工就业创业向"品牌化"、"高端化"方向发展，对扩大农民工在相关品牌领域和品牌行业的影响力、增加农民工就业创业机会和提高农民工就业创业水平具有重要推进作用。

五 全国总工会系统专项扶持农民工培训基地

开展农民工职业技能培训和创业培训，提升农民工职业技能素质和创

[①] 广西财政厅课题组、黄绪全、范英蒙：《广西农民工就业创业财政政策问题研究》，《经济研究参考》2017 年第 59 期。
[②] 《湖南十大劳务品牌一年赚回 600 亿元》，《领导决策信息》2006 年第 16 期。
[③] 李兴文：《江西省：劳务品牌带动越来越多的农民奔上致富路》，中央政府门户网站，http://www.gov.cn/jrzg/2006-09/14/content_388910.htm，2006 年 9 月 14 日。

业能力是工会组织的重要责任。为做好农民工的培训实训工作，全国总工会系统通过给予农民工培训实训扶持资金的方式不断加强工会系统农民工培训实训基地建设，为开展农民工培训实训服务做出了突出的贡献。

案例 2-18

2009年，全国总工会确定黑龙江、江苏、浙江、安徽、山东、河南、湖北、湖南、广东、广西、四川、陕西等12个省工会培训机构为首批全国工会农民工技能培训示范基地，分别给予200万元扶持资金[1]。

全国总工会对全国工会农民工技能培训示范基地的建设给予了强有力的资金支持，对全国工会农民工技能培训示范基地实现规范化、高能化发展起到了重要的保障作用。同时，全国地方各级工会在农民工培训机构和培训实训基地建设过程中，积极联合相关社会培训力量不断加大农民工培训机构和实训基地建设力度，不断优化农民工培训机构和实训基地的品质结构，使地方各级工会对农民工培训的规模不断扩大，培训质量和培训效率不断提升，有效提升了农民工群体的职业技能水平和就业创业能力。

案例 2-19

广东省各级工会积极吸纳优质社会培训机构参与农民工培训，共建设全总"全国工会农民工技能培训示范基地"1个、全总"全国工会就业培训基地"4个、广东省工会就业培训基地3个；2013年广东省全国工会农民工技能培训示范基地培训农民工5091人，4个全国工会就业培训基地培训农民工20890人，3个省级农民工培训基地培训农民工3033人，在开展农民工就业培训中切实发挥了示范和带头

---

[1] 《全总在12个省建立农民工技能培训示范基地》，《工友》2009年第7期。

作用①。

我国工会系统组织体系非常健全、完善,在全国总工会的统一指导下,各省(自治区、直辖市)、市、县、乡镇(街道)工会和各级行业工会不断加大农民工培训实训基地建设力度,在全国构建了国家、省、市、县、乡镇(街道)五级农民工培训实训基地网络体系,通过这些基地开展了大规模、高质量的农民工培训实训活动,有力地推进了农民工职业技能素质的提高和就业创业能力的增强。

此外,还有部分国家部委和省级地方政府通过省部共建方式建设农民工培训示范基地也取得了较好成效。

案例 2-20

2014 年 4 月,人力资源和社会保障部与河南省政府签署《共同深入推进河南全民技能振兴工程备忘录》,双方商定在河南省共同建设全国农民工职业技能提升培训示范区,通过加大资金投入和政策支持力度,建设 80 个农民工职业技能提升培训示范基地②。

省部共建农民工职业技能提升培训示范基地,逐步加大农民工培训的政策支持和资金扶持力度,对于培育和打造农民工技能培训提升高地,提高农民工职业技能素质和就业创业能力具有重要作用。此外,一些地方政府为促进农民工就近就地解决就业问题,因地制宜地采取扶持农民工就地就近转移就业示范基地的方式开展农民工培训,促进农民工就地就近实现转移就业,促进了农民工就地市民化和新型城镇化的发展。

---

① 谢彦琼:《实施农民工职业培训 提升农民工技能素质》,《中国职工教育》2014 年第 4 期。
② 朱殿勇:《省政府与人社部签署备忘录 深入推进河南全民技能振兴工程》,《河南日报》2014 年 4 月 15 日。

第二章　农民工就业创业服务

案例 2-21

"十三五"期间,陕西省西安市将建立农村劳动力就地就近转移就业示范镇(街办)62个,吸纳农村劳动力就地就近转移就业示范基地100个左右,每年开展农民工职业技能培训10万人次[①]。

建立农村富余劳动力就地就近转移就业示范基地是农民工培训实训基地建设的重要方向和发展重心,这些基地的建立使得农民工能够在原居住地、原就业地直接接受职业技能提升培训和创业培训,对于全面推进农村富余劳动力实现就近就地转移就业、减少农民工流动求职风险以及有效防止农民工群体产生过多的无序流动和盲目流动具有重要作用。

总体来看,通过政府购买服务方式,在各地催生了一大批富含创新性的高质量农民工培训机构和实训基地,其为农民工提供的各种培训和就业服务,不仅提升了农民工职业技能素质和创业就业能力,而且对农民工顺利实现职业发展目标和推动城乡融合发展产生了关键作用。具体来看,通过政府购买服务方式建设农民工培训机构和实训基地工作,取得了三个方面的突出成效:一是通过政府购买服务方式,扩大了政府筛选农民工培训机构和实训基地的范围,在各地催生了一大批富含创新性的高质量省级、市级、县级农民工培训机构和实训基地。截至2017年底,全国共有各类职业技能机构2万多个,国家级高技能人才培训基地584个,通过这些机构和基地,我国每年开展对农民工政府补贴性培训超过800万人次[②]。二是通过政府购买服务方式,加大了对农民工培训机构和实训基地的扶持力度,在充实培训设施,改善办学条件,增强培训能力,扩大培训规模,提升培训水平等方面发挥了重要作用,推进了相关培训机构和实训基地基础设施的改善;三是全面提升了农民工培训机构、实训基地服务能力和服务

---

① 李艳、赵帅棋:《西安"五管齐下"促农民工融入城市》,《陕西日报》2016年6月7日。
② 唐羚、郑爱翔、赵建伟:《供给侧改革背景下新生代农民工终身职业能力开发机制研究》,《教育与职业》2018年第22期。

水平，为做好农民工创业就业培训、实训工作奠定了基本平台和基础条件。通过农民工培训机构和实训基地的有效服务，有力地提升了我国农民工的职业技能素质和创业就业能力，也大幅提升了各地农民工的就业质量和职业水平，有力地促进了农民工城市就业和返乡创业就业事业的发展，对保障农民工顺利实现职业发展目标和推动城乡融合发展产生了至为关键的支撑作用。

第二节 农民工职业技能培训服务

做好农民工职业技能培训是提升农民工就业能力和就业水平的主要手段，也是农民工实现城市转移和市民化的基本前提，因此，农民工职业技能培训服务就成为各级政府为农民工购买的最为重要的基本公共服务，对于促进农民工城市就业和城市融入发挥了极其重要的作用。

中国各级政府于21世纪初开始尝试购买农民工职业技能培训公共服务。2003年9月，国务院办公厅转发农业部等6部门《2003—2010年全国农民工培训规划》（国办发〔2003〕79号），指出"加快农村富余劳动力转移就业的关键在于加强农民工培训"，要求"逐步扩大培训规模"，"加大农民工培训的资金投入"，明确"中央和地方各级财政在财政支出中安排专项经费扶持农民工培训工作。用于补贴农民工培训的经费要专款专用，提高使用效益"。该政策明确以经费补贴等方式鼓励和支持社会培训机构参与农民工培训，对于有效整合和优化配置职业培训资源、形成"先培训后就业"的农民工转移就业准入制度、提高农民工职业素质和就业创业能力、促进农村劳动力向非农产业转移发挥了重要作用。为加强农村劳动力转移培训工作，2004年3月，农业部等6部门联合印发《关于组织实施农村劳动力转移培训阳光工程的通知》（农科教发〔2004〕4号），明确要做好农村劳动力转移培训工作，要求"各级财政要根据中央要求，安排专门的培训资金"，"通过订单培训形式，面向社会招标，确定项目实施单位。培训要以市场需求为导向，以转移到非农领域就业为目标，培训单位要保证受训农民转移就业。由农民自由选择培训单位、培训内容和培训时间。财政补助资金直接让农民受益"。该政策明确对培训项目采取招标方式使政府购买农民工培训服务进一步制度化、规范化、市场化，有力提升了农村富余劳动力的职业技能素质和就业能力水平，促进了农村劳动力向非农产业和城市转移。

为促进农民工城市就业，2004年12月，国务院办公厅印发《关于进一步做好改善农民进城就业环境工作的通知》（国办发〔2004〕92号），要求"充分动员和利用社会各方面的职业教育培训资源，积极引导、鼓励和组织准备进城务工的农民参加职业技能和安全生产知识培训"，明确"各级财政要在财政支出中安排专项经费扶持农民工职业技能培训工作。用于补助农民工培训的经费要专款专用，要让农民工直接受益"。该政策减轻了农民工参加职业技能培训的经济负担，增强了他们参加职业技能培训的主动性、积极性。为加强和规范培训补助资金管理，提高农村劳动力转移培训资金使用效益，2005年3月，财政部、农业部印发《农村劳动力转移培训财政补助资金管理办法》（财农〔2005〕18号），明确"培训补助资金是国家设立的对农村劳动力转移就业开展短期非农职业技能培训和引导性培训的专项资金"，"培训补助资金用于对受培训农民的学费补助，或对培训机构因降低收费标准而给予的补助"，"培训补助资金以农民直接受益为原则，以培训券或现金等形式直接补贴给受培训农民，也可以通过降低收费标准的方式补贴给培训机构"。该政策的实施提升了农村劳动力转移培训资金的使用效益，减轻了农村劳动力参加转移培训的经济负担，提高了地方政府和培训机构开展农民工职业技能培训的积极性，推动了农村劳动力转移培训工作的迅速展开。

为提升农民工培训成效，2010年1月，国务院办公厅印发《关于进一步做好农民工培训工作的指导意见》（国办发〔2010〕11号），明确要"完善政府购买培训成果的机制，保证承担培训任务的院校、具备条件的企业培训机构及其他各类培训机构平等参与招投标，提高培训质量。鼓励有条件的地区探索推行培训券（卡）等有利于农民工灵活选择培训项目、培训方式和培训地点的办法。充分发挥社会各方面参与培训的积极性，建立促进农民工培训的多元投入机制"。该政策的实施进一步健全完善了政府购买农民工职业技能培训服务机制，对鼓励和推动行业、企业、院校等社会力量全面提升农民工培训能力、提高农民工职业技能水平和城市就业能力、促进农民工城镇就业和城市转移以及加快城乡经济社会发展一体化进程起到了重要作用。为解决进城农民工就业、生活等突出问题，2014年9月，国务院印发《关于进一步做好为农民工服务工作的意见》（国发〔2014〕40号），明确要"实施农民工职业技能提升计划"，"加大农民工职业培训工作力度"，"将农民工纳入终身职业培训体系"，要求"改进培训补贴方式，重点开展订单式培训、定向培训、企业定岗培训，面向市场确定培训职业（工种），形成培训机构平等竞争、农民工自主参加培训、政府购买服务的机制"。该政策进一步明确要采取政府购买培训服务方式开展农民工职业技能提升培训，并对农民工分类培训工作进行了专门布置，推动了政府购买农民工培训服务向纵深化发展，有效提升了农民工的职业技能素质和城市就业水平，有力推进了农民工市民化发展进程。

为促进就业鼓励创业，2015年4月，国务院印发《关于进一步做好新形势下就业创业工作的意见》（国发〔2015〕23号），要求"重点实施农民工职业技能提升和失业人员转业转岗培训，增强其就业创业和职业转换能力。尊重劳动者培训意愿，引导劳动者自主选择培训项目、培训方式和培训机构"，要求"提升培训质量，落实职业培训补贴政策，合理确定补贴标准"。该政策对于实施更加积极的就业政策，稳定和扩大农民工城市就业，促进农民工及其家庭向城市转移，推动经济发展、民生改善和社会和谐稳定发挥了重要作用。为全面提升劳动者职业技能素质，2018年5月，国务院印发《关于推行终身职业技能培训制度的意见》（国发〔2018〕11号），要求"推进职业技能培训市场化、社会化改革，充分发挥企业主体作用，鼓励支持社会力量参与，建立培训资源优化配置、培训载体多元发展、劳动者按需选择、政府加强监管服务的体制机制"，明确要"建立职业技能培训市场化社会化发展机制"，"政府补贴的职业技能培训项目全部向具备资质的职业院校和培训机构开放"。该政策进一步落实完善了农民工培训资金补贴制度,将农民工职业培训全部纳入到国家终身职业技能培训总体框架之中,整合和优化了职业培训资金、场地、师资等资源的配置,节约了职业培训的社会成本,提高了培训资源的整体使用效益,使农民工的培训内容更广泛、培训方式更便捷、培训效果更优质,有力推动了劳动者素质的全面提高和国家经济社会的高质量发展。

为重点做好新生代农民工的职业技能培训工作,2019年1月,人社部印发《新生代农民工职业技能提升计划(2019—2022年)》(人社部发〔2019〕5号),要求"聚焦新生代农民工,针对群体和时代特点,开展大规模、多层次、高质量、有保障的职业技能培训,促进多渠道转移就业,提高就业质量",明确要扩大培训供给,实行市场化社会化培训机制,"逐步推进职业技能培训公共服务项目目录清单管理,政府补贴的职业技能培训项目全部向具备资质的职业院校和培训机构开放。推动落实劳动者自主选择职业培训机构和培训项目、按培训补贴标准领取补贴的政府购买服务方式"。该政策进一步明确通过政府购买农民工培训服务等方式大力开展以80后为代表的新生代农民工的职业技能培训工作,有效增加了新生代农民工接受教育培训的机会,扩大了新生代农民工的培训规模和培训覆盖面,使新生代农民工的职业技能水平、岗位胜任能力和总体素质状况均得到较大提升,同时有力地带动了全国农民工群体整体素质和技能的改善与提高,为造就一支具有高素质、高技能、高就业率和高生产力的农民工产业工人队伍奠定了坚实基础。

为大规模、高质量开展好农民工等城乡各类劳动者的职业技能培训工作,2019年5月,国务院办公厅印发《职业技能提升行动方案(2019—2021年)》(国办发〔2019〕24号),明确2019年至2021年开展各类补贴性职业技能培训5000万人次以上,要求"深化职业技能培训工作'放管服'改革。对补贴性职业技能培训实施目录清单管理,公布培训项目目录、培训和评价机构目录,方便劳动者按需选择。地方可采取公开招投标等方式购买培训服务和评价服务"。该政策的实施对于有效提升农民工等城乡各类劳动者职业技能素质和水平、促进全国经济转型升级和实现高质量快速发展、建设一支高素质的技能型劳动者队伍发挥了重要作用。为稳就业惠民生促发展，2019年12月，国务院印发《关于进一步做好稳就业工作的意见》（国发〔2019〕28号），要求"大力推进职业技能提升行动。落实完善职业技能提升行动政策措施，按规定给予职业培训补贴和生活费补贴。针对不同对象开展精准培训，全面开展企业职工技能提升培训或转岗转业培训，组织失业人员参加技能培训或创业培训，实施农民工、高校毕业生、退役军人、建档立卡贫困人口、残疾人等重点群体专项培训计划"。该政策的实施对于精准防范和有效化解规模性失业风险，保持我国就业形势总体稳定，促进农民工等群体实现充分就业和高质量就业发挥了重要作用。

在上述政策的指导下，各地政府和相关部门有针对性地开展了形式多样、内容丰富的购买农民工职业技能培训服务项目。

案例 2-22

2006年，湖北省枣阳市制定实施了农村劳动力岗位技能培训补助、输出奖励、费用全免、权益保障等一系列发展劳务经济的优惠政策，枣阳市财政还出资100万元用于农村劳动力岗位技能培训，已有1.4万人完成就业前培训，培训就业率达到90%以上[①]。

农民工培训政策是农民工培训工作的"指南针"和"方向盘"，政府制定好和落实好农民工培训政策是做好农民工培训公共服务的根本和基础，应在制定、完善和实施农民工培训政策方面下足功夫、给足优惠，力争使农民工培训政策做到"知民工心、顺民工意、解民工难、应民工急"，为做好农民工培训公共服务提供政策依据和制度保障。

---

① 仇剑梅、王坤、李刚：《湖北枣阳1.4万农民工受益就业前免费培训》，中广网，http://www.cnr.cn/caijing/gncj/200612/t20061231_504366037.html，2006年12月31日。

案例 2-23

2006年以来，江苏省苏州市采取政府购买农民工培训服务方式，通过定向培训、校企合作、企业内训、送教上门等多种途径大力开展农民工职业技能培训，农民工职业素质和就业能力显著提高，有力促进了全市城市建设和经济发展[1]。

农民工群体多种多样，各不相同，因此，政府购买农民工培训服务的方式应当实现多样化，应当根据不同农民工群体的不同特点，以提高农民工职业技能素质和就业创业能力为宗旨目标，从提高农民工培训实效出发，分别采取院校正规教学、企业岗位培训、实训基地实习、线上函授学习等多种培训形态，才能更好地满足农民工群体多样化的培训需求，才能更好地提升农民工培训质量和培训成效。

案例 2-24

2006年，河南省劳动和社会保障厅、财政厅联合印发《河南省农村劳动力职业培训及就业服务实施办法》（豫劳社劳务〔2006〕3号），明确对农民工进行三档技能培训并相应给予培训补贴，技术程度简单专业每人可享受400元标准补贴，普通专业每人可享受500元标准补贴，复杂专业每人可享受600元标准补贴，培训以国家职业标准为依据，以"订单式培训"为主要模式，重点培训机械制造、建筑、纺织等二、三产业所需要的各类职业技能[2]。

如果说农民工培训政策是做好农民工培训公共服务的根本和基础，那么农民工培训资金就是开展农民工培训公共服务的"血液"和"能量"。

---

[1] 黄剑：《苏州市农民工职业培训的困境与对策》，《中国培训》2011年第2期。
[2] 王晓凡、韩俊杰：《农民工参加培训补助400至600元》，中国青年报—中青在线，http://zqb.cyol.com/node/2006-03/14/zgqnb.htm，2006年3月14日。

各级政府稳步增加农民工培训专项资金的投入是扩充农民工培训业务、改善农民工培训条件、提升农民工培训质量的核心和关键,政府只有做到一给政策,二给资金,才能确保服务农民工培训的社会组织逐步发展壮大,才能确保农民工培训公共服务提档升级、行稳致远。

案例 2-25

2007年3月,北京市劳动和社会保障局、北京市财政局印发《关于加强外来农民工职业技能培训工作有关问题的补充通知》(京劳社培发〔2007〕56号),明确"用人单位组织或农民工个人到定点培训机构参加《中华人民共和国职业分类大典》中尚未规定职业标准的职业(工种)培训,培训时间超过120学时、取得《北京市职业技能培训结业证书》的,可以享受每人400元的一次性职业培训补贴"。

政府出资给予获得职业技能培训结业证书的农民工一定标准的职业培训补贴,是对农民工参加职业技能培训的鼓励和支持,能够切实减轻农民工参加职业技能培训的经济负担,激发和调动农民工参加职业技能培训的主动性、积极性,促使农民工认真学习职业技术、努力提升技能本领,是政府购买农民工职业培训公共服务的重要途径。

案例 2-26

2007年,烟台市首次对农民工技能培训推行政府购买培训成果的工作机制,首批3000名农民工分别进入烟台市技术学院等培训机构接受技能培训,对农民工提升培训合格率90%以上、职业资格证书获取率90%以上、劳动合同签订率100%的培训机构或单位,拨付全额培训费,达不到要求的按实际签合同就业人数拨付[1]。

---

[1] 赵仁伟:《烟台:促进城乡统筹就业 培训农民工政府"掏学费"》,中央政府门户网站,http://www.gov.cn/jrzg/2007-01/02/content_486070.htm,2007年1月2日。

政府向社会培训机构购买农民工职业技能培训服务，其主要目的就是更好地提升农民工职业技能培训服务质效和服务水平，大力提高农民工职业技能素质和城镇就业能力，促进农民工实现稳定就业和高质量就业，因此，必须在购买服务合同中对社会培训机构实施农民工职业技能培训服务提出明确清晰的服务要求，通过制定服务标准、明确服务义务、压实服务职责、做好检查验收等具体工作，确保农民工职业技能培训覆盖率、合格率、职业资格证书获取率和农民工就业安置率达到购买协议规定的要求标准，使政府购买农民工职业技能培训服务更加规范化、优质化、实效化。

案例 2-27

2007年，陕西省白河县决定由县财政每年筹资50万元，以政府买单方式对农民工开展电子装配、汽车制造维修、服装加工、公共服务、建筑等行业的职业技能培训，并按照"培训一人、鉴定一人、就业一人、补贴一人"的原则，实行免费培训、免费鉴定、免费发证，参加培训的农民工由县公共职介中心和各培训机构负责免费介绍就业，就业签订劳动合同须达到90%以上[①]。

政府购买农民工职业技能培训服务的"基础"在培训，而其"成效"在就业。没有较好的农民工就业率，农民工培训工作即使再规范、再标准、再出色，也是不成功、无意义的职业培训。因此，在做好培训服务的基础上，应逐步实现"培训、鉴定、就业、补贴"一条龙服务，这种做法有利于提升农民工职业技能培训的实际效果，有利于促进农民工职业提升和转移就业，是政府购买农民工职业技能培训公共服务的新要求、新标准和新方向。

---

① 胡定升、覃彬：《白河：政府买单培训农民工》，安康市人民政府网站，http://www.ankang.gov.cn/Content-10976.html，2007年6月27日。

案例 2-28

2007年，安徽省劳动和社会保障厅出台政策对农民工等人员参加技能培训给与补助或补贴，规定依据不同职业（工种）、培训成本、培训周期等因素，将接受培训的农民工分为四大类：A类为制造类、机械维修类、餐饮类等，补贴标准为每人800元；B类为电子装配类、家电维修类、建筑类等，每人补贴600元；C类为加工类、生产操作类等，每人补贴400元；D类为服务类等，每人补贴200元[①]。

政府依据职业差别、培训成本、培训时间和培训难易程度实行差别化的农民工职业技能培训补贴制度，是农民工职业技能培训公共服务政策的重大制度创新，有利于解决部分技术复杂工种（职业）存在的"培训周期长、培训环节多、培训难度强、培训费用大"等具体问题，对于促进农民工职业技能培训服务工作实现按需培训和"分类施教"，更好地满足城乡劳动力市场对农民工的职业需求具有重要作用。

案例 2-29

2009年，广东省计划培训本省农村劳动力、失业和在岗农民工400万人次，培训外省初级以上技能农民工100万人次，其中，本省45周岁以下的农村中青年劳动力（含未转移和目前已在岗）可享受一次免费职业技能培训（含创业培训），由省财政按每人1400元对培训项目实行补助；为了保证培训质量，广东省劳动部门要求各级技工学校和职业学校及有资质的培训机构通过竞争获取相关培训资金[②]。

---

① 马姝瑞：《安徽5类农民工技能培训可获补助 最高每人800元》，中央政府门户网站，http://www.gov.cn/jrzg/2007-09/04/content_737237.htm，2007年9月4日。

② 刘茜、梁嘉敏、张祥：《今年省财政补贴培训本省农民工400万人次》，《南方日报》2009年1月20日。

为农民工提供高质量、高水平的职业技能培训公共服务是省级人民政府的重要责任。省级（自治区、直辖市）政府制定和实施"农民工技能提升培训计划"，具有培训职业种类全、农民工覆盖面广、资金补贴额度大、政策执行力强等基本特点，有助于更好地协调和利用省域优质社会培训资源广泛开展农民工职业技能培训公共服务，对提升全省（自治区、直辖市）农民工培训质量和培训水平具有举足轻重的作用。因此，加强和完善省级政府包括购买农民工职业技能培训公共服务在内的农民工培训体制机制建设，做好省域农民工职业技能培训公共服务发展规划制定和实施工作，对于做好现阶段农民工培训公共服务工作至为关键，影响极大，意义深远。

案例 2-30

2009年2月，陕西省商洛市出台农民工培训补贴政策，加大对农民工培训资金支持力度，明确农民工培训补贴资金占各级就业专项资金的比例不得低于15%；对农民工初次参加技能培训的，给予每人1000元的职业培训补贴；培训结束后，农民工可享受150元技能鉴定补贴；对于全市各类企业招用农民工并签订两年以上期限合同的，由劳动部门根据招用人数给予企业每人不超过1000元的岗前培训补贴[①]。

一般而言，企业不愿意招用没有生产经营经验或者没有经过职业技能培训的人员，因为招用这些人员需要承担一定数额的培训成本。政府给予招用农民工的企业岗前培训专项补贴资金，其实质就是政府向企业购买农民工岗前培训服务，政府专项补贴资金的注入承担了企业对农民工进行岗前培训的成本，能够大力激发和调动企业招用农民工的积极性，能够促使

---

① 汪瑛：《积极应对挑战　促进农民增收　我市出台扶持农民工创业12项激励政策》，《商洛日报》2009年2月6日。

企业认认真真、扎扎实实地开展好农民工岗前培训工作,有利于提升农民工的职业技术素质和安全生产意识,也有利于促进企业的生产经营和发展壮大,对于农民工实现转移就业和稳定就业也具有重要的保障作用。

案例 2-31

2010年5月,青岛市人社局、财政局印发《关于做好2010年度在岗农民工职业技能培训工作有关问题的通知》(青人社字〔2010〕107号),明确对各类用人单位招用农村劳动者的,用人单位可自行组织或委托农民工定点培训机构开展职业技能培训,并给予一定的职业培训补贴和职业技能鉴定补贴;在岗农民工参加职业技能培训并经职业技能鉴定后,根据合格人数给予用人单位一定标准的职业培训补贴,其中,职业资格培训按照每人300元标准支付培训费补贴,专项技能培训按照每人150元标准支付培训费补贴;对参加职业技能培训并通过职业技能鉴定取得相应国家职业资格证书的农民工,按照每人不超过100元标准据实给予职业技能鉴定补贴。

开展新招聘农民工和在岗农民工职业技能培训活动是政府部门和企业等用人单位永恒的主题,科技在进步,企业在发展,产业在升级,新业态正在形成,只有不断提升农民工职业技能素质才能适应现代科学技术和新产业、新业态、新模式的发展要求,才能建设一支有知识、有素质、有技能、有奉献精神的新型农民工队伍,才能不断提高农民工的劳动生产率和社会贡献率,为国家经济建设和社会发展创造新业绩、做出新贡献。

案例 2-32

2013年以来,广东省总工会积极开展千万职工大培训行动,每年至少投入1000万元,与广东省"全国职工教育培训优秀示范点"等教育培训机构开展合作,在全省各地举办"技能圆梦"培训班,农民工培训取得证书后，按初级工升中级工 1080 元/人、中级工升高级工 1400 元/人、高级工升技师 1600 元人、技师升高级技师 1800 元/人标准给予补贴，帮助企业农民工实现技能提升①。

全国很多省级工会组织以"开展农民工职业技能培训、提升农民工职业技能素质"为主题，通过出台农民工职业技能培训政策、增加农民工培训资金投入规模、压实农民工培训主体责任等措施，在各省工会系统卓有成效地开展了主题鲜明、内容丰富、形式多样的农民工职业技能培训活动，在促进各地农民工职业技能培训活动的开展和农民工职业技能水平的提升方面发挥了重要的作用，成为农民工职业技能培训的重要阵地和主战场。

案例 2-33

2014 年 12 月，天津市人民政府印发《关于实施百万技能人才培训福利计划的意见》（津政发〔2014〕31 号），要求按照普惠实用、就业导向和政府购买服务的原则，通过实施政府培训补贴和津贴，鼓励和引导职业院校、企业和社会培训机构，面向农村劳动力等人员，开展以"职业培训包"为主要模式的职业技能培训；明确实行职业培训补贴制度，对取得技师、高级技师职业资格证书的人员，给予 100% 培训费补贴和鉴定费补贴；取得高级工及以下等级职业资格证书的人员，按照非常紧缺、紧缺、一般紧缺三个需求程度，分别给予培训成本 100%、90%、80% 的培训费补贴和 100% 的鉴定费补贴。

该政策的出台有力地推动了天津市"人才强市战略"和"创新驱动发展战略"的实施，促进了天津市专业型、技能型、创新型、"工匠型"等

---

① 谢彦琼：《实施农民工职业培训 提升农民工技能素质》，《中国职工教育》2014 年第 4 期。

各类高素质人才的培育工作，进一步健全完善了政府购买农民工等人员职业技能培训公共服务的培训体系和体制机制，对提升天津市农民工等劳动力资源的职业技能、就业能力、就业质量以及推进天津经济结构优化和转型升级，促进天津市经济社会实现又好又快发展起到了重要的推动作用。

案例 2-34

2014年8月，山东省人民政府办公厅印发《关于印发山东省农民工职业技能提升3年行动计划等3项行动计划的通知》（鲁政办字〔2014〕106号），决定将各类就业创业培训项目纳入政府向社会购买服务范围，通过招投标的形式确定农民工定点培训机构，以完善政府购买培训成果机制，逐步实现同一地区、同一工种补贴标准统一，并计划在2015—2017年，力争每年对180.7万农民工开展各类培训，确保无就业技能的农民工掌握一定就业技能，有就业技能的农民工就业技能有较大提升。

各级政府明确将农民工就业创业培训项目纳入政府购买农民工公共服务机制，将有力推进各地政府购买农民工就业创业培训服务的发展，特别是通过开展政府购买农民工转业转岗培训、岗位技能提升培训和农民工创业创新培训等培训服务，能够有力提升农民工职业技能素质和就业创业能力，对于农民工实现稳定就业和成功创业具有重要的推动作用。

案例 2-35

2015年，河南省安阳市人力资源和社会保障局、安阳市财政局印发《安阳市农民工职业技能培训实施细则（试行）》（安人社就业〔2015〕4号），明确实施政府购买培训成果的培训机制，将汽车驾驶列为政府购买培训工种，符合条件的农民工在培训定点驾校参加培训可享受800元/人的培训补贴。

长期以来，各地社会职业培训机构普遍缺乏培训经费，而农民工自身也普遍缺乏培训资金，因此，政府和相关部门明确给予农民工参加社会职业培训补贴的政策，会有效化解目前各地存在的"社会职业培训机构无力开展农民工培训和农民工自身参加职业培训主动性、积极性不强"等突出问题，能够充分调动参训农民工和社会职业培训机构两个积极性，为有效破解农民工培训困境、提升农民工培训质效提供了新的解决思路和具体办法。

案例 2-36

2015 年，南京市总工会职工援助中心提出"关爱农民工服务年"主题并开展系列服务活动，明确"争取将外来南京求职的农民工纳入同城失业人员范围，享受政府购买的培训，解决农民工的低成本就业问题"，并且"加大对农民工的技能转岗和技能提高培训，确保农民工的稳定和持久就业"，通过把在企业就业的农民工纳入工会的服务体系，使其能够享受到同城职工的同等服务[①]。

工会组织明确将外来农民工培训、就业等服务纳入同城职工的同等服务体系的做法，对政府开展农民工公共服务工作具有重要的启示作用。在政府购买农民工职业培训等公共服务中，必须打破农民工户籍限制，使外地户籍农民工能够与本地户籍农民工和本地城镇户籍职工一样都享有平等的职业技能培训权益和其他各项权益，使农民工切实感受到政府的关怀、城市的温暖，提升外来农民工在城镇的融入感、归属感和幸福感。

案例 2-37

"十三五"期间，江苏省对新生代农民工参加专项能力或初级职

[①]《南京市总工会开展关爱农民工系列服务活动》，《工会信息》2015 年第 4 期。

业资格培训按照核定的培训成本予以全额补贴,对农村未继续升学的初高中毕业生实施免费劳动预备制培训并给予培训补贴和生活费补贴,基本消除新生代农民工无技能从业现象,使新生代农民工在就业技能培训或岗前培训、岗位技能提升培训或高技能人才培训以及创业培训等方面均能得到全面提升①。

目前,新生代农民工已经成为我国农民工的主体部分,国家统计局《2018年农民工监测调查报告》显示,1980年及以后出生的新生代农民工占全国农民工总量已经达到51.5%,老一代农民工占全国农民工总量已经减少到48.5%,在新生代农民工中,"80后"占50.4%,"90后"占43.2%,"00后"占6.4%。但多数新生代农民工在未经专业技能培训的情况下仅凭借自身陈旧的劳动技能已经无法适应新的工作岗位,致使很多新生代农民工与产业升级的时代步伐脱节而导致出现结构性失业的不良后果②。因此,有针对性的提升新生代农民工的职业素质和技能水平已经成为各级政府和社会各界的紧迫工作任务,而政府开展针对新生代农民工的劳动预备制培训、职业技能培训和创业培训并给予相应培训补贴非常重要,能够有效提升新生代农民工的职业技能水平和就业创业能力,对建设一支具有高素质、高技能和较强就业创业能力的农民工职业队伍起到了重要的推动作用。

案例2-38

山东省高密市为适应企业岗位需求和劳动者就业需求,全面推行"企业订单、劳动者选单、培训机构列单、政府买单"的"四单化"培训模式,将所有符合培训条件的农民工培训对象,全部纳入免费培

---

① 陈瑞昌:《江苏50万农民工接受技能培训》,《中国教育报》2016年5月12日。
② 李彬彬:《新生代农民工职业技能培训问题及对策研究——以桂林市为例》,硕士学位论文,广西师范大学,2018年。

训范围，实现农民工培训在领导机制、培训项目、人员管理、机构认定、补贴资金管理及使用、培训项目实名制和培训项目绩效评估验收等方面的"六个统一"，两年间累计培训农民工 3.3 万人①。

地方政府在农民工职业技能培训方面实施的"六个统一"及"四单化"培训模式，其实质是政府购买农民工职业技能培训公共服务在具体购买内容、购买实施路径和实施标准考核等方面制定了统一的运转要求，以此来确保政府购买农民工培训服务能够得到规范化、实效化发展。具体看，山东省高密市通过"六个统一"明确了政府购买农民工职业技能培训公共服务的购买主体（各级政府）、培训项目（服务对象和服务内容）、承接主体（培训机构）、补贴资金（购买资金）和培训项目绩效评估验收等要素内容和运行机制，是较为标准的政府购买农民工职业技能培训公共服务成功模式和成功案例，对全国各地开展政府购买农民工职业技能培训公共服务具有重要的借鉴作用。

案例 2-39

2018 年 4 月，烟台市根据政府购买服务的要求开展了"烟台市就业培训定点机构选定"采购活动，分别进行了职业技能培训定点培训机构选定和创业培训定点机构选定，招标涉及职业技能专业 46 个、创业培训专业 4 个，最终有 71 家培训机构中标入选，中标机构分别与全市各级公共就业服务机构签署培训协议，承担全市农村转移就业劳动者等未就业人员的就业培训和创业培训②。

---

① 徐津红：《山东省高密市两年培训农民工 3.3 万人》，中国就业培训技术指导中心网站，http://www.cettic.gov.cn/zypx/nmgpx/2017-03/22/content_449989.htm，2017 年 3 月 22 日。
② 烟台市人力资源和社会保障局：《"烟台市就业培训定点机构选定"工作圆满落下帷幕》，烟台市人力资源和社会保障局网站，http://rshj.yantai.gov.cn/art/2018/5/10/art_23320_1613659.html，2018 年 5 月 10 日。

政府直接以招标方式选定农民工等人员培训机构，使社会各类培训机构平等拥有了公开、公平、公正参与农民工培训的竞争机会，有利于优质社会培训资源的脱颖而出和择优认定，不仅能够有效激发和调动社会培训机构参与和开展农民工等人员职业技能培训和创业创新培训的积极性，也能够确保社会培训机构不断提升对农民工等人员的培训质量和培训效果，对于促进农民工职业技能水平的提升和就业创业能力的提高具有直接推动作用。

案例 2-40

2019年，浙江省总工会开展"农民工学历与能力提升行动"，计划每年投入1000万元，对取得大专以上学历和高级工以上职业资格证书（技能等级证书）的一线农民工提供补助，每年资助1万名农民工接受大专、本科学历继续教育，同时，推动农民工实现高级工以上技能培训和晋级，通过提升全省农民工学历层次和技术技能，建设一支知识型、技能型、创新型的产业工人队伍，推动浙江经济高水平发展[1]。

就现阶段全国农民工总体情况而言，学历层次低、职业能力弱是很多农民工先天存在的不足之处。国家统计局《2017年农民工监测调查报告》显示，2017年，全国接受过农业或非农职业技能培训的农民工占32.9%，其中，接受非农职业技能培训的占30.6%，接受农业技能培训的占9.5%，农业和非农职业技能培训都参加过的占7.1%，反映出全国有近70%的农民工没有接受过任何行业的职业技能培训服务，农民工的职业技能素质明显不足。同时，农民工接受文化教育的程度大都较低，国家统计局《2019年农民工监测调查报告》显示，2019年，在全部农民工中，未上过学的农民工占比为1%，有小学文化程度的农民工占比为15.3%，有初中文化程

---

[1] 张璇：《我省每年资助1万名农民工提升学历和能力》，《宁波日报》2019年10月11日。

度的农民工占比为56%，初中以下文化程度的农民工占比高达72.3%，而具有高中文化程度的农民工占比为16.6%，具有大专及以上文化程度的农民工占比仅为11.1%。文化程度和职业技能"双低"现象严重制约着农民工就业范围和职业层次，是农民工城市就业和市民化的突出短板。因此，通过政府、工会等机构给予农民工资金补助的方式，推进农民工提升学历教育层次和提升职业技术等级，对于建设一支有知识、有素质、有技能的高质量农民工产业大军具有重要意义。

案例 2-41

2019年3月，福建省财政厅、人社厅联合印发《福建省就业补助资金管理实施办法》（闽财社〔2019〕11号），明确对全省城乡劳动者参加就业技能培训并取得职业资格证书的，分别给予700元（初级工）、1000元（中级工）、1500元（高级工）、2000元（二级技师）、3000元（一级技师）的职业培训补贴，对获得创业培训合格证书的城乡劳动者给予不超过1200元/人的补贴。

地方政府出台系统完善的农民工等城乡劳动者就业技能培训补贴和创业培训补贴政策，并通过加强和规范各级就业补助资金的管理和监督，能够有效提高各级就业补助资金的使用效率和使用效益，能够切实推进各地政府购买城乡劳动者就业技能培训服务和创业培训服务的开展，能够有力推动各地农民工等城乡劳动者的就业创业向高质量、高效率、高成效方向发展。

案例 2-42

江苏省通过建立就业前免费培训、上岗后补贴培训、成才时奖励培训的全方位政策扶持体系，积极开展农村劳动力职业技能培训工作，2017年—2019年，累计开展政府补贴农民技能培训142万人，农民工接受技能培训比例近60%，农村劳动力转移率达75%[①]。

通过政府补贴等方式开展大规模、广领域、深层次、高质效的农民工职业技能培训服务，是政府购买农民工公共服务的重要服务领域，有利于推动农民工群体快速提升职业技能素质，增强农民工就业创业本领，有利于增加农民工家庭收入，增进农民工迁移意愿，对促进新型城镇化和乡村振兴发展进程、加快城乡融合发展和实现农业农村现代化具有重大推进作用。

案例 2-43

2019年，四川省泸县农民工服务中心、泸县就业服务管理局以政府购买服务方式面向返乡农民工开展了电子商务、居家服务、车钳工等技能培训服务，全年共培训返乡农民工5513人，有效提升了返乡农民工的技能素养和岗位匹配能力[②]。

围绕县域经济发展需要和县域就业市场需求开展有针对性的返乡农民工就业技能提升服务行动，是快速提升返乡农民工职业技能素质、推进返乡农民工实现就近就地就业和满足县域经济发展壮大对于高素质职工队伍需求的重要途径，对于充分发挥返乡农民工的积极作用，促进县域经济社会发展繁荣，构建县域城乡一体化新型发展格局具有重要实践意义。

案例 2-44

2020年3月底至6月30日，陕西省人社厅、财政厅联合开展农

---

① 戴元湖：《启动技能培训"快进键" 助力乡村振兴"加速跑"》，《新华日报》2020年1月7日。
② 泸县农民工中心、泸县就业局：《泸县送培训下乡助力返乡农民工技能提升》，泸县农民工网，http://nmg.luxian.gov.cn/gzdt/content_227250，2019年12月31日。

民工百日免费线上技能培训行动，培训机构在完成全部培训课时后享受职业培训补贴，补贴标准根据培训结束后3个月内参训人员就业率确定，标准为：每班就业率低于10%的，不予补贴；就业率达到10%的，补贴标准为每人300元；就业率达到30%的，补贴标准为每人450元；就业率达到50%的，补贴标准为每人780元[①]。

2020年上半年，由于新冠肺炎疫情的不利影响，各地政府难以对农民工等人员开展大班制集中性培训，为有效克服新冠肺炎疫情造成的具体困难，推进农民工等人员提升职业技能素质和就业创业能力，很多地方政府和相关部门创新性地组织农民工培训机构开展农民工线上培训活动，并将培训补贴标准与培训成效、农民工就业率"分档挂钩"，确保了农民工线上培训工作取得了良好效果，有力地促进了农民工等参训人员培训率和就业率的提升。

综上可见，政府购买农民工职业技能培训服务作用重大、成效突出。政府购买农民工职业技能培训服务项目的开展不仅有力提升了农民工的专业技术水平和职业技能素质，同时还有效增强了农民工的就业能力和在城市的生存能力，在宏观层面上促进了农村劳动力向非农产业和城镇的转移，强而有力地推进了各地区城乡经济社会发展一体化的进程。具体来看，政府购买农民工职业培训服务取得了三个方面的突出成效：一是政府购买农民工职业技能培训服务种类和规模的逐步扩大，为相关社会组织提供了相对充足的资金来源和服务渠道，使其日益完善和发展壮大，其培训能力和服务水平得到快速提高。二是农民工非农职业技能培训率实现了大幅度提升，这一方面是因为农民工对自身发展前景与成长空间更加看重，另一方面新经济、新业态对从业者职业技术有了更高要求，也激发了农民工参加技能培训的积极性[②]。农民工积极参加职业技能培训，还源于政府

---

① 毛浓曦：《陕西开展农民工线上培训"百日行动"》，《工人日报》2020年4月24日。
② 谌利民、王皓田、郝思思：《以平等为核心构建新时期农民工和谐劳动关系》，《宏观经济研究》2019年第9期。

购买培训服务有实效,真管用。通过政府购买服务,促进了政府职能转变和服务型政府建设,初步构建了农民工职业培训服务多元供给的治理格局,较好地满足了农民工对职业培训广覆盖、多样化、多层次的服务要求。三是政府购买农民工培训服务总体上提升了农民工培训的质量和效率,有力地提高了农民工的职业技能水平和城市就业能力。据统计,2014年至2017年,全国累计开展政府补贴性农民工职业技能培训达到3856万人次[①],对促进农民工稳定就业、优质就业发挥了重要作用。政府购买农民工职业培训服务不仅有力提升了农民工的专业技术水平和职业技能素质,同时还有效增强了农民工的就业能力和市场竞争力,极大地提振了农民工在城市发展和生活的勇气和信心,促进了农民工城市就业和城市转移。

第三节 创业培训与孵化扶持服务

进城农民工大多是农村劳动力的精英,很多农民工具有思想解放、勇于进取、开拓创新的开放性思维和不怕苦、不怕累、不怕难的奋斗精神,特别是经过多年城市务工历程历练的农民工,更是具备了一定的职业技能素养和较为先进的经营理念,这些具有较高素质和较强能力的农民工返乡创业,对于有效推进乡村振兴战略实施和实现农业农村现代化的奋斗目标具有特殊的重要作用。事实上,很多农民工返乡创业的成功实践已经证明,农民工返乡创业是实现农村富余劳动力就近就地转移就业和就近就地市民化、培育现阶段农村经济社会发展新资源和新动能、推进农村实现一二三产业融合发展、提高农民工家庭经济收入水平和家庭和谐程度、促进农村实现产业兴旺和脱贫致富、推进城乡融合发展和城乡一体化的可行途径和重要举措。因此,各级政府和有关部门应当清醒认识到农民工返乡创

---

① 韩秉志:《加强职业技能培训——助新生代农民工就业创业》,《经济日报》2019年2月15日。

业在解决"三农"问题中的重要作用，特别是农民工返乡创业对于推动乡村振兴和实现就近城镇化、促进实现城乡融合发展目标具有特别重要的现实意义，应当高度重视和积极推进农民工返乡创业工作，在政策引导、资金投入、平台构筑、产业扶持、公共服务等方面不断加大对农民工创业的支持力度。在农民工返乡创业过程中，政策支持尤为重要，如何优化政策环境已经成为促进农民工返乡创业的关键问题[①]。各级政府应根据返乡农民工的实际情况，通过采取一系列行之有效的政策措施，鼓励、推动和支持农民工返乡创业，使推进农民工返乡创业、成功创业成为现阶段中国政府解决农民工问题和乡村振兴问题的核心策略和重要途径。

党的十八大以来，中国政府相继出台了一系列政府购买农民工创业培训与孵化扶持服务的具体政策，不断加大政府购买农民工创业培训和孵化扶持服务的力度，以不断满足农民工返乡创业的服务需求，通过与各类社会机构的相互合作助力返乡农民工实现创业之梦。2014年9月，国务院印发《关于进一步做好为农民工服务工作的意见》（国发〔2014〕40号），明确要"将农民工纳入创业政策扶持范围，运用财政支持、创业投资引导和创业培训、政策性金融服务、小额担保贷款和贴息、生产经营场地和创业孵化基地等扶持政策，促进农民工创业"。该政策进一步明确了对农民工返乡创业实施财政贴息支持和政策性金融扶持，有效缓解了返乡农民工创业资金不足和筹资困难等难题。2015年6月，国务院办公厅印发《关于支持农民工等人员返乡创业的意见》（国办发〔2015〕47号），要求加快建立多层次多样化的返乡创业格局，健全基础设施和创业服务体系，"依托存量资源整合发展农民工返乡创业园""强化返乡农民工等人员创业培训工作""完善农民工等人员返乡创业公共服务"。该政策明确"运用政府向社会力量购买服务的机制，调动教育培训机构、创业服务企业、电子商务平台、行业协会、群团组织等社会各方参与积极性，帮助返乡创业农民工等人员解决企业开办、经营、发展过程中遇到的能力不足、经验不

---

① 张亮：《促农民工返乡创业需政策支持》，《经济日报》2017年8月16日。

足、资源不足等难题"。该政策的实施对于建立政府购买农民工创业服务体系和加强农民工创业基层服务平台建设起到了重要推动作用。

为推动返乡农民工创业创新，2016年11月，国务院办公厅印发《关于支持返乡下乡人员创业创新促进农村一二三产业融合发展的意见》（国办发〔2016〕84号），要求加大财政支持力度，"加快将现有财政政策措施向返乡下乡人员创业创新拓展，将符合条件的返乡下乡人员创业创新项目纳入强农惠农富农政策范围。新型职业农民培育、农村一二三产业融合发展、农业生产全程社会化服务、农产品加工、农村信息化建设等各类财政支农项目和产业基金，要将符合条件的返乡下乡人员纳入扶持范围，采取以奖代补、先建后补、政府购买服务等方式予以积极支持"。该政策对于形成服务农民工返乡创业的工作合力，促进农民工等返乡下乡人员创业创新，推动我国农村发展新产业新业态新模式和实现一二三产业融合发展起到了积极作用。为稳就业惠民生促发展，2019年12月，国务院印发《关于进一步做好稳就业工作的意见》（国发〔2019〕28号），明确"实施'双创'支撑平台项目，引导'双创'示范基地、专业化众创空间等优质孵化载体承担相关公共服务事务。鼓励支持返乡创业，年度新增建设用地计划指标优先保障县以下返乡创业用地，支持建设一批农民工返乡创业园、农村创新创业和返乡创业孵化实训基地，建设一批县级农村电商服务中心、物流配送中心和乡镇运输服务站。实施返乡创业能力提升行动，加强返乡创业重点人群、贫困村创业致富带头人、农村电商人才等培训培育。对返乡农民工首次创业且正常经营1年以上的，有条件的地区可给予一次性创业补贴"。该政策的实施对于加强农民工创业创新服务平台建设，鼓励和支持返乡农民工开展创业创新，推动返乡农民工实现创业带动就业发展目标以及选树农民工创业典型经验、典型人物起到了重要的推动作用。

与此同时，国家有关部门也相继制定实施了推动农民工返乡创业的具体政策，2015年11月，农业部等6部门联合印发《关于实施开发农业农村资源支持农民工等人员返乡创业行动计划的通知》（农加发〔2015〕8

号），要求努力构建返乡创业公共服务体系，积极开展创业综合类服务，"依托现有服务机构，通过政府购买服务、项目招投标等方式健全服务功能，整合社会资源，提供各类综合性公共产品和服务"。该政策的实施对于大力提升返乡农民工创业服务质量和服务水平，激发和调动农民工等人员返乡创业积极性，促进农民工等返乡人员在农村创业创新和新农村建设中充分发挥生力军作用，推动农村经济发展繁荣和农村社会和谐稳定发挥了重要作用。2016年6月，人社部办公厅等5部门联合印发《关于实施农民工等人员返乡创业培训五年行动计划（2016—2020年）的通知》（人社厅发〔2016〕90号），明确鼓励各类优质培训资源参与农民工等人员返乡创业培训，在师资培养、就业创业信息服务、政府购买创业培训成果等方面实行公办民办培训机构平等待遇，要求建立创业培训与创业孵化对接机制，实施培训、孵化、服务"一条龙"帮扶，帮助学员尽快将培训所成付诸创业行动，通过孵化服务和政策落实，使其稳定发展并能成功创业。该政策的实施进一步健全完善了政府购买农民工创业培训制度，将各类优质培训资源纳入农民工返乡创业培训体系，提高了农民工创业培训的针对性、规范性和有效性，激发了返乡农民工参加创业培训的热情和内生动力，有效提升了农民工的创业素质、创业能力和创业水平，促进了农民工等人员返乡创业就业事业的迅猛发展。

为提升新生代农民工职业技能素质，2019年1月，人社部印发《新生代农民工职业技能提升计划（2019—2022年）》（人社部发〔2019〕5号），明确要"积极开展创业创新培训，培养创业带头人。将有意愿开展创业活动和处于创业初期的农民工全部纳入创业培训服务范围，开展创业培训服务。重点对新生代农民工积极开展电子商务培训"。该政策强调要加大扶持力度和落实补贴政策，对促进社会力量积极参与农民工创业创新培训发挥了重要作用，同时，该政策的实施对开展分门别类的农民工创业创新培训产生了重要的推动作用，也有效提高了农民工创业创新培训的针对性和培训效果。为推动农民工等人员返乡入乡创业创新，2020年1月，国家发改委等19部门联合印发《关于推动返乡入乡创业高质量发展的意见》（发改就业〔2020〕104号），明确要强化创业培训，持续实施返乡入乡创业培训行动计划，使每位有意愿的创业者都能接受一次创业培训。该政策的实施对于进一步优化返乡农民工的创业服务和创业环境，鼓励和支持农民工等人员返乡入乡创业兴业，激发返乡农民工创业热情和创业活力，提升返乡农民工创业能力和创业水平，助推农村脱贫攻坚和实现全面小康建设目标，促进乡村振兴和城乡融合发展发挥了重要作用。

为有效应对新冠肺炎疫情对农民工就业创业造成的不利影响，2020年3月，农业农村部办公厅、人社部办公厅印发《扩大返乡留乡农民工就地就近就业规模实施方案》（农办产〔2020〕2号），明确"按照稳就业和返乡入乡创业工作要求，对首次创业、正常经营1年以上的返乡留乡创业农民工，给予一次性创业补贴。按照普惠金融发展专项资金管理办法，对符合条件的返乡留乡农民工创业担保贷款予以贴息"。该政策的实施对于促进相关部门做好返乡留乡农民工就业创业的指导和服务工作，及时解决返乡留乡农民工因新冠肺炎疫情影响造成的就业创业实际困难，积极营造全社会支持、扶持返乡留乡农民工就业创业的良好氛围，促进农民工实现就地就近稳定就业和高质量就业以及成功创业发挥了重要作用。2020年6月，农业农村部等9部门联合印发《关于深入实施农村创新创业带头人培育行动的意见》（农产发〔2020〕3号），要求扶持返乡创业农民工，明确"对首次创业、正常经营1年以上的农村创新创业带头人，按规定给予一次性创业补贴。对入驻创业示范基地、创新创业园区和孵化实训基地的农村创新创业带头人创办的企业，可对厂房租金等相关费用给予一定额度减免"。该政策的实施进一步改善和优化了返乡农民工等人员的创新创业环境，推动了"扎根乡村、服务农业、带动农民"的农村创新创业带头人培育工作的深入开展，为乡村创新发展和富民兴业提供了人才支撑和强劲动能。

在上述创业政策的指导下，各地政府通过购买服务、项目合作等方式积极开展农民工创业培训、创业扶持服务等实践活动，加大了农民工创业培训与扶持服务的支持力度，促进了农民工返乡入乡创业事业的健康发展。地方政府购买农民工创业服务的主要内容为开展农民工创业贷款贴息服务、开展农民工创业培训补贴服务、开展农民工创业孵化基地（创业园）专项资金奖补服务、开展农民工创业补贴和创业带就业补贴服务：

一 开展农民工创业贷款贴息服务

政府开展农民工创业贷款贴息服务，对农民工进城创业或返乡创业进行资金支持，对于农民工实现成功创业具有重要推动作用。陕西、重庆等地方政府通过开展农民工返乡创业、进城创业以及创业带动就业的贷款贴息服务，促进了农民工通过创业兴办企业和其他经济实体等创业事业的快速健康发展。

案例 2-45

2007年11月，陕西省人民政府办公厅印发《关于认真做好农民工回乡创业工作的通知》（陕政办发〔2007〕146号），明确省财政从扶持中小企业发展资金中切出部分资金，以贷款贴息等方式支持农民工回乡创业，要求市、县、区财政也要逐步建立支持农民工回乡创业的专项资金，明确对农民工创办的符合农业产业化贴息条件的企业，优先给予贴息，并适当降低贴息审批条件，对农民工在贫困地区创办企业，符合扶贫贷款贴息条件的，优先给予扶贫项目贷款贴息。

省、市、县（区）三级政府通过分别建立支持农民工回乡创业专项资金的方式，对农民工返乡创办的农业产业化企业或农民工在贫困地区创办的企业给予贷款贴息支持，有利于减轻返乡农民工创办企业的经济负担，有利于增强相关企业的融资能力和发展能力，有利于形成省、市、县共同推进农民工返乡创业的政策合力和社会氛围，对农民工返乡创业以及辐射带动当地农民实现就地就近转移就业具有较强的推动作用。

案例 2-46

2009年1月,重庆市人民政府办公厅印发《关于应对当前经济形势做好稳定就业和促进就业工作的通知》(渝办发〔2009〕1号),明确"全面推动以创业带动就业,落实小额担保贷款及贴息等创业扶持政策。新增5000万元小额贷款担保基金,提高小额担保贷款贴息比例,将进城创业农民工、城镇其他登记失业人员等群体的小额担保贷款贴息比例由50%提高到80%"。

农民工进城创业是农民工城市就业与市民化的重要途径之一。各级政府通过大幅提高进城农民工城镇创业的小额担保贷款贴息比例,减少了农民工进城创业的贷款利息支出,提升了农民工进城创业的积极性和创业成功率,对促进进城农民工创业事业健康快速发展、推进农民工城市转移和农民工市民化发展进程具有重要作用。

此外,重庆市为推动农民工返乡创业,还针对农民工返乡创业创办的重点企业出台了具体的贴息实施办法。

案例 2-47

2010年12月,重庆市人社局、财政局、农村劳务开发领导小组办公室联合印发《重庆市返乡创业重点企业贴息办法》(渝人社发〔2010〕252号),明确规定对满足以下条件的市级返乡创业重点企业进行贴息补贴:一是安置重庆籍农民工人数达到100人以上,二是具有独立法人资格,法定代表人为重庆籍居民;三是企业资产状况和银行资信状况良好;四是企业与招用的重庆籍农民工签订一年以上的劳动合同(或劳务协议),同时要求企业当年在金融机构取得贷款并按期支付利息,明确"贴息期限最长不超过一年。贴息标准按企业招用重庆籍农民工人均贷款额3万元计算贴息额,最高不超过60万元。实际付息金额小于计算贴息金额的,以实际付息额为准"。

重庆市政府相关部门针对农民工返乡创业兴办重点企业给予贷款贴息资金支持,能够充分发挥政府贷款贴息资金的宏观导向功能和扶持、激励作用,有力地激发了返乡创业重点企业招用重庆籍农民工的积极性,促进了重庆市返乡创业重点企业的效益提升和良性发展。

二 开展农民工创业培训补贴服务

政府通过开展农民工创业培训补贴服务,能够激发和调动社会力量开展农民工创业培训服务的积极性,能够推动农民工创业培训工作向高质量、广领域、高覆盖率方向发展,有利于更好地推进农民工进城创业和返乡创业。陕西、青海、河南、吉林等很多地方政府开展了农民工创业培训补贴服务。

案例 2-48

2009年2月,陕西省商洛市劳动保障部门制定出台了农民工返乡创业补贴政策,明确从就业专项资金中筹集1700万元资金,专门用于支持农民工返乡创业;对有自主创业愿望的农民工,可免费参加培训;对通过培训创业就业的,劳动部门给予培训机构每人1800元的创业培训补贴;对参加了创业培训并有成熟项目的返乡创业农民给予2—5万元的小额担保贷款扶持[1]。

地方政府劳动保障部门通过筹集农民工创业培训补贴专项资金对农民工创业培训机构给予培训补贴的做法,调动了相关培训机构开展农民工创业培训的积极性和主动性,对于提升农民工创业培训机构的基础设施水平、创业培训能力、创业培训质效具有重要保障和推进作用,也直接提升

---

[1] 汪瑛:《积极应对挑战 促进农民增收 我市出台扶持农民工创业12项激励政策》,《商洛日报》2009年2月6日。

了返乡农民工的创业能力和创业水平，有力地推动了农民工返乡创业事业的健康发展。

案例 2-49

2015年9月，陕西省人民政府办公厅印发《关于支持农民工等人员返乡创业的实施意见》（陕政办发〔2015〕88号），明确创新创业培训模式，打造网络创业培训平台，符合条件人员参加网上创业培训和电子商务创业培训的，纳入创业培训补贴范围；要求加强创业导师队伍建设，各县（区、市）从企业家、合作社理事长、职业经理人、电商辅导员、天使投资人、返乡创业带头人等人员中选聘一批专家，成立县级创业专家服务团，对返乡农民工等人员创业提供指导服务，聘请创业专家服务团人员所需经费可从创业孵化补贴资金中列支。

地方政府通过打造网络创业培训平台，开启农民工等人员远程网络创业培训方式，并将远程网络创业培训纳入农民工等人员创业培训补贴范围，使农民工等人员参加创业培训更加便捷、更为高效，也直接减少了农民工参加集中培训的交通、住宿等费用支出。特别是以县（区、市）为单位打造县级创业专家服务团，增强了县域农民工创业培训的针对性、精准性、实效性和持续性，对于提升县域农民工创业培训效果具有特殊推动作用。

案例 2-50

2016年，青海省人社厅等5部门联合印发《关于实施青海省农民工等人员返乡创业培训五年行动计划的通知》，明确从2016年起到2020年，在全省全面开展"创办你的企业（SYB）"培训、"改善你的企业（IYB）"培训和"创业+技能"培训，并落实政府购买创业培训成果制度，择优确定培训机构承接创业培训项目，做好创业培训后续跟踪扶持等工作①。

青海省通过实施政府购买创业培训成果制度，在全省催生了一大批优质社会培训机构，有力地推进了全省返乡农民工等人员创业培训服务的开展，特别是根据农民工自身实际情况分类开展"SYB"培训、"IYB"培训以及创业复合型人才培训，针对性强，实效性好，全面提升了青海省农民工等返乡人员创业培训的工作水平和培训成效，对促进青海省农民工等返乡人员扎根乡村、创业兴业发挥了重要作用。

案例 2-51

2017年3月，河南省财政厅、人社厅印发《财政支持农民工返乡创业20条政策措施》（豫财社〔2017〕13号），明确对参加创业培训的返乡农民工给予1500元的创业培训补贴，其中：创业意识培训补贴200元、创业实训补贴300元、创办（改善）企业培训补贴1000元；对为农民工返乡创业者开展电子商务创业实训的电子商务平台企业和开展网络创业培训的各类创业服务机构，按照每人最高不超过1000元的标准给予一次性电子商务实训补贴；每扶持1名创业者成功开办网店，且持续经营6个月以上、无违法违规交易行为的，按照2000元的标准给予电子商务平台企业和创业服务机构一次性创业扶持补助。

地方政府将农民工创业培训补贴进一步细化为创业意识培训补贴、创业实训补贴和创办（改善）企业培训补贴，有利于增强农民工创业培训的针对性、全面性、实效性，有利于推进农民工创业培训向系统化、精准化、实战化方向发展。特别是对服务农民工电子商务创业实训和扶持农民工成功开办网店的相关机构给予较高标准的服务补贴，极大地调动了电子

---

① 张蕴：《我省组织实施农民工等四类返乡人员创业培训五年行动计划》，《青海日报》2016年10月23日。

商务平台企业和各类创业服务机构开展农民工电子商务创业实训和帮扶农民工发展电子商务的积极性，全面提升了返乡农民工电商创业实训水平和网店运营管理水平，促进了农民工电子商务事业的迅猛发展。

案例 2-53

吉林省辽源市先后出台了《关于引导和鼓励外出务工人员返乡创业的指导意见》、《关于建立外出务工人员返乡创业项目库的实施意见》等多个政策性文件，明确把创业培训纳入农村劳动力转移培训补贴范围，凡是农民工到指定培训机构参加市场经营、税务知识、财务知识、工商管理知识、公关知识以及操作实务等创业培训的，给予每人1500元的培训补助，2017年1—8月，全市已吸引和扶持7889人返乡创业，带动就业1.17万人[①]。

农民工返乡创业是一个系统工程，涉及市场开发、项目认定、资金筹集、产品生产、市场经营以及财务管理、税款缴纳等各种操作实务，很多农民工对这些操作实务缺乏基本的理性认识和具体的知识储备，因此，对农民工开展的创业培训应当补齐经营管理操作实务培训这一课，重点做好农民工创业所涉及的经营、税务、法律、财务、专利（知识产权）、公关、合同、市场监督等基础知识与操作实务的培训，促进返乡农民工依法创业、依规经营，推进农民工创业事业在法制化和知识化的轨道上健康发展。

案例 2-53

2020年2月，河南省人社厅印发《关于成立河南省农民工返乡创

[①] 吉林省就业局：《辽源市坚持政府引导政策扶持 多措并举促进农民工返乡创业就业》，吉林省人力资源和社会保障厅网站，http://hrss.jl.gov.cn/gzdt/201708/t20170830_3436393.html，2017年8月30日。

业专家服务团的通知》(豫人社办函〔2020〕21号),决定从大众创业导师、创投机构专业人士、成功企业家、创业培训师、创业教育研究机构人员等人员中选拔一批创业导师,成立"河南省农民工返乡创业专家服务团",按地域对接全省17个省辖市和济源示范区,变"被动"服务为"主动"出击,形成省、市、县专家服务联动长效工作机制,完成培训一批骨干人才、破解一批技术难题、实现一批项目对接、深化一批项目合作的服务任务。

河南省人力资源和社会保障厅通过成立"河南省农民工返乡创业专家服务团",打造了农民工返乡创业服务的坚实平台,构建了返乡农民工创业服务的长效机制,为农民工返乡创业提供了优质、高效的创业骨干培训、创业知识辅导、创业规划论证、创业项目推进和创业技术孵化、创业运营指导等创业服务,及时为农民工等人员解决返乡创业中遇到的各种难题,促进了农民工返乡创业项目的加速成长和创业产业的健康发展,对全省打赢脱贫攻坚战和推进乡村产业振兴发挥了重要作用。

三 开展农民工创业孵化基地(创业园)专项资金奖补服务

政府通过开展农民工创业孵化基地和农民工创业园专项资金奖补服务,推动建设高质量农民工创业孵化基地和农民工创业园,直接为农民工创业者提供政策咨询、创业培训、企业孵化、技术指导、管理提升、市场营销、权益维护等多类创业服务,对于确保农民工顺畅创业、成功创业具有重要作用。2019年,河北雄安新区管理委员会公共服务局、改革发展局印发《河北雄安新区创业孵化基地认定和管理暂行办法》(雄安公服发〔2019〕2号),对新区级和县级创业孵化基地的认定及变更条件进行了明确,主要条件是:新区级创业孵化基地场地面积不少于2000平方米、且可容纳不少于40户的创业空间;县级创业孵化基地场地面积不少于1500平方米、且可容纳不少于30户的创业空间,场地作为孵化基地用途使用期限不少于3年;创业实体一次性入驻率不低于50%,场地须产权清晰或租用合同明确，在使用期内不得变更用途；运营或者管理单位为依法注册、合法经营的企业或事业法人单位，有固定的办公场所，可提供相关创业服务，具有相应管理机构，具有 6 名以上创业指导专家队伍。该办法明确按照入驻实体户数和每年每户 4000 元的标准，对经认定的创业孵化基地给予管理服务补贴和一定额度的场地租赁、物业、水电费用补贴。此外，雄安新区公共服务局或所在县人社局每年对创业孵化基地建设运营情况，为基地内的创业实体提供综合服务情况、孵化效果、示范功能等情况进行不定期检查和考核，创业孵化基地存在基地内正常经营率低于 80%、创业实体入驻率低于 50%、不按规定参加年度考核评估或连续两次考核不合格、存在违法违规经营或隐瞒孵化创业实体违法违规经营、提供虚假材料、虚报冒领创业孵化补贴资金等情形之一的，取消其资格，收回认定证书及牌匾[①]。各地政府不断加大对农民工创业孵化基地和农民工创业园的补贴支持力度，积极推进农民工创业孵化基地和农民工创业园为农民工创业提供更多更好的服务。

案例 2-54

2014 年，广西壮族自治区财政厅、人社厅印发《广西壮族自治区本级农民工创业专项扶持资金使用管理办法》（桂财社〔2014〕246 号）明确：（一）对创业孵化基地进行专项资金补助，补助标准为：1. 厂房类、园区类基地每扶持一户孵化企业成功运营一年并带动 3 人以上就业的，按每户不低于 1.3 万元/年给予补贴，补贴期限最长不超过 2 年；2. 楼宇类、铺面类、市场类基地每扶持一户孵化企业成功运营一年并带动 3 人以上就业的，按每户不低于 1 万元/年给予补贴，补贴期限最长不超过 2 年。（二）对入驻创业孵化企业进行补助。补助标准为：1. 场地和水电补贴。孵化企业入驻创业孵化基地并与基地签订场地租用合同的，可按季申报场地和水电补贴，补贴标准最高不得

[①] 原付川：《雄安新区引导扶持创业孵化基地 创业实体在基地享受两年孵化期》，《河北日报》2019 年 4 月 2 日。

超过1300元/户/月（两项合计），补贴期限最长不超过2年；2. 一次性创业补贴。孵化企业入驻创业孵化基地正常纳税经营满1年并依法足额缴纳社会保险费的，给予2000元/户的一次性补贴；3. 吸纳就业困难群体给予一次性补助。孵化企业吸纳登记失业人员就业并签订一年以上劳动合同，依法足额缴纳社会保险费的，履行合同满1年后，按1500元/人标准给予一次性补助，其中吸纳就业援助对象的，按2000元/人标准给予一次性补助，并按规定在相应期限内给予孵化企业相应的社会保险补贴。

政府对农民工创业孵化基地提供创业专项扶持资金补贴，能够有效改善农民工创业孵化基地的基础设施条件和创业服务环境，能够增强农民工创业孵化基地的孵化功能和发展后劲，能够推进创业孵化基地为入驻农民工创业企业提供更为全面、更为优质的孵化扶持服务，对于促进返乡农民工成功创业和高质量创业具有重要的推动作用。同时，政府对入驻创业孵化基地的农民工创业企业给予场地和水电补贴、创业补贴和吸纳就业困难群体补助，也有力地减轻了农民工创业企业的运营成本，有效提升了农民工创业企业的孵化成功率。

案例 2-55

2015年1月，重庆市人民政府办公厅印发《关于进一步做好新形势下农民工工作的通知》（渝府办发〔2015〕7号），明确将农民工纳入创业政策扶持范围，运用财政支持、创业投资引导和创业培训、政策性金融服务、生产经营场地和创业孵化基地等扶持政策，促进农民工创业；鼓励有条件的区县（自治县）建立农民工创业基金，帮助农民工解决创业资金短缺、融资难等问题。

目前看，我国农民工返乡创业最为普遍的困难是资金缺乏、融资艰难，因此，在县（区、市）级政府建立一定规模的农民工创业扶持基金，为符合条件的农民工返乡创业直接提供资金支持，是解决农民工返乡创业资本缺乏、资金困难的重要途径和有效办法，有利于更好地化解农民工返乡创业遭遇的资金不足等发展瓶颈的束缚，促进返乡农民工创业事业更快更好地发展。

案例 2-56

2015年8月，贵州省人民政府办公厅印发《关于印发"雁归兴贵"促进农民工返乡创业就业行动计划的通知》（黔府办发〔2015〕31号），明确在全省实施创业就业"双百"工程，创建100个创业孵化基地和100个农民工创业园（点），经省评估认定的省级创业孵化基地和农民工创业园，在技能提升培训、社会保险补贴等就业创业相关资金分配、使用上给予重点支持。

贵州省政府通过实施创业就业"双百"工程，初步形成了较为完善的扶持创业孵化基地和农民工创业园的体制机制，为全省返乡农民工搭建了数量众多、功能全面、服务优良以及具有较好基础和较强支撑力的创业服务平台，通过这些平台的服务有力地提升了返乡农民工创业企业的经营管理水平和创新发展能力，极大地激发了返乡农民工的创业热情，为农民工返乡创业注入了强大推力和发展动能。截至2018年2月，贵州全省创建农民工创业园（点）142家（个），创建创业孵化基地122家，建成省级众创空间51家，入驻的创业团队和企业吸纳就业人员13000余人[①]，有力地促进了贵州经济社会的发展繁荣。

案例 2-57

2015年9月，陕西省人民政府办公厅印发《关于支持农民工等人

---

① 王雨：《我省全民创业行动有效带动就业》，《贵州日报》2018年2月24日。

员返乡创业的实施意见》（陕政办发〔2015〕88号），明确要求各级国土资源管理部门可结合实际情况，安排专项用地指标保障农民工创业园项目建设；明确对返乡人员进驻由政府主导建立的各类开发园区标准化厂房创业的，3年内免缴租金、物管费、卫生费等费用，适当减免水电费用；明确对进驻民营主体领办或共建的园区或创业孵化基地创业的，由同级财政给予相应补贴。

政府国土资源管理部门采取"安排专项用地指标保障农民工创业园项目建设"的特殊政策对于加快农民工创业园建设与发展具有重要推动作用。政府明确对返乡农民工进驻创业园区或创业孵化基地创业给予费用减免或财政补贴政策，有利于调动农民工进驻创业园或创业孵化基地开展创业的积极性，有助于充分发挥创业园和创业孵化基地等平台的服务、扶持、支撑作用，能够更好地推进农民工返乡创业事业的快速健康发展。

案例2-58

2015年12月，青海省人民政府办公厅印发《关于做好农民工等人员返乡创业工作的实施意见》（青政办〔2015〕241号），明确对新建创业孵化基地及返乡创业园给予一次性建设奖补，其中：对新建创业孵化基地及返乡创业园按其入住企业户数计算，每入住一个企业给予2万元的奖励性补助；对已建成的优秀孵化基地及返乡创业园给予三年的运营补贴，按每年入住企业户数计算，每户每年补贴5000元。

政府通过资金奖补和运营补贴等形式鼓励和支持农民工创业孵化基地和农民工返乡创业园加强建设，为农民工返乡创业营造了优质的服务平台和良好的创业环境，能够有效触发创业孵化基地和返乡创业园吸纳和服务农民工创业企业的积极性和服务热情，使农民工创业孵化基地和农民工返乡创业园的孵化能力和服务质量得到进一步提高，有力地推动了农民工等人员返乡创业、成功创业。

=== 案例 2-59 ===

2017年3月,河南省财政厅、人社厅印发《财政支持农民工返乡创业20条政策措施》(豫财社〔2017〕13号),明确对创业孵化基地(园区)成功孵化农民工返乡创业,运营一年并带动3人以上就业的,按每户不高于1万元/年的标准对农民工返乡创业孵化基地(园区)给予最长不超过2年的补贴;对省评定的以农民工为重点对象、孵化功能完善、管理制度健全、孵化服务到位、孵化效果突出的省级农民工返乡创业示范园区,省财政给予一次性奖补50万元。

地方政府相关部门通过给予农民工创业孵化基地(园区)服务费用补贴以及给予农民工返乡创业示范园区奖补资金的方式,鼓励和支持农民工创业孵化基地(园区)、农民工返乡创业示范园区大力开展农民工返乡创业孵化服务,对进一步完善和落实返乡农民工的创业孵化扶持政策、改进和优化返乡农民工创业孵化服务环境以及营造支持农民工返乡创业、投资兴业的良好社会氛围具有重要推动作用,也有力提升了返乡农民工的创业热情、创业能力和创业水平。

=== 案例 2-60 ===

2017年4月,安徽省阜阳市人民政府办公室印发《关于进一步鼓励支持农民工等人员返乡(就地)创业的意见》(阜政办〔2017〕17号),明确鼓励、支持农民工等人员返乡(就地)创业,对符合条件的初始创业者入驻返乡(就地)创业园区或孵化基地的,房租、物业前两年全免,第三年减半收取,水电费按实际发生费用的30%予以补贴,宽带网络、公共软件等按实际费用据实补贴;经返乡(就地)创业园孵化出园并落户本市工业园区或开发区的,由属地财政给予10万元一次性搬迁补偿。

地方政府通过拓宽对农民工入驻返乡（就地）创业园区或孵化基地的服务领域，进一步加大了对农民工返乡创业的孵化扶持服务力度，营造了更加全面、更为优惠的农民工创业政策支持体系和更为优质的创业服务环境，对于引导和鼓励、扶持农民工积极返乡创业、投资兴业以及大幅提升农民工创业企业的孵化成功率等都发挥了重要的促进作用。

案例 2-61

2018年12月，河北省人社厅、财政厅印发《关于公布2018年省级农民工返乡下乡创业园的通知》（冀人社字〔2018〕396号），共同确定宽城满族自治县农民工返乡创业园等27家农民工创业园为省级农民工返乡下乡创业园，分别给予50万元奖补资金，专项用于省级农民工返乡下乡创业园信息网络建设、公共设备购置更新、公共空间租金以及举办公益性创业服务、项目路演、聘请创业导师讲座等方面支出。

省级政府通过给予奖补扶持资金的方式不断加强省级农民工返乡下乡创业园建设，有利于全面完善省级农民工返乡下乡创业园的基础设施和服务功能，有助于更好地提升省级农民工返乡下乡创业园的服务能力和服务质量，对于推动入驻创业园的农民工创业企业实现快速成长、良性发展以及提高入驻创业项目经济效益和示范带动效应具有重要作用。

案例 2-62

2018年12月，秦皇岛市人民政府印发《关于做好当前和今后一个时期促进就业工作的实施意见》（秦政发〔2018〕27号），鼓励各县区充分利用现有资源加快建设重点群体创业就业孵化基地、众创空间等各类创业孵化载体，创新孵化方式，完善孵化功能，为创业者提供低成本场地支持、指导服务和政策扶持，并对符合条件人员的入驻项目给予80%的房租物业水电费补贴，补贴期限最长不超过3年。

县（区、市）级政府利用现有资源建设返乡农民工等人员创业就业孵化基地，具有很多优点：一是投资数额较少。利用现有资源建设创业就业孵化基地，可以有效减少土地征用、厂房建设等各种基本建设的投资支出，能够相对减少建设创业就业孵化基地的投资额度；二是人员接续力较强。利用现有资源建设创业就业孵化基地，能够充分发挥现有组织和人员的积极作用，减少组织构建和人员调配带来的各种困难，推进创业就业孵化基地尽快实现标准化运营；三是见效速度较快。利用现有资源建设创业就业孵化基地，能够相对减少很多启动和建设环节，有利于提高创业就业孵化基地的建设效率，有利于创业就业孵化基地快速、高效地投入运营，有利于为农民工等人员提供低成本、高效率的创业孵化服务。

四 开展农民工创业补贴和创业带就业补贴服务

政府通过开展农民工创业补贴和创业带就业补贴服务，为农民工返乡创业和创业带动就业提供直接的资金支持，进一步加大了农民工返乡创业的扶持力度，提升了农民工返乡创业服务的工作成效，形成了农民工创业带动农民工就业的新型发展格局。

案例2-63

2017年起，郑州市人社局将返乡创业农民工纳入创业补贴发放范围，明确凡在郑州市区创业的郑州户籍返乡农民工，办理《营业执照》、持续经营3个月以上且目前仍在经营的，可凭《营业执照》等有关资料申请创业补贴，经审核全市首批共有178名农民工符合申报条件，入选者经公示后可获8000元的一次性创业补贴[①]。

[①] 王红：《郑州返乡农民工 创业有补贴 首批178人每人8000元》，《郑州晚报》2017年8月18日。

河南省郑州市人力资源和社会保障局出台的给予在郑州市区创业的郑州户籍返乡农民工近万元的创业补贴政策，直接增加了郑州户籍返乡创业农民工的经济收入和经济效益，有效缓解了返乡创业农民工缺乏创业资金的困境，极大地激发了郑州户籍返乡农民工在郑州市区创业兴业的积极性，有力地推进了郑州市返乡农民工创业创新事业的快速发展和效益提升。

案例2-64

2018年9月，南宁市人社局、财政局印发《关于做好农民工创业就业补贴工作的通知》（南人社规〔2018〕7号），明确对农民工新创办的市场主体带动就业的，按其实际吸纳就业人数给予一次性带动就业奖补，奖补标准为：市场主体吸纳就业3人以上（含）10人以下的按1000元/人的标准给予奖补，吸纳就业10人以上（含）20人以下的按1200元/人的标准给予奖补，吸纳就业20人以上（含）按1500元/人的标准给予奖补。

各级政府和相关部门实施对农民工新创办的市场主体按其实际吸纳就业人数给予带动就业奖补的政策，能够有效调动农民工新创办的市场主体安置、吸纳就业人员的积极性和主动性，能够更好地推动农民工返乡创业和创业带动就业两项事业实现同步发展、共同提高，对解决农民工返乡创业"用工难、用工荒"等实际问题具有重要的启示作用。

案例2-65

2018年11月，安徽省人民政府印发《关于持续增加城镇居民收入的意见》（皖政〔2018〕101号），明确对返乡创业农民工首次创办小微企业并正常经营6个月以上的，给予不少于5000元的一次性创业扶持补贴。四川省平昌县通过实施贴息贷款、创新补助等优惠政策，大力扶持农民工返乡创业，2019 年获得"全省农民工服务保障工作（就业创业）先进县"荣誉称号①。

安徽、四川等地方政府通过实施给予返乡创业农民工创业扶持补贴、创新补助资金等政策，大力支持有创业意愿、有创业条件、有创业能力的返乡农民工开展创新创业，直接提升了相关区域返乡农民工创新创业的能力和水平，使相关地区返乡农民工的创新创业事业取得了突出成绩，促进了各地区创新创业的稳步提升和快速发展。

=== 案例 2-66 ===

2019 年，广西壮族自治区财政部门筹措农民工创业就业补助资金 2.34 亿元，支持农民工创业就业工作，其中，1.84 亿元用于支持农民工创业就业奖补工作，优先用于落实农民工创业就业补贴相关政策，确保兑现农民工创业补贴及农民工创业带动就业补贴；0.5 亿元用于支持农民工创业园发展，对择优选取的 10 个农民工创业园，分别给予 500 万元的资金奖励扶持，以激励促进农民工创业就业工作②。

广西壮族自治区通过制定和实施农民工创业就业资金补助专项政策，鼓励和支持农民工积极创业并带动就业，推动重点农民工创业园加快建设、全面发展，整体提升了广西壮族自治区服务、扶持农民工创业就业的工作力度和工作水平，促进了广西壮族自治区农民工创业就业事业的发展和城乡融合发展战略的实施。

---

① 何文波：《平昌县大力扶持农民工返乡下乡创业》，中国劳动保障新闻网，http://www.clssn.com/html1/report/21/9061-1.htm，2019 年 12 月 3 日。
② 雷嘉兴、林凡诗：《广西筹措 2.34 亿元支持农民工创业就业》，中国新闻网，http://www.gx.chinanews.com/cj/2019-07-03/detail-ifzkvtpi2250633.shtml，2019 年 7 月 3 日。

第二章 农民工就业创业服务

案例 2-67

2019年4月,河南省人社厅、财政厅印发《关于进一步加大政策支持力度打赢就业创业扶贫硬仗的通知》(豫人社〔2019〕14号),重点支持贫困县农民工返乡创业园区发展,达到市级标准的,由所在省辖市给予一次性奖补,达到国家标准和省级标准的,省财政给予50万元的一次性奖补,明确自主创业、取得营业执照并正常营业6个月以上的贫困家庭劳动力,可申请5000元的一次性创业补贴。

河南省人力资源和社会保障厅、河南省财政厅出台的就业创业扶贫政策,是在创业就业领域实施精准扶贫、精准脱贫的重要举措,这一举措使创业补贴的针对性更强、作用力更直接、实效性更突出,有利于更快、更好地推进贫困县农民工返乡创业园区的建设和发展,有利于更快、更好地推进贫困家庭劳动力实现成功创业,有利于各类贫困家庭创业者增加收入、早日脱贫,是推动贫困县农民工返乡创业园区健康发展、促进贫困家庭劳动力成功创业和摆脱贫困的重要路径和直接推力。

案例 2-68

2020年3月,湖南省株洲市人社局、财政局印发《关于做好2020年度株洲市返乡农民工一次性创业补贴工作的通知》(株人社发〔2020〕19号),明确对在株洲市首次创办创业主体的株洲户籍返乡农民工给予一次性补贴,其中,个体工商户吸纳2人以上(含2人)的按5000元标准给予一次性创业补贴,其他类型创业主体吸纳8人以上(含8人)的按20000元标准给予一次性创业补贴。

湖南省株洲市人力资源和社会保障局、株洲市财政局对于株洲户籍返乡农民工首次创办创业主体并带动就业的给予一次性创业补贴,对推动株洲市农民工积极返乡创业和推进创业带动就业具有重要作用,能够激发和调动株洲户籍返乡农民工创办创业主体、带动和吸纳人员就业的积极性，有利于推动形成农民工积极创业和创业带动就业的良性发展格局，对促进农村劳动力实现就地就近转移就业和稳定增加就业收入具有重要作用。

案例 2-69

2020年3月，宁夏回族自治区农业农村厅印发《全区农民工返乡创业行动实施方案（2020—2025年）》（宁农（产）发〔2020〕10号），明确到2025年，全区每个县（区）至少新建5个农民工等人员返乡创业园区或返乡创业孵化基地，实现全区农民工等人员5万人左右返乡创业，带动就业20万人以上，要求通过政府购买服务、以奖代补、先建后补等方式，支持农村就业创业项目。

返乡农民工创业园区或返乡创业孵化基地是农民工创业的重要阵地和主要推手，加强县（市、区）级农民工创业园区或返乡创业孵化基地建设对做好返乡农民工孵化扶持服务具有重要保障作用。同时，政府明确通过政府购买服务、以奖代补、先建后补等多种政策措施，大力支持返乡农民工在农村的就业创业项目，有利于激发农民工的创业热情和创业活力，有利于农民工成功创业和带动就业，有利于促进农村一二三产业融合发展和加快推进乡村产业振兴，对于推动更多的农民工返乡创业和返乡就业具有重要的示范引领和带动作用。

总体而言，上述政府购买农民工创业服务的政策措施和具体实践对于激发和保护返乡农民工创业积极性，进一步做好返乡农民工创业服务工作，改善返乡农民工创业环境和创业条件，有效解决返乡农民工在创业实践中的具体问题和实际困难，促进县（区、市）、乡（镇、街道）经济发展、新农村建设和增加农民工家庭经济收入，推动乡村振兴战略的实施和实现城乡融合发展发挥了重要作用。目前，中国正处在"大众创业、万众创新"的时代洪流中，创业成为农民工实现职业发展目标和人生价值追求的重要途径。地方政府通过购买服务支持创新创业是落实国家双创战略的重要举措,对于有效激发大众创新创业积极性具有不可替代的作用①。具体来看,政府购买农民工创业培训与孵化服务主要取得了三方面的突出成效:一是通过政府购买农民工创业培训与孵化服务,提升了农民工创业培训机构和孵化园区的服务能力和服务热情,为农民工返乡创业者提供了创业培训、市场开发、项目指导、融资服务、财政扶持、运营提升等具体服务,使农民工创业培训效果和创业孵化效果显著提高,培养和造就了一大批农民工返乡创业带头人,有效提升了返乡农民工的创业能力和创业水平。二是通过开展政府购买方式为农民工创业提供财政补贴、财政贴息贷款、社会保险补贴等服务,破解了农民工返乡创业普遍存在的资金短缺、融资困难、平台缺乏、能力不足等主要瓶颈,打造了农民工返乡创业的绿色通道和服务平台,优化了农民工创业环境,改善了农民工创业条件,有效提高了农民工返乡创业的增长率和成功率。三是通过政府购买农民工创业服务,促进了社会优质资源和社会精英力量向农民工创业服务集聚和发力,提升了农民工创业服务市场化和社会化水平,初步建立了较为完整的农民工返乡创业服务格局和服务体系,总体促进了返乡农民工创业事业向高质量、高水平、高成效方向发展。通过购买农民工创业培训和扶持服务等措施,我国农民工创业培训工作和农民工创业服务工作取得显著成效。农业农村部监测显示,2018 年,全国返乡下乡创业创新农民工累计达 540 万人,占全部返乡下乡创业创新人员的 70%,农民工等人员返乡下乡创业创新,为农业发展注入新要素,为农村繁荣注入新动能,为农民增收开辟新渠道,为城乡融合发展增添新途径,已经成为新时代促进乡村振兴的生力军②,为带动农民工返乡就业和促进农村经济社会发展振兴发挥了重要作用。此外,通过政府为农民工实施创业孵化基地建设奖励、创业带就业补贴等服务,调动了农民工创业者安置农村转移劳动力的积极性,形成了

---

① 江永清:《我国地方政府购买服务支持大众创新创业的实践模式比较》,《中国行政管理》2018 年第 7 期。
② 王凯博:《我国返乡下乡创业创新人员达 780 万人 带动收入增加》,央视网,http://news.cctv.com/2019/01/10/ARTIhsWlL0s1eFHQn0LMF1GZ190110.shtml,2019 年 1 月 10 日。

农民工创业带动农民工就业的良好局面。如河南省 2019 年新增农民工返乡创业 22.83 万人，带动农村劳动力就业 117.49 万人，创业带动就业倍增效应持续显现①。总体来看，政府购买农民工创业公共服务取得了突出成效，激发了农民工返乡创业热情和创业活力，带动了农民工返乡就业和农村富余劳动力就近就地转移就业，推进了农民工就近城镇化和城乡融合发展进程，推动了乡村振兴战略的顺利实施和农村经济社会的稳步发展。

第四节 农民工职业推介服务

农民工职业推介服务是农民工普遍需要的极为重要的服务，对农民工实现稳定就业和成功创业具有重要保障作用。为推动农民工城市就业和返乡创业，各级政府和相关部门通过制定实施推进农民工职业推介服务的政策制度，不断加大对农民工职业中介机构的扶持力度，努力提升农民工职业中介机构的服务能力和服务水平。1994 年 11 月，劳动部颁布《农村劳动力跨省流动就业管理暂行规定》（劳部发〔1994〕458 号），明确"劳动部门职业介绍机构和具备相应资格的职业介绍机构，负责承担农村劳动力跨省流动就业的中介服务"，并明确要求"农村劳动力跨省流动就业的中介服务必须依法进行，遵循公平、自愿的原则，保障劳动者和用人单位的合法权益"。该政策的实施有力推动了农村劳动力实现跨省流动就业，较好地保障了跨省就业农村劳动力的合法劳动权益。2004 年 12 月，劳动和社会保障部印发《关于开展春风行动完善农民工就业服务的通知》（劳社部函〔2004〕280 号），要求"大中城市公共职业介绍机构要将农村劳动者纳入公益性服务范围，为进城求职的农村劳动者提供免费就业服务"，明确"各地要通过推荐一批诚信民办职介机构，表彰一批优秀民办职介机构，打击一批非法职业中介组织，进一步规范劳动力市场，为农村劳动者

---

① 石国庆：《2019 年河南新增农民工返乡创业 22.83 万人》，人民网—河南频道，http：//henan.people.com.cn/n2/2020/0103/c351638-33686929.html，2020 年 1 月 3 日。

进城求职营造良好的市场环境"。该政策的实施提升了农民工职业推介机构专业化、规范化、法制化水平，促进了农民工城市就业和城市转移。

为进一步做好进城农民工的职业介绍服务，2004年12月，国务院办公厅印发《关于进一步做好改善农民进城就业环境工作的通知》（国办发〔2004〕92号），要求完善对农民进城就业的职业介绍服务，明确提出"城市各级公共职业介绍机构要免费向农民工开放，积极为农民工免费提供就业信息和政策咨询，对求职登记的农民工免费提供职业指导和职业介绍服务"，要求进一步健全完善劳动力市场，"加强对民办职业中介机构的规范管理，引导和规范自发形成的零工市场"。该政策的实施进一步改善和提升了进城农民工职业中介机构的服务质效和服务水平，对推动进城农民工实现稳定就业和城市融入发挥了重要作用。为开展好再就业援助月活动和春风行动，2005年12月，劳动和社会保障部印发《关于开展2006年再就业援助月活动和春风行动的通知》（劳社部函〔2005〕224号），明确各地政府要重点落实春风行动所涉及的进城务工农村劳动者职业介绍补贴和职业培训补贴，保证资金及时到位，同时在《"春风行动2006"工作方案》中明确要求各地政府及有关部门应当为进城农民工做好三项职业介绍服务：一是农民工在外出务工前，能够在县乡免费得到政策咨询和就业信息服务；二是农民工进城后，能够在公共职业介绍机构得到免费职业介绍服务；三是农民工在求职期间，能够在所有公共职业介绍机构和推荐的民办职业中介机构得到诚信服务，并明确要求"落实职介补贴，保证免费服务"。该政策的实施对于进一步改善农民工进城求职和就业环境，有效激发和提高职业中介机构为进城农民工提供免费职业推介服务的热情，不断提升农民工职业中介机构的服务能力和服务水平，促进农民工城市就业发挥了重要作用。

为改善农民工就业生活环境，2006年1月，国务院印发《关于解决农民工问题的若干意见》（国发〔2006〕5号），要求"建立健全县乡公共就业服务网络，为农民转移就业提供服务。城市公共职业介绍机构要向农民工开放，免费提供政策咨询、就业信息、就业指导和职业介绍"。该政策推动了全国县乡公共就业服务网络的建设和完善，促进了职业介绍机构服务能力和服务水平的发展提高，使职业中介机构为农民工提供就业服务的职能作用得到充分发挥，有力提升了农民工的就业质量和就业水平。为激发各类职业介绍机构为农民工等人员提供免费服务的积极性，2006年1月，财政部、劳动保障部印发《关于进一步加强就业再就业资金管理有关问题的通知》（财社〔2006〕1号），明确各类职业介绍机构按规定提供免费服务，可按经其免费职业介绍服务后实际就业人数，向当地劳动保障部门申请职业介绍补贴，职业介绍补贴具体办法和标准由省级财政、劳动保障部门确定。该政策的实施激发了职业中介机构开展农民工职业推介服务的积极性，提高了职介机构为农民工等人员提供职业推介服务的质量和水平，促进了农民工稳定就业和高质量创业。

党的十八大以来，中国各级政府进一步加大了对农民工开展职业中介服务的力度。2014年9月，国务院印发《关于进一步做好为农民工服务工作的意见》（国发〔2014〕40号），明确要求"实现就业信息全国联网，为农民工提供免费的就业信息服务。完善城乡均等的公共就业服务体系，有针对性地为农民工提供政策咨询、职业指导、职业介绍等公共就业服务"。该政策提升了农民工就业服务的信息化水平，在全国初步形成了互联互通的农民工公共就业信息服务网络体系，对提升农民工职业推介服务的质量和水平发挥了重要作用。2015年6月，国务院办公厅印发《关于支持农民工等人员返乡创业的意见》（国办发〔2015〕47号），要求改善返乡创业市场中介服务，"运用政府向社会力量购买服务的机制，调动教育培训机构、创业服务企业、电子商务平台、行业协会、群团组织等社会各方参与积极性，帮助返乡创业农民工等人员解决企业开办、经营、发展过程中遇到的能力不足、经验不足、资源不足等难题。培育和壮大专业化市场中介服务机构，提供市场分析、管理辅导等深度服务，帮助返乡创业人员改善管理、开拓市场。鼓励大型市场中介服务机构跨区域拓展，推动输出地形成专业化、社会化、网络化的市场中介服务体系"。该政策明确采取政府购买农民工服务方式，培育和扶持专业化市场中介服务机构为农民工提供市场开发、资源集聚、能力提升、管理改善等创业服务，推动了农民工就业创业中介服务机构逐步完善和发展壮大。

为提升职业推介服务质量和水平，2019年12月，国务院印发《关于进一步做好稳就业工作的意见》（国发〔2019〕28号），要求"实施基层公共就业服务经办能力提升计划，建立登记失业人员定期联系和分级分类服务制度，每月至少进行1次跟踪调查，定期提供职业介绍、职业指导、创业服务，推介就业创业政策和职业培训项目，对其中的就业困难人员提供就业援助。加强重点企业跟踪服务，提供用工指导、政策咨询、劳动关系协调等服务和指导。公共就业人才服务机构、经营性人力资源服务机构和行业协会提供上述服务的，有条件的地区可根据服务人数、成效和成本等，对其给予就业创业服务补助"。该政策的实施对于做实农民工职业推介服务机构在农民工就业创业支持体系中的重要地位，提升农民工职介服务机构的创业驱动能力和就业援助能力，全力防范和有效化解农民工规模性失业风险，做好农民工稳定就业和高质量就业工作以及创业带就业工作，保持农民工就业形势总体平稳发挥了重要作用。为推进农民工等人员返乡入乡创业创新，2020年1月，国家发改委等19部门联合印发《关于推动返乡入乡创业高质量发展的意见》（发改就业〔2020〕104号），明确要培育中介服务市场，"鼓励、支持和引导地方积极培育市场化中介服务机构，鼓励和支持大型市场化中介服务机构跨区域拓展，加强资源整合与信息共享，为返乡入乡创业人员和企业提供管理咨询、创业指导、资源对接、市场开拓等深度服务"。该政策的实施推动和促进了各地创业中介服务市场的发展，提升了创业中介服务机构为农民工等创业人员提供创业咨询、创业指导、创业培训、创业孵化、创业扶持、创业跟踪等服务的能力和水平，有力推进了返乡农民工等人员创业事业的高质量发展。

在上述政策指导下，各地政府相继加大了对农民工就业创业相关中介机构的扶持力度，提升了农民工就业创业中介机构的服务能力、服务质效和服务水平，促进了农民工创业就业事业的提档升级和健康发展。

案例 2-70

2007年，河北省秦皇岛市政府作出决定，农民工个人通过中介机构就业并与用人单位签订劳动合同的，每人可享受补贴120元①。

政府对农民工通过中介机构介绍就业并与用人单位签订劳动合同的给予补贴，能够促进农民工增强通过正规职业中介机构寻找就业机会的积极性，能够有效避免农民工因盲目求职、自我求职所带来的风险和损害，有利于农民工安全就业、规范就业和稳定就业。此外，重庆、河南、陕西等地还出台政策对职业中介机构安置农民工就业给予直接的职业介绍补贴。

案例 2-71

2009年1月，重庆市人民政府办公厅印发《关于应对当前经济形势做好稳定就业和促进就业工作的通知》（渝办发〔2009〕1号），明确"对面向返乡农民工举办招聘会的职介单位，按现场与用人单位签订劳动合同（劳务协议）并上岗就业的返乡农民工人数，以每人100元的标准给予补贴"。2009年，河南省出台优惠政策扶持农民工就业，就业服务机构免费帮助农民工介绍工作，每介绍成一个农民工上岗就业政府给就业服务机构职业介绍补贴100元②。2009年，陕西省商洛市明确对各类职业介绍机构向农民工开展免费职业介绍服务并介绍成功的，给予每人150元职业介绍补贴③。

政府通过出台资金补贴政策，对各类职业介绍机构为农民工免费提供

---

① 张涛：《秦皇岛：农民工通过中介就业可拿补贴120元》，中央政府门户网站，http://www.gov.cn/govweb/fwxx/sh/2007-03/21/content_556700.htm，2007年3月21日。

② 李丽静：《河南：每免费介绍一名农民工就业获100元政府补贴》，人民网，http://unn.people.com.cn/GB/8743944.html，2009年2月4日。

③ 汪瑛：《积极应对挑战 促进农民增收 我市出台扶持农民工创业12项激励政策》，《商洛日报》2009年2月6日。

职业介绍服务并成功就业的,按照农民工实际就业人数给予一定标准的职业介绍补贴,对推进农民工职业推介服务规范运营和健康发展具有重要作用。这项政策的实施加大了政府对职业中介机构推介农民工就业的资金帮扶力度,有效调动了各类职业介绍机构为农民工免费提供职业介绍服务的积极性,提升了职业介绍机构服务农民工就业的服务能力和服务质量,促进了农民工初次就业和转岗就业更加规范、更加高效,客观上为农民工实现稳定就业和高质量就业提供了重要的安全保障。

案例 2-72

2009年3月,北京市人民政府印发《关于实施稳定就业扩大就业六项措施的通知》(京政发〔2009〕6号),明确2009年度财政安排1亿元资金用于来京农民工专项职业介绍和职业培训补贴,要求为来京农民工提供岗位信息、就业推荐、职业指导、政策咨询、招聘洽谈等免费就业服务,明确提出全市各级公共就业服务机构全部免费开放,鼓励社会职业中介机构提供免费服务,并给予适当职业介绍补贴。

政府通过实施鼓励社会职业中介机构提供免费服务并给予适当职业介绍补贴的政策,能够有效弥补社会职业中介机构开展农民工职业推介免费服务经费缺乏的不足,有利于调动各类社会职业中介机构为进城农民工提供免费服务的积极性,有利于增强农民工职介服务机构的经营活力,对于促进进城农民工的稳定就业、扩大就业、保持区域经济平稳较快发展以及促进社会和谐稳定均具有重要保障作用。

案例 2-73

2015年8月,四川省人民政府办公厅印发《关于支持农民工和农民企业家返乡创业的实施意见》(川办发〔2015〕73号),要求改善返乡创业市场中介服务,运用政府向社会力量购买服务的机制,培育和壮大专业化市场中介服务机构,提供市场分析、管理辅导等深度服务,帮助返乡创业人员改善管理、开拓市场,明确鼓励大型市场中介服务机构跨区域拓展,形成专业化、社会化、网络化的市场中介服务体系。

运用政府向社会力量购买服务的机制,改善和提高返乡创业市场中介机构的服务能力和服务水平,在市场分析、项目开办、市场经营、管理提升等方面为农民工创业者提供优质、高效的创业中介服务具有重要效能,能够进一步优化返乡农民工的创业环境,能够进一步增强返乡农民工的创业信心,能够进一步提升返乡农民工的创业能力,对于促进农民工返乡创业、成功创业,推进新型城镇化建设和新农村建设协同发展具有重要促进作用。

案例 2-74

2015年9月,陕西省人民政府办公厅印发《关于支持农民工等人员返乡创业的实施意见》(陕政办发〔2015〕88号),明确要大力培育农村创业经纪人队伍,要求"各市、县(区)结合实际制定创业经纪人管理和激励办法,对经中介服务实现成功创业的,可给予就业创业服务补贴,促成重大项目落户当地的,可给予奖励"。

政府制定和实施农村创业经纪人管理和激励办法具有重要作用,能够培育和造就一支高素质和高服务力的农村创业经纪人队伍,能够充分发挥农村创业经纪人在促进农民工返乡创业、成功创业中的重要推介作用,有利于增强返乡农民工的创业能力和创业水平,对农民工返乡创业、成功创业具有重要的引领效应和促进作用。

案例 2-75

2015—2017年,广西壮族自治区财政累计筹措资金2.18亿元,对全区就业和社会保障服务基础设施建设进行补助,以支持基层就业和社会保障服务平台建设，实现了自治区、市、县（区）、乡镇（街道）四级信息联网，并延伸至1495个社区、行政村及培训机构①。

政府通过筹集资金、增加投入的方式加强和支持县（区）、乡镇（街道）基层就业和社会保障服务平台建设，构建省（自治区、直辖市）、市、县（区）、乡镇（街道）四级公共就业和社会保障服务平台网络体系，形成了"四级联网、同等服务、专项补助"的公共就业和社会保障新型格局，并将服务网络向社区、行政村及培训机构延伸，有助于更为便捷地为农民工等人员提供近距离、面对面的就业支持和社会保障服务，对进一步缩小城乡之间的公共就业服务差距，促进农民工等人员实现更充分、更优质就业和更好地分享社会保障权益具有重要推动作用。

案例2-76

2016年7月，南京市人社局印发《关于进一步加强农民工和外来务工人员公共就业服务工作的通知》（宁人社〔2016〕98号），要求各区充分利用公共人力资源市场的服务场地、服务设备等资源优势，采取免费提供服务场地的办法，引进社会职业中介服务机构，以委托招聘、提供就业信息、举办招聘会等形式，向农民工和外来务工人员提供临时性、季节性、短工散工和包住宿条件等适应其特殊就业需求的岗位信息，进一步拓宽农民工和外来务工人员就业渠道，帮助来宁务工人员尽快实现就业。

南京市人力资源和社会保障局通过加强和完善全市各公共就业服务机构和社会职业中介机构的社会化合作互助机制，充分发挥社会职业中介机构在推介农民工就业方面的重要功能和特殊作用，进一步提升了社会职业

---

① 广西财政厅课题组、黄绪全、范英蒙：《广西农民工就业创业财政政策问题研究》，《经济研究参考》2017年第59期。

中介机构为农民工等外来务工人员提供职业中介服务的能力和质量,对于促进农民工等外来务工人员实现快速就业、稳定就业和高质量就业发挥了重要作用。

案例 2-78

2020年2月,河南省人社厅印发《关于应对新型冠状病毒感染的肺炎疫情做好农民工就业服务工作的通知》(豫人社〔2020〕3号),明确引导鼓励各类人力资源服务机构大力开展线上招聘,对开展线上招聘服务的民营职业中介机构,为返乡农民工介绍服务后实现就业3个月以上的,发放300元/人职业介绍补贴①。

受2020年新冠肺炎疫情的不利影响,各地政府要求暂停举办各种形式的大规模现场集中就业岗位招聘活动,各地农民工就业出现了较大的困难。为此,一些地区人力资源和社会保障部门采取为民营职业中介机构发放农民工职业介绍补贴的方式,引导和支持民营职业中介机构等各类社会人力资源服务机构积极开展线上农民工就业招聘服务活动,为各地农民工在新冠肺炎疫情防控期间实现成功就业、充分就业和稳定就业做出了重要贡献。

案例 2-78

2020年2月,青岛市人社局等9部门联合印发《关于应对新型冠状病毒感染肺炎疫情支持中小企业发展稳定就业的实施意见》(青人社发〔2020〕4号),明确对在青岛行政区域内注册登记、具有《人力资源服务许可证》并在上年度年报审核通过的人力资源服务机构,介绍取得国家职业资格证书的技能型人才、就业困难人员和毕业1年内的职业院校、技工院校、高校毕业生到青岛市的中小企业就业,签

---

① 逯彦萃:《我省多举措保障农民工安全返岗顺利复工》,《河南日报》2020年2月14日。

订1年及以上期限劳动合同并办理就业登记、按规定缴纳城镇职工社会保险的，可按每介绍1人300元的标准给予职业介绍补贴。

地方政府相关部门通过出台中小企业职业介绍补贴政策，明确对人力资源服务机构介绍符合规定条件的劳动者到本区域中小企业成功就业的，按就业人数给予一定标准的职业介绍补贴，是一项具有重要推进功能和重要促进作用的职业推介政策。这项政策调动了社会人力资源服务机构开展就业推介服务的积极性，促进了各类技能型人才、就业困难人员和各类毕业生的就业服务工作，对于缓解各地区因新冠肺炎疫情影响而造成的中小企业用工紧张局面和快速解决中小企业用工短缺问题产生了重要影响。

案例 2-79

2020年3月，陕西省商洛市人社局、财政局联合推出农民工职业中介服务补贴新政策，鼓励人力资源服务企业大力开展职业介绍，对组织农民工等务工人员到市内外企业就业的，按每人500元标准给予职业介绍补贴；凡成功介绍县区内劳动力就业500人以上的，给予5000元的奖励；凡成功介绍县区内劳动力就业800人以上的，给予1万元的奖励；凡成功介绍县区内劳动力就业1000人以上的，给予2万元的奖励[1]。

为有效应对新冠肺炎疫情造成农民工就业困难的不利影响，商洛市推出了农民工等务工人员职业中介服务补贴新政策，分别对人力资源服务企业开展职业介绍、疫情防控企业新吸纳人员就业、市内企业自主招聘贫困劳动力就业、劳务工作站带动就业、社区工厂吸纳贫困劳动力就业、就业扶贫基地吸纳贫困劳动力就业等就业服务给予相应的职业介绍补贴和就业专项补贴，该补贴政策具有补贴范围广、补贴力度大、补贴标准高、补贴

---

[1] 方宪遵：《我市全力推动企业复工和农民工转移就业》，《商洛日报》2020年3月6日。

成效好等具体特点，对于促进商洛市各类市场主体积极主动做好农民工就业推介和安置工作，有效解决商洛市农民工就业困难和推进农民工转移就业发挥了重要作用。

总之，各地政府对各类职业中介服务机构为农民工提供就业创业推介服务的作用越来越重视，政府相关部门通过逐步加大对农民工就业创业中介服务机构的购买、补贴力度，逐步改善了相关职业中介机构的服务设施和服务条件，极大地提升了它们为农民工开展就业创业中介服务的能力和水平，这些政府购买服务的举措对于做好农民工就业创业推介工作，促进农民工实现高质量就业和成功创业发挥了重要作用。具体来看，政府购买农民工职业推介服务取得了三方面的突出成效。一是通过政府购买农民工职业推介服务，加大了扶持和培育专业化市场中介服务机构力度，推动了农民工就业创业中介服务机构逐步发展壮大，提升了农民工职业推介机构规范化、法制化水平，在全国初步形成了互联互通的农民工公共就业推介服务网络体系和农民工职业推介服务社会化、专业化市场体系；二是通过政府购买农民工职业推介服务，发挥职业介绍机构渠道多、信息准、环节少、保障性强等突出优势和促进农民工城市就业的特殊作用，做实做好城镇农民工职业推介服务，全力防范和有效化解农民工规模性失业风险，促进了农民工实现稳定就业、扩大就业和高质量就业，推进了农民工城镇转移和城镇融入；三是通过政府购买农民工职业推介服务，有力地保护了农民工在求职过程中免受"黑中介"侵害。由于纳入政府购买农民工职业推介服务运营体系的职介机构均为合法正规经营组织，能够维护和保障农民工的合法权益，能够确保农民工成功求职、顺利入职，对于避免农民工求职盲目性和遭遇"黑中介"侵害等潜在风险具有重要作用。此外，各类社会化创业中介机构对农民工返乡创业和成功创业也发挥了重要的推动作用。因此，应当大力加强政府购买农民工职业推介服务，以促进农民工城市就业创业创新，推进农民工市民化和新型城镇化建设，推动农民工返乡创业和乡村振兴更好更快发展。

第三章　农民工社会保险服务

社会保障是国家或社会依法建立的、具有经济福利性的、社会化的国民生活保障系统，在中国，社会保障则是各种社会保险、社会救助、社会福利、军人福利、医疗保障、福利服务以及各种政府或企业补助、社会互助等社会措施的总称①。社会保障是我国各种国民生活保障措施的最高层级概念，社会福利、社会保险、社会救助是社会保障体系的子系统，是社会保障制度的重要组成部分，其中，社会保险是最基本的社会保障项目②。社会保险是由国家通过立法形式，为依靠劳动收入生活的工作人员及其家庭成员保持基本生活条件、促进社会安定而举办的保险，是一种特殊的强制性保险，主要包括养老、残障、遗属、医疗（疾病和生育）、失业、工伤和家庭津贴等保险③。在当前阶段，我国农民工涉及的社会保险主要有养老保险、失业保险、医疗保险和工伤保险。

第一节　农民工社会保险服务政策

长期以来，中国政府高度重视和不断改善农民工社会保险工作，通过

---

① 郑功成主编：《社会保障学》，中国劳动社会保障出版社2005年版。
② 李平：《中国转型时期城市农民工社会保障制度研究》，博士学位论文，华中科技大学，2007年。
③ 邓大松主编：《社会保险（第二版）》，中国劳动社会保障出版社2009年版。

制定一系列政策制度逐步提升农民工社会保险的覆盖面和参与率，使农民工社会保险服务的供给内容逐渐丰富，供给形式逐步规范，供给效果明显提高，促进了农民工平等享受城镇职工社会保险服务的快速改善。2006年1月，国务院印发《关于解决农民工问题的若干意见》（国发〔2006〕5号），明确提出要积极稳妥地解决农民工社会保障问题，要求"优先解决工伤保险和大病医疗保障问题，逐步解决养老保障问题"，明确要依法将农民工纳入工伤保险范围，要求"所有用人单位必须及时为农民工办理参加工伤保险手续，并按时足额缴纳工伤保险费"，同时强调"要加快推进农民工较为集中、工伤风险程度较高的建筑行业、煤炭等采掘行业参加工伤保险。建筑施工企业同时应为从事特定高风险作业的职工办理意外伤害保险"。该政策明确要抓紧解决农民工大病医疗保障问题，要求"各统筹地区要采取建立大病医疗保险统筹基金的办法，重点解决农民工进城务工期间的住院医疗保障问题"，并要求"有条件的地方，可直接将稳定就业的农民工纳入城镇职工基本医疗保险"。该政策提出"要探索适合农民工特点的养老保险办法。抓紧研究低费率、广覆盖、可转移，并能够与现行的养老保险制度衔接的农民工养老保险办法。有条件的地方，可直接将稳定就业的农民工纳入城镇职工基本养老保险"。该政策的实施初步解决了农民工参加工伤保险、大病医疗保障、城镇职工基本医疗保险、城镇职工基本养老保险等社会保险体制机制方面存在的突出问题，调动了企业等农民工用人单位和农民工参加各种社会保险的积极性，促进了农民工社会保险覆盖率和农民工社会保险参保率的提升，有力地维护了农民工的社会保险权益。

为落实《国务院关于解决农民工问题的若干意见》（国发〔2006〕5号）文件精神，2006年4月，劳动和社会保障部印发《关于贯彻落实〈国务院关于解决农民工问题的若干意见〉的实施意见》（劳社部发〔2006〕15号），明确规定要扩大农民工工伤保险覆盖面，要求"用人单位依法及时为与其建立劳动关系的农民工办理参加工伤保险的手续，逐步将有劳动关系的农民工全部纳入工伤保险覆盖范围"，要求抓紧解决农民工大病医疗保障问题,"按照'低费率、保大病'的原则,将农民工纳入医疗保险范围。与城镇用人单位签订规范劳动合同的农民工,随所在单位参加基本医疗保险;以灵活方式就业的,可按照当地灵活就业人员参保办法参加医疗保险;农民工比较集中的地区,可以采取单独建立大病医疗保险统筹基金的办法,重点解决农民工进城务工期间的住院医疗保障问题",要求探索适合农民工特点的养老保险办法,"按照低费率、广覆盖、可转移,并能与现行城乡养老保险制度相衔接的原则,探索适合农民工特点的养老保险办法"。该政策的实施进一步促进了农民工工伤保险、医疗保险、养老保险等社会保险制度的落实和完善,使农民工社会保险覆盖面得到快速扩展,农民工社会保险待遇水平得到较大提升,有力地维护了进城农民工均享城镇社会保险服务的权益。

为切实推进农民工参加工伤保险工作,更好地保障农民工的工伤保险权益,2006年5月,劳动和社会保障部印发《关于实施农民工"平安计划"加快推进农民工参加工伤保险工作的通知》(劳社部发〔2006〕19号),明确在全国范围内实施农民工"平安计划",用三年左右时间,将矿山、建筑等高风险企业的农民工基本覆盖到工伤保险制度之内,要求"2006年,大中型煤矿企业农民工全部参加工伤保险;加快推进小煤矿、非煤矿山企业和建筑企业农民工参加工伤保险",要求"2007年,半数以上小煤矿企业农民工参加工伤保险;半数以上非煤矿山企业农民工参加工伤保险;半数以上建筑企业农民工参加工伤保险。工作基础较好、进展较快的地区,基本实现全部煤矿、非煤矿山企业和大部分建筑企业农民工参加工伤保险",要求"2008年底前,基本实现全部煤矿、非煤矿山企业和大部分建筑企业农民工参加工伤保险","各级劳动保障部门和社保经办机构要畅通用人单位为农民工办理工伤保险的渠道,有条件的地区在经办机构设立专门窗口办理农民工参保"。该政策的实施对于进一步做好农民工工伤保险工作,切实推进煤矿、非煤矿山和建筑等高风险企业农民工依法、规范参加工伤保险,维护和保障农民工工伤保险权益发挥了重要作用。

为了规范社会保险关系，2010年10月，《中华人民共和国社会保险法》正式颁布。该法第九十五条明确规定，"进城务工的农村居民依照本法规定参加社会保险"，为农民工参加社会保险提供了更加明确、更加具体的法律依据。为进一步规范农民工各项社会保险工作，2014年9月，国务院印发《关于进一步做好为农民工服务工作的意见》（国发〔2014〕40号），进一步提出要扩大农民工参加城镇社会保险覆盖面，"依法将与用人单位建立稳定劳动关系的农民工纳入城镇职工基本养老保险和基本医疗保险，研究完善灵活就业农民工参加基本养老保险政策，灵活就业农民工可以参加当地城镇居民基本医疗保险。完善社会保险关系转移接续政策。努力实现用人单位的农民工全部参加工伤保险，着力解决未参保用人单位的农民工工伤保险待遇保障问题。推动农民工与城镇职工平等参加失业保险、生育保险并平等享受待遇"，要求实施"全民参保登记计划"，"推进农民工等群体依法全面持续参加社会保险。整合各项社会保险经办管理资源，优化经办业务流程，增强对农民工的社会保险服务能力"。该政策的实施将农民工逐步纳入城镇职工基本养老保险、城镇职工基本医疗保险、工伤保险、失业保险、生育保险的保障范围，使城镇社会保险对农民工的覆盖面逐步增加，农民工参加城镇社会保险的规模不断扩大，农民工平等享受城镇社会保险服务和待遇的权益得到有效的保障。

在上述政策精神指导下，我国各级政府和有关部门针对农民工社会保险进行了卓有成效的工作，取得了较好的工作成效。中华人民共和国人力资源和社会保障部发布的《2017年度人力资源和社会保障事业发展统计公报》显示，2017年末参加城镇职工基本养老保险的农民工人数为6202万人，比上年末增加262万人；2017年末参加基本医疗保险的农民工人数为6225万人，比上年末增加1399万人；2017年末参加失业保险的农民工人数为4897万人，比上年末增加238万人；2017年末参加工伤保险的农民工人数为7807万人，比上年末增加297万人。本章主要结合国家和各地实践情况对农民工群体涉及较多、联系密切的实施农民工社会保险补贴服务和购买农民工商业性保险服务进行具体的探讨和研究。

第二节　农民工社会保险补贴服务

长期以来，由于城乡之间存在着二元体制导致的福利分割制度，农民工在进入城市后常常会在城市就业和生活中遭受到不同制度的歧视与排斥，其中最为突出的问题是城市社会保障制度曾长时间将农民工排除在外。社会保障的缺失导致了农民工在未来发展方向上具有极大的不确定性和盲向性，对于城市治理和新型城镇化都带来了严重的隐患和风险。事实上，农民工群体是城乡二元社会保障制度实现有效衔接的典型代表，通过逐步将农民工群体纳入城市社会保障服务体系，实现农民工群体及其家庭平等享受城市社会保障公共服务，对于适时地结束城乡二元社会保障制度、解决农民工社会保障"碎片化"问题与加快城乡社会保障制度一体化进程具有重要意义。农民工基础性社会保险制度正是在这种背景下针对农民工及其家庭逐步开展起来的，其内容主要涉及工伤保险、医疗保险、养老保险等三个险种。与此相对应，许多地方政府针对农民工参加工伤保险、医疗保险和养老保险制定和实施了相应的服务政策并取得了较大的成效。

一　工伤保险服务

农民工从事的工作很多具有风险性，特别是矿山、建筑等行业的农民工面临的工伤风险和职业危害程度较高。因此，工伤保险成为农民工需求最为强烈的险种。虽然工伤保险能够有效分解用工单位的风险并保证农民工的安全权益，但是由于企业参保意识淡漠与农民工非正规就业与灵活就业等因素的影响，劳动关系认定困难，导致农民工工伤保险参与率非常低[1]。各级政府和相关部门高度重视农民工参加工伤保险工作，相继出台

---

[1] 张翼、周小刚：《农民工社会保障和就业培训状况调查研究》，《调研世界》2013年第2期。

一系列政策制度推动农民工参加工伤保险。2004年6月，劳动和社会保障部印发《关于农民工参加工伤保险有关问题的通知》（劳社部发〔2004〕18号），就农民工参加工伤保险、依法享受工伤保险待遇有关问题提出明确要求，强调"凡是与用人单位建立劳动关系的农民工，用人单位必须及时为他们办理参加工伤保险的手续"，明确"农民工受到事故伤害或患职业病后，在参保地进行工伤认定、劳动能力鉴定，并按参保地的规定依法享受工伤保险待遇"。该政策的实施推进了农民工依法参加工伤保险和依法享受工伤保险待遇等权利的落实，有效改善了进城农民工的就业环境，维护了进城农民工的工伤保险权益。2006年1月，国务院印发《关于解决农民工问题的若干意见》（国发〔2006〕5号），明确提出"优先解决工伤保险和大病医疗保障问题，逐步解决养老保障问题"，对优先落实和保障农民工工伤保险提出了明确具体的要求。2006年5月，劳动和社会保障部印发《关于实施农民工"平安计划"加快推进农民工参加工伤保险工作的通知》（劳社部发〔2006〕19号），要求在全国范围内实施"平安计划"，以农民工较为集中、工伤风险程度较高的矿山、建筑企业为重点，"用三年左右时间，将矿山、建筑等高风险企业的农民工基本覆盖到工伤保险制度之内"，明确要"进一步落实和完善农民工参保、工伤认定、劳动能力鉴定、工伤待遇支付方面的有关政策，方便农民工参保和领取待遇"。该政策的实施全面加大了全国矿山、建筑等高风险企业农民工参加工伤保险的推进力度，使农民工参加工伤保险的覆盖面得到较大扩展，有效维护和保障了农民工工伤保险权益。

为推动建筑业工伤保险工作，2014年12月，人社部等4部门联合印发《关于进一步做好建筑业工伤保险工作的意见》（人社部发〔2014〕103号），指出建筑业属于工伤风险较高行业，也是农民工集中的行业，要求进一步做好建筑业工伤保险工作，切实维护建筑业职工特别是农民工的工伤保障权益。该政策明确建筑施工企业对相对固定的职工应按用人单位参加工伤保险，对不能按用人单位参保、建筑项目使用的建筑业职工特别是农民工，按项目参加工伤保险。该政策的实施对于有效提升建筑业农民工工伤保险参保率，维护和保障建筑业农民工工伤保险权益，发展壮大建筑业农民工职工队伍，促进建筑业安全生产和健康发展发挥了重要作用。为进一步加强和完善建筑业工伤保险工作，2015年3月，人力资源和社会保障部办公厅印发《关于开展建筑业"同舟计划"——建筑业工伤保险专项扩面行动计划的通知》（人社厅发〔2015〕43号），决定开展建筑业"同舟计划"，用三年左右时间，全面推进建筑施工企业依法参加工伤保险工作，实现建筑业从业人员全部参加工伤保险，切实维护建筑业从业人员特别是农民工的工伤保障权益。该计划的实施对推动建筑业农民工等人员及时、全员参加工伤保险发挥了重要作用。2017年2月，国务院办公厅印发《关于促进建筑业持续健康发展的意见》（国办发〔2017〕19号），指出建筑业是国民经济的支柱产业，吸纳了大量的农村转移劳动力，要求"建立健全与建筑业相适应的社会保险参保缴费方式，大力推进建筑施工单位参加工伤保险"。该政策对建筑业职工参加社会保险，特别是参加工伤保险提出了具体的工作任务和明确的制度安排，有力地维护了建筑业职工特别是农民工参加社会保险的合法权益。

为促进建筑业持续健康发展，2017年3月，人社部办公厅印发《关于进一步做好建筑业工伤保险工作的通知》（人社厅函〔2017〕53号），要求"围绕项目参保模式积极推进政策创新和管理服务创新，着力建立健全建筑业按项目参保长效工作机制"，要求在"项目参保证明作为保证工程安全施工的具体措施之一，不落实不予核发施工许可证"的问题上不开口子，不搞变通，守住政策底线。该政策要求进一步创新管理服务，"推动实现从'要我参保'到'我要参保'的转变"。该政策的实施健全完善了建筑业参加工伤保险长效工作机制，进一步提升了建筑项目"先参保、再开工"的政策效力。为保护建筑业职工合法权益，2018年1月，人社部等6部门联合印发《关于铁路、公路、水运、水利、能源、机场工程建设项目参加工伤保险工作的通知》（人社部发〔2018〕3号），明确"全面启动交通运输等行业工程建设项目参加工伤保险工作，结合行业用工特点，做好参保办法、办理流程、保障服务等具体制度安排，确保在各类工地上流动就业的农民工依法享有工伤保险保障"。该政策的实施推动形成了信息共享、联动互助、灵活高效的部门协作运行机制,进一步加强了工程建筑领域农民工工伤保险的权益保障。上述各项政策的实施取得了突出的成效,截至 2017 年底,全国新开工建筑项目参保率达到 99.92%,累计将 4000 多万人次建筑业农民工纳入了工伤保险保障[①]。国家统计局数据显示,2019 年末全国参加工伤保险的农民工达到 8616 万人,占全国农民工总量 29077 万人的 29.6%,比 2018 年末增加 530 万人[②],农民工参加工伤保险的规模继续呈现稳步增加的态势。

二 医疗保险服务

保障农民工享有医疗保险服务是维护农民工群体健康权的重要体现,国务院和有关部门早在新世纪初就对农民工参加医疗保险做出了相应规定。1999 年 1 月,国务院发布《社会保险费征缴暂行条例》(国务院令第 259 号),明确基本医疗保险费的征缴范围为"国有企业、城镇集体企业、外商投资企业、城镇私营企业和其他城镇企业及其职工,国家机关及其工作人员,事业单位及其职工,民办非企业单位及其职工,社会团体及其专职人员",从政策层面已经将农民工群体纳入到城镇基本医疗保险体系。2004 年 5 月,劳动和社会保障部办公厅印发《关于推进混合所有制企业和非公有制经济组织从业人员参加医疗保险的意见》(劳社厅发〔2004〕5 号),明确提出"要以与城镇用人单位建立了劳动关系的农村进城务工人员为重点,积极探索他们参加医疗保险的有效途径和办法",要求"逐步将与用人单位形成劳动关系的农村进城务工人员纳入医疗保险范围。根据农村进城务工人员的特点和医疗需求,合理确定缴费率和保障方式,解决他们在务工期间的大病医疗保障问题,用人单位要按规定为其缴纳医疗保

[①] 《人力资源和社会保障部对十三届全国人大一次会议第 3143 号建议的答复》(人社建字〔2018〕105 号),人力资源和社会保障部网站,http://www.mohrss.gov.cn/gkml/zhgl/jytabl/jydf/201811/t20181126_305511.html,2018 年 9 月 30 日。

[②] 国家统计局:《中华人民共和国 2019 年国民经济和社会发展统计公报》,2020 年 2 月 28 日。

险费。对在城镇从事个体经营等灵活就业的农村进城务工人员,可以按照灵活就业人员参保的有关规定参加医疗保险"。该政策的实施使城镇职工基本医疗保险制度得到进一步改革和完善,全面推进了混合所有制企业和非公有制经济组织从业人员参加医疗保险的各项工作,进一步扩大了医疗保险对在城镇就业的农民工等人员的覆盖面,有效提高了农民工医疗保险的保障能力和保障水平,对维护和保障进城农民工的医疗权益发挥了重要作用。

为推进农民工参加医疗保险工作,2006年5月,劳动和社会保障部办公厅印发《关于开展农民工参加医疗保险专项扩面行动的通知》(劳社厅发〔2006〕11号),明确要求"以农民工比较集中的加工制造业、建筑业、采掘业和服务业等行业为重点,以与城镇用人单位建立劳动关系的农民工为重点,统筹规划,分类指导,分步实施,全面推进农民工参加医疗保险工作",要求"按照'低费率、保大病、保当期、以用人单位缴费为主'的原则,制定和完善农民工参加医疗保险的办法",明确"要积极探索完善农民工参加医疗保险和新型农村合作医疗的衔接办法和政策,确保参保农民工享受相应的医疗保险待遇"。该政策的实施为推进农民工广泛参加医疗保险营造了良好的社会氛围,促进了农民工医疗保障工作的全面开展,使在城镇就业的农民工参加医疗保险的覆盖面得到进一步扩大。

在上述政策的指导下,全国各地相继开展了农民工参加医疗保险的实践探索并取得了较大成效。

案例 3-1

2006年9月,河南省新乡市人民政府印发《农民工参加医疗保险暂行办法》(新政〔2006〕28号),明确本市市区所有用人单位,包括各类企业、机关、事业单位、社会团体、民办非企业单位等,都应按规定为与其形成劳动关系的农民工办理医疗保险;明确农民工参加医疗保险遵循"低费率、保大病、保当期、以用人单位缴费为主"的原则,重点解决农民工进城务工期间的医疗保障问题。

政府通过制定实施"所有农民工用人单位都应按规定为与其形成劳动关系的农民工办理医疗保险"的政策，压实了农民工用人单位的参保责任，促进了各地农民工参加医疗保险工作的开展，有力维护了农民工在进城务工期间的医疗保障权益。为更好地做好农民工医疗保险服务工作，广西、辽宁等地方政府还先后出台了将农民工医疗保险并入城镇职工基本医疗保险的政策。

案例3-2

2010年4月，广西壮族自治区人社厅印发《关于做好农民工参加城镇职工基本医疗保险工作有关问题的通知》（桂人社发〔2010〕74号），明确凡在广西行政区域内的城镇所有用人单位及与之形成劳动关系的农民工应按规定纳入城镇职工基本医疗保险范围；2017年10月，辽宁省大连市人民政府办公厅印发《关于农民工基本医疗保险并入职工基本医疗保险等有关问题的通知》（大政办发〔2017〕124号），决定将全市农民工基本医疗保险并入职工基本医疗保险，参保人员自缴费到账之日起享受职工医疗保险待遇。

各地政府通过实施将农民工基本医疗保险并入城镇职工基本医疗保险的政策，使进城农民工与城镇职工执行相同标准与相同待遇的医保政策，提升了农民工医疗保险的服务质效和保障水平，促进了农民工均等享受城市医疗保险公共服务的发展进程。

此外，福建省厦门市等地方政府通过给予农民工医疗保险补助的方式，积极促进农民工参加医疗保险和稳定就业。

案例3-3

2011年，厦门市委、市政府决定对企业招收本市农民工与招用外来员工在养老保险、医疗保险、失业保险缴费方面的差额部分，按企业税收缴交关系，由市、区财政予以补助，以降低企业用工成本，解决好本市农民工就业问题，2011 年社保年度（2011 年 7 月—2012 年 6 月）补助标准为 248.84 元/月·人，共需投入 1.81 亿元，惠及农村劳动力约 6.76 万人[①]。

厦门市政府为解决企业反映强烈的"招用本市农民工与招用外来员工在社会保险费上存在差额，招用本地农民工将推高企业用工成本"的问题，专项投入财政资金 1.81 亿元，对企业招用本市农民工与招用外来员工在医疗保险等社保方面的保费差额实行财政补助政策，调动了企业招收本市农村富余劳动力的积极性，减轻了企业招用本地农民工的用工成本，对促进厦门市农民工实现更为充分的就业和再就业发挥了重要作用。

三 养老保险服务

农民工参加养老保险是为了保障他们在流动务工历程结束之后能够更好地解决养老问题。为了进一步推进企业养老保险制度改革，1997 年 7 月，国务院印发《关于建立统一的企业职工基本养老保险制度的决定》（国发〔1997〕26 号），要求在全国建立统一的企业职工基本养老保险制度，明确基本养老保险制度覆盖范围要逐步扩大到城镇所有企业及其职工，明确城镇个体劳动者也要逐步实行基本养老保险制度。该政策的实施对于逐步将农民工纳入到城镇企业职工基本养老保险制度体系发挥了重要作用。为规范社会保险费征缴工作，1999 年 1 月，国务院发布《社会保险费征缴暂行条例》（国务院令第 259 号），明确基本养老保险费的征缴范围为"国有企业、城镇集体企业、外商投资企业、城镇私营企业和其他城镇企业及其职工，实行企业化管理的事业单位及其职工"，由此农民工群体开始从法规层面被正式纳入到城镇基本养老保险体系。

为解决农民工参保人员因就业地的变换和间断性就业而丧失养老保险

---

① 黄怀:《企业招本市农民工可获社保补助》，《厦门日报》2011 年 6 月 5 日。

权益的问题，2009 年 12 月，国务院办公厅转发人力资源和社会保障部、财政部《城镇企业职工基本养老保险关系转移接续暂行办法》（国办发〔2009〕66 号），明确包括农民工在内的参加城镇企业职工基本养老保险的所有人员，其基本养老保险关系可在跨省就业时随同转移，在转移个人账户储存额的同时，还可转移一定比例的统筹基金（单位缴费）。该政策针对农民工做出了具体规定，明确农民工中断就业或返乡没有继续缴费的，由原参保地社保经办机构保留其基本养老保险关系，保存其全部参保缴费记录及个人账户，个人账户储存额继续按规定计息。农民工返回城镇就业并继续参保缴费的，无论其回到原参保地就业还是到其他城镇就业，均按前述规定累计计算其缴费年限，合并计算其个人账户储存额，符合待遇领取条件的，与城镇职工同样享受基本养老保险待遇；农民工不再返回城镇就业的，其在城镇参保缴费记录及个人账户全部有效，并根据农民工的实际情况，或在其达到规定领取条件时享受城镇职工基本养老保险待遇，或转入新型农村社会养老保险。该政策对参加城镇职工基本养老保险农民工保险关系的转移、接续进行了明确的规定，进一步增强了农民工基本养老保险的灵活性、衔接性和可持续性，对于促进建立全国统一的城镇职工养老保险制度，更好地保障农民工等流动人员的养老保险权益发挥了重要作用。

为做好城乡养老保险制度衔接工作，2014 年 2 月，人社部、财政部印发《城乡养老保险制度衔接暂行办法》（人社部发〔2014〕17 号），明确参加城镇职工养老保险和城乡居民养老保险人员，达到城镇职工养老保险法定退休年龄后，城镇职工养老保险缴费年限满 15 年（含延长缴费至 15 年）的，可以申请从城乡居民养老保险转入城镇职工养老保险，按照城镇职工养老保险办法计发相应待遇；城镇职工养老保险缴费年限不足 15 年的，可以申请从城镇职工养老保险转入城乡居民养老保险，待达到城乡居民养老保险规定的领取条件时，按照城乡居民养老保险办法计发相应待遇。该政策的实施为建立我国统一的、可衔接的、可持续发展的城乡养老保险制度提供了具体的方向指南，全面推进了城乡养老保险制度的整合和衔接，使农民工养老保险关系的无障碍、无缝隙转移和接续成为了现实，有力促进了城乡统筹的社会保障体系建设，保障了农民工等参保人员的合法权益，推动了城乡劳动力的合理流动和优化配置，加快了农民工城市转移和市民化进程，同时也有力地促进了经济快速增长和社会和谐稳定。

总之，国家在农民工工伤保险、医疗保险、养老保险等社会保险方面出台了很多具体的政策制度，在这些涉及农民工社会保险的相关政策指导下，各级地方政府相继开展了农民工社会保险补贴服务并取得了较大成绩。

案例 3-4

2009年2月，北京市劳动和社会保障局、财政局联合印发《鼓励用人单位招用本市农村就业困难人员的岗位补贴和社会保险补贴办法》（京劳社就发〔2009〕15号），明确对招用北京市农村就业困难人员的企业、民办非企业单位、事业单位及社会团体给予岗位补贴和社会保险补贴，岗位补贴标准为每人每年3000元，社会保险补贴标准为：①城镇基本养老保险补贴以本市上一年度职工月平均工资的60%为基数，补贴20%；②城镇基本医疗保险补贴以本市上一年度职工月平均工资的60%为基数，补贴9%；失业保险补贴以本市上一年度职工月平均工资60%为基数，补贴1%。

北京市劳动和社会保障局、北京市财政局通过实施岗位补贴和社会保险补贴政策，鼓励和支持北京市各用人单位积极招用北京市各县区符合相关条件的农村就业困难人员，该政策的实施对于推进和做好北京市农村就业困难人员就业帮扶和安置工作，促进北京市农村就业困难劳动力向城镇转移就业和提高北京市农村就业困难人员家庭经济收入水平发挥了特殊作用。

案例 3-5

2014年9月，四川省攀枝花市人社局、财政局印发《关于进一步做好社会保险补贴工作的通知》（攀人社发〔2014〕354号），明确"对招用本市农民工并为其按时足额缴纳养老、医疗、工伤、失业等社会保险费的各类用人单位，按招用人数给予每人每年1500元的社会保险补贴"。

地方政府相关部门通过实施农民工社会保险补贴政策，对农民工用人单位缴纳的社会保险费给予一定标准的补贴，能够切实减轻农民工用工单位的经济负担和经营成本，对于提升各类用工单位吸纳本地区农民工就业的积极性、促进农民工实现就近就地就业以及维护和保障农民工社会保险权益均具有重要作用。

案例 3-6

2015年8月，贵州省人民政府办公厅出台《关于印发"雁归兴贵"促进农民工返乡创业就业行动计划的通知》（黔府办发〔2015〕31号），要求加大农民工返乡创业就业财政支持力度，实行农民工社会保险补贴政策，明确"农民工创办的企业招用就业困难人员，与之签订劳动合同并缴纳社会保险费的，按其为就业困难人员实际缴纳的基本养老保险费、基本医疗保险费和失业保险费的2/3给予补贴"。

地方政府对返乡农民工创办的企业招用就业困难人员给予基本养老保险费、基本医疗保险费和失业保险费等社会保险费专项补贴，能够有效减少招用就业困难人员的农民工企业在社会保障方面的资金支出，有利于更好地鼓励、引导和扶持农民工返乡创业并积极招用就业困难人员，有利于协同推进新型城镇化、新农村建设和乡村振兴，对城乡融合发展和城乡一体化建设发挥了重要的推进作用。

第三章　农民工社会保险服务

案例 3-7

2017年4月,安徽省阜阳市人民政府办公室印发《关于进一步鼓励支持农民工等人员返乡(就地)创业的意见》(阜政办〔2017〕17号),明确对招用就业困难人员(含农村建档立卡贫困劳动者)并缴纳社会保险费的扶持对象,按其为就业困难人员实际缴纳的五项社会保险费给予补贴;招用其他人员就业并缴纳社会保险的,在3年期限内分别给予实际缴纳社会保险费50%、40%和30%的等额补贴。

政府对安置返乡农民工等就业困难人员的农民工创业者实施高比例、高额度社会保险费补贴政策,加大了各级政府对农民工等人员返乡创业的政策扶持力度和社会保险补贴力度,能够打造更为优惠、更为完善、更具引导力的农民工创业政策支持体系和优质服务环境,有利于大幅提升政府在社会保险补贴服务和就业援助服务等方面的工作成效,对于鼓励和支持农民工返乡创业、就近创业和带动就业具有重要作用。

案例 3-8

2017年5月,福建省财政厅、人社厅联合印发《关于完善农民工社会保险财政补贴政策的通知》(闽财社〔2017〕13号),明确对持福建省居住证的农业转移人口,与当地户籍人口享受同等社会保险公共服务,不得将户籍作为农民工参加城镇职工社会保险的门槛;明确对参加企业职工养老保险缴费满一年,近三年内享受过福建省城乡居民养老保险政府补贴的农民工,可由职工养老保险参保地在城乡居民养老保险最低档次缴费标准对应的政府补贴标准十倍以内,给予一次性社会保险补贴。

政府通过制定对农民工参加企业职工养老保险给予财政补贴的政策,进一步健全完善了农民工社会保险财政补贴政策制度体系,强化了农民工流入地政府在支持和推进农民工同等享受就业、社保等公共服务方面的主体责任。通过建立健全系统完善、富有成效的农民工等流动人口社会保险政策支持体系，将持有居住证的农民工等流动人口统一纳入到城市就业、社保等基本公共服务保障范围，使农民工与城镇市民同等享受就业创业和社会保险公共服务，为实现城市基本公共服务常住人口全覆盖，促进农民工在城镇稳定就业、高质量就业和有序实现农民工市民化奠定了政策制度基础。

案例 3-9

2018年9月，南宁市人社局、财政局印发《关于做好农民工创业就业补贴工作的通知》（南人社规〔2018〕7号），明确对企业及其他社会组织吸纳参加过广西历届农民工技能大赛并获得国家职业资格证书或广西农民工技能大赛技能水平证书的农民工给予社会保险补贴，补贴标准按企业及其他社会组织为符合条件的农民工实际缴纳的社会保险费（单位部分）给予不超过2年的社会保险补贴。

广西壮族自治区南宁市人社局、财政局对企业及其他社会组织吸纳高技能农民工人员给予社会保险费（单位部分）特殊补贴，促进了相关单位吸纳高技能农民工人员的积极性，有利于高技能农民工人员实现充分就业和高质量就业，有利于调动农民工人员学习技能、提升技能的积极性，有利于促进农民工队伍整体职业技能素质和总体就业水平的提高。

总体来看，各级政府通过实施农民工社会保险补贴政策，提升了各类企业和社会组织等用工单位招用农民工的积极性，对促进农民工稳定就业和返乡创业发挥了重要作用。具体来看，政府实施农民工社会保险补贴政策取得了三方面的突出成效：一是通过实施农民工社会保险补贴政策，减轻了招用农民工企业和其他用工单位参加各项社会保险的经济负担，提高了农民工用工单位和农民工群体参加城镇社会保险的积极性，使农民工群体参加城镇社会保险的比例逐年提升农民工参保人数逐年增多，有力维护了农民工群体的社会保障权益。二是通过实施农民工社会保险补贴政策，促进了农民工群体在城镇实现稳定就业和长期就业，极大地提升了农民工及其家庭的收入水平，为农民工城市转移和城市融入奠定了稳定持久的经济基础，总体推进了农民工市民化和"以人为核心"的新型城镇化的发展。三是有效推进了将农民工群体纳入城市社会保障公共服务体系的进程，通过实施农民工社会保险补贴政策，增强了城镇职工社会保险制度的包容性和普惠性，将农民工群体及其家庭平等享受城市社会保障公共服务纳入城乡社会保障制度一体化进程，对于推动城镇社会保险体系更加健全完善，促进农民工实现城市认同、城市融合和推进城乡统筹发展具有重要意义。

第三节 政府购买商业性保险服务

商业性保险服务是对农民工社会保险服务的重要补充，农民工在外出务工过程中面临着比其他城市人口更多更大的生存与就业压力，他们从事的多为高风险、高污染、高强度工作，但他们参与的社会保险却程度不同地存在着保险费较高、覆盖率较低、参保满意度不高、保险制度不完善等问题，相对而言，商业性保险服务则具有针对性较强、保障范围较广、缴费手续便捷、保费数额较低、保额待遇较高等突出特点，对于农民工而言更是一种广泛与有效的"大众化"保险服务产品。通常来讲，政府购买农民工商业性保险服务是政府与相关保险公司进行平等协商和业务合作，通过实行"产品化""市场化"运作模式，即通过政府购买服务的方式为农民工带来相应的保险服务和保险保障。重庆、宁夏、河南、湖北等地方政府在探索政府购买农民工商业性保险服务方面取得了较大进展。

===== 案例 3-10 =====

2006年，重庆市城口县采取"政府资助引导、商业保险运作"的方式，通过购买人身意外伤害综合保险为农村外出务工人员提供保障，即外出农民工购买一份保费为50元的人身意外伤害保险，县财政补贴30元,个人出20元,最高意外伤害保额3万元,意外伤害医疗保额2000元;2006年全县共有28332人参加了外出务工农民意外伤害综合保险,占外出务工人员的72.65%,购买保险28688份,保费143.43万元,其中县财政补贴83万元①。

重庆市城口县政府为外出农民工购买人身意外伤害综合保险提供财政补贴服务,体现了党和政府对外出农民工的深切关怀,增强了外出农民工的保险保障能力和农民工家庭的风险化解能力,为农民工外出务工、安心就业提供了坚实的保险服务保障。

还有一些地方政府通过与定点保险机构进行业务合作的方式或直接为农民工购买意外伤害保险的方式,为农民工外出就业提供"安全伞"和"保险锁",特别是宁夏回族自治区灵武市、湖北省武汉市的成效较为突出。

案例3-11

2016年,宁夏回族自治区灵武市政府通过与中国人寿保险股份有限公司灵武支公司开展合作,为5万余户外出务工家庭购买了意外伤害保险,增强了外出务工人员抵御风险的能力②。武汉市自2007年启动"政府为外出务工农民工购买人身意外伤害保险项目"以来,已经连续13年开展购买农民工意外伤害保险服务工作,截至2019年8月,武汉市、区财政累计投入资金约2100万元,为近400万人次外出农民工购买了人身意外伤害保险③。

---

① 程正军:《重庆城口"政保合作"为农民外出务工提供保险保障》,中央政府门户网站,http://www.gov.cn/jrzg/2007-05/05/content_605838.htm,2007年5月5日。
② 张洁龙:《灵武市为外出务工农村家庭买保险 最高保64.8万元》,人民网,http://nx.people.com.cn/n2/2016/0920/c192469-29032263.html,2016年9月20日。
③ 廖君:《武汉连续13年为外出务工农民购买意外险》,新华网,http://www.xinhuanet.com/politics/2019-08/22/c_1124909006.htm,2019年8月22日。

政府出资直接为外出农民工或农民工家庭购买人身意外伤害保险，直接免除了农民工外出就业的潜在风险和后顾之忧，为外出农民工实现多领域就业、安心就业提供了重要的保险保障，是确保政府购买农民工商业性保险服务取得实效的典范模式。

还有地方政府鼓励和支持用人单位积极办理农民工商业类意外伤害保险，将农民工商业类意外伤害保险作为农民工工伤保险的有益补充，逐步构建农民工意外伤害保险、工伤保险互补互助的"双保险"保障机制。

案例 3-12

2017年11月，河南省人社厅等10部门联合印发《关于进一步推进农民工参加工伤保险的意见》（豫人社〔2017〕90号），要求各级人力资源社会保障部门要加强与商业保险机构的协调合作，鼓励有条件的用人单位为农民工办理商业类意外伤害保险，以有效拓宽农民工权益保障渠道，同时明确可以借鉴、共享商业保险机构在办理涉及农民工事故伤害案件调查、取证过程中的证据信息，作为认定工伤时的证据参考，针对商业保险公司调查、取证所产生的成本，可以运用政府购买服务的方式给予一定的经济补偿。

河南省人社厅等10部门实施的上述政策有力提升了全省农民工用人单位为农民工办理商业类意外伤害保险的积极性，使农民工商业类意外伤害保险对工伤保险的补充完善作用得到充分发挥，进一步提升了农民工工伤保险和意外伤害保险的保障水平，有效维护了农民工工伤保险权益和农民工参加商业类意外伤害保险的权益，促进了农民工城市就业和和谐社会的建设，对于进一步改革和完善农民工社会保险制度和农民工参加商业保险制度发挥了重要的促进作用。

此外，宁夏回族自治区等地区也通过为农民工购买人身意外伤害保险提供补助的方式，推动外出农民工积极购买人身意外伤害保险，助力农民工增强化解人身意外伤害风险的能力。

案例 3-13

2019年7月,宁夏回族自治区人社厅等5部门联合印发《关于进一步推进全区农村劳动力暨建档立卡贫困劳动力转移就业工作的通知》(宁人社发〔2019〕59号),明确实施购买"铁杆庄稼保"政策,凡具有宁夏区户籍、离开居住地的法定劳动年龄内的农村外出务工人员,在确定的商业保险公司购买50元人身意外伤害保险的,由政府给予35元补贴。

政府对外出农民工购买人身意外伤害保险给予资金补助的做法,调动了外出农民工购买意外伤害保险的积极性,有效扩展了人身意外伤害保险对外出农民工的覆盖面,提升了外出农民工及其家庭对意外伤害风险的防范意识和化解能力,解除了农民工外出就业的心理负担和后顾之忧,促进了农民工转移就业和外出就业。

同时,很多工会系统也相继开展了针对农民工会员的意外伤害保险保障工作,为切实保护农民工的生命健康和职业安全做出了突出贡献。

案例 3-14

2014年,广西壮族自治区财政厅通过安排自治区本级财政资金100万元,带动各级工会筹措资金开展农民工意外伤害互助保障活动,由自治区总工会组织实施全区"百万农民工赠送意外伤害互助保障计划",为全区100万农民工赠送为期1年的意外伤害互助保障金一份(每人每份10元)[①]。2016年,海南省三亚市总工会利用工会资金为农民工会员投保意外伤害保险,农民工会员职业涵盖酒店工作人员、建筑工人、旅游业从业人员等多个职业,人均保费10元,累计为全市

[①] 《自治区财政支持开展百万农民工意外伤害互助保障活动》,广西壮族自治区财政厅网站,http://czt.gxzf.gov.cn/xwdt/jgdt/20140930-46255.shtml,2014年9月30日。

84307名农民工提供了风险保障①。

各地工会组织开展的"农民工意外伤害互助保障计划""为农民工会员投保意外伤害保险"等活动，为广大农民工提供了生命健康和风险防范、就业安全等权益保障，有效预防和化解了农民工的人身意外伤害风险，减轻了政府、社会、企业和农民工家庭在农民工人身意外伤害方面的压力，促进了农民工城镇就业和经济社会的健康发展。

实践证明，政府和有关部门出资为农民工购买人身意外伤害保险服务是一项"温暖工程""爱民工程""惠民工程"，有利于预防和化解农民工在务工历程中可能发生的各种意外伤害风险，能够解除农民工及其家庭对外出务工的风险压力和后顾之忧，是外出农民工抵御意外伤害风险的"保险锁"和"安全伞"，收到了"政府得民心、民工得实惠、企业得平安、社会得稳定"的最佳效果。综合来看，政府通过购买农民工商业性保险服务，有效弥补了农民工参加社会保险严重不足的缺陷，使农民工能够在务工过程中享受到更加多样、更加全面、更加便捷的商业性保险保障，对增强农民工防御和化解风险能力，促成农民工在城市社会中持久就业与稳定生活具有重要保障作用。

---

① 窦菲涛:《小额人身保险为农民工撑起权益"保护伞"》,《工人日报》2017年12月14日。

第四章　农民工住房保障服务

安居才能乐业，农民工在融入城市社会的过程中，最为基本的需求就是住有其所。有学者研究测算，一对农民工夫妻即使是在房价相当低（2003年为每平方米1500元）的条件下，如果要满足进城定居所需的最低限度经济能力，最少需要在城市连续工作20年[①]，住房困难成为阻碍农民工进城定居障碍中最为突出的问题。由此可见，住房服务有效供给是农民工能够稳定地在城市工作与生活的重要支撑，只有让农民工群体能够住有其所，才能更好地解决就业、教育、养老等其他公共服务问题。然而，住房服务供给在很大程度上是市场经营行为，绝大多数农民工依靠自身能力和自身收入难以在短时期内购买城市商品性住房。因而，中国各级政府通过联合社会、市场等各种力量协同实施农民工住房保障服务项目，特别是运用政府购买服务等手段实现对农民工住房保障服务的有效供给。

第一节　农民工保障性住房服务

农民工及其家庭大量进城进而实现市民化是实现中国城镇化的有效途径，而改善农民工在城市的居住条件不但是保障农民工稳定、持久就业的有力措施，也是促进农民工实现城市转移和市民化的重要保障和基础前

---

① 章铮：《从托达罗模型到年龄结构——生命周期模型》，《中国农村经济》2009年第5期。

提。中国政府对进城农民工住有其所的问题非常重视，国务院早在21世纪初就对解决农民工居住问题做出了相应规定，2006年1月，国务院印发《关于解决农民工问题的若干意见》（国发〔2006〕5号），明确要多渠道改善农民工居住条件，要求"有关部门要加强监管，保证农民工居住场所符合基本的卫生和安全条件。招用农民工数量较多的企业，在符合规划的前提下，可在依法取得的企业用地范围内建设农民工集体宿舍。农民工集中的开发区和工业园区，可建设统一管理、供企业租用的员工宿舍"，明确"有条件的地方，城镇单位聘用农民工，用人单位和个人可缴存住房公积金，用于农民工购买或租赁自住住房"。该政策的实施促进了开发区、工业园区员工宿舍建设和企业农民工集体宿舍建设，对有效解决进城农民工住房问题、改善农民工居住条件和营造农民工良好居住环境发挥了重要作用。

为切实改善农民工居住条件，2007年12月，建设部等5部门印发《关于改善农民工居住条件的指导意见》（建住房〔2007〕276号），明确改善农民工居住条件的基本原则是：一要因地制宜，满足基本居住需要；二要循序渐进，逐步解决；三要政策扶持，用工单位负责。该政策明确"用工单位是改善农民工居住条件的责任主体。要积极主动，广开渠道，妥善安排，为招用的农民工提供符合基本卫生和安全条件的居住场所，并逐步改善其居住条件"，要求"农民工自行安排居住场所的，用工单位应当给予一定的住房租金补助，并可在劳动合同中予以明确"。该政策的实施有效改善了进城农民工的居住条件，提升了进城农民工的住房保障水平，维护了农民工的合法权益，促进了城市社会和谐、稳定、健康发展。

为推进城乡统筹发展，2009年12月31日，中共中央、国务院印发《关于加大统筹城乡发展力度进一步夯实农业农村发展基础的若干意见》（中发〔2010〕1号），明确要求"多渠道多形式改善农民工居住条件，鼓励有条件的城市将有稳定职业并在城市居住一定年限的农民工逐步纳入城镇住房保障体系"，从而为解决进城农民工住房问题和改善进城农民工居住条件开辟了新的路径。为推动公共租赁住房加快发展，2010年6月，住房和城乡建设部等7部门印发《关于加快发展公共租赁住房的指导意见》（建保〔2010〕87号），明确有条件的地区可以将新就业职工和有稳定职业并在城市居住一定年限的农民工等外来务工人员纳入公共租赁住房供应范围，并要求"市、县人民政府要通过直接投资、资本金注入、投资补助、贷款贴息等方式，加大对公共租赁住房建设和运营的投入。省、自治区人民政府要给予资金支持。中央以适当方式给予资金补助"。该政策的实施调动了各类市场主体投资和经营公共租赁住房的积极性，极大地促进了城镇公共租赁住房的建设，推进了公共租赁住房供应规模的增加和供应结构的优化，进一步完善了城市住房保障政策和供应体系，使农民工等外来人员的居住条件得到较大改善。

为进一步改善农民工服务工作，2014年9月，国务院印发《关于进一步做好为农民工服务工作的意见》（国发〔2014〕40号），明确要完善住房保障制度，将符合条件的农民工纳入住房保障实施范围，"逐步将在城镇稳定就业的农民工纳入住房公积金制度实施范围"。该政策的实施扩展了城市住房保障政策的覆盖范围，推进了农民工保障性住房服务的开展，促进了农民工居住条件的改善。2016年2月，国务院印发《关于深入推进新型城镇化建设的若干意见》（国发〔2016〕8号），要求"建立购房与租房并举、市场配置与政府保障相结合的住房制度，健全以市场为主满足多层次需求、以政府为主提供基本保障的住房供应体系"，明确"住房保障采取实物与租赁补贴相结合并逐步转向租赁补贴为主。加快推广租赁补贴制度，采取市场提供房源、政府发放补贴的方式，支持符合条件的农业转移人口通过住房租赁市场租房居住"。该政策加快了农民工住房租赁补贴制度的实施和推广，使符合条件的农民工通过领取住房租赁补贴和在住房租赁市场租房居住的方式解决了住房困难，改善了居住条件，推进了农民工市民化和新型城镇化的发展进程。

上述政策的制定和实施为各级政府开展农民工住房供给服务构建了基础制度框架，在此基础上，各地政府针对农民工出台了多种住房服务的具体政策和服务项目,为农民工提供了形式多样的保障性住房服务。

案例 4-1

2011年,沈阳市委、市政府做出决定,在全年建设的公租房中,拿出10%分配给住房困难的优秀农民工,并在"沈阳,我的家"——2011年沈阳市农民工维权日大型电视文艺晚会上,将首批公租房的钥匙发给了10位优秀农民工代表[①]。2012年,南阳市人民政府印发《南阳市公共租赁住房和廉租住房管理暂行办法》(宛政〔2012〕45号),明确由政府投资建设或者政府提供政策支持,由社会主体投资建设的公租房,面向城镇中等以下收入住房困难家庭、新就业人员和外来务工人员出租。杭州市通过采取增加公租房数量、放宽准入标准等措施,积极改善农民工居住条件,截至2016年10月,杭州市共有1.5万余户稳定就业的农民工等外来务工人员入住了公租房[②]。

沈阳、南阳、杭州等地方政府将住房困难的农民工纳入城市公租房供给体系,体现了党和政府对农民工住房困难问题的高度重视,是对广大农民工为城市建设和城市发展所做突出贡献的充分肯定和真情回馈,极大地增强了农民工对城市的归属感、融入感,对促进农民工市民化和新型城镇化具有重要作用。

案例 4-2

2013年2月,四川省住房和城乡建设厅印发《2013年全省住房保障工作要点》(川建保发〔2013〕78号),明确提出开展"农民工住房保障行动",将农民工逐步纳入城镇住房保障体系,对已在城镇落

[①] 程丽红、陶媛慧:《沈阳将农民工纳入公租房保障范围》,《人民政协报》2011年10月25日。

[②] 陈彩娟:《杭州完善农民工住房保障制度研究》,《杭州学刊》2018年第2期。

户的农民工或有稳定职业并在城镇居住一定年限的农民工,要逐步取消户籍限制,给予和城镇居民同等的住房保障或支持,允许其租赁公共租赁住房或购买经济适用住房。

四川省为有效解决农民工的住房问题,从 2013 年开始实施"农民工住房保障行动",全省每年都拿出可分配公租房的 30%,定向分配给有稳定职业并在城镇居住一定年限的农民工,租金只有市场租金的一半,到 2019 年 9 月,四川累计有 30 多万名农民工通过公租房实物配租或领取货币补贴等方式,享受到住房保障①。四川省实施的"农民工住房保障行动"为全国各地解决农民工住房困难问题提供了可复制、可推广的成功模式,对促进各地将住房困难农民工纳入城市公租房保障体系发挥了典型示范和引领带动作用。

案例 4-3

2015 年 11 月,广西壮族自治区住房和城乡建设厅印发《关于印发加强农民工住房保障工作实施方案的通知》(桂建保〔2015〕40 号),明确用两年的时间基本形成较为完善的农民工住房保障政策体系,要求各地将每年竣工的公共租赁房房源按一定比例定向提供给农民工。截至 2015 年 10 月底,广西累计在各类工业园区和外来人员集中区新建公共租赁住房近 18 万套、推进城市棚户区改造 16.5 万套,解决超过 56 万农民工和新就业群体的阶段性居住困难问题②。

广西壮族自治区住房和城乡建设厅通过深化和完善农民工住房保障制度改革,将符合条件的农民工纳入到城市公共租赁住房供应体系,大规模

---

① 陈健:《四川已有 30 多万农民工享受住房保障》,中央人民政府网站,http://www.gov.cn/xinwen/2019-09/05/content_5427644.htm,2019 年 9 月 5 日。
② 莫艳萍、陈芊洁:《广西完善农民工住房保障体系》,中央政府门户网站,http://www.gov.cn/xinwen/2015-12/11/content_5022563.htm,2015 年 12 月 11 日。

改善了经济困难农民工的居住条件，为住房困难农民工在城市稳定就业和安心生活提供了基础性住房保障，促进了农民工及其家庭的城市转移和城市融入。

案例 4-4

2016年6月，湖北省宜昌市出台政策，对具有农村居民户籍（配偶方同为农村居民户籍），在宜昌市城区范围内从事具体固定工作的农民工，在2016年6月8日—2017年6月30日期间，在该市西陵区、伍家岗区、点军区、猇亭区、宜昌高新区建成区范围内购买首套且建筑面积在144平方米以下新商品住房或二手住房的，按住房面积给予每平方米100元的财政补贴①。

宜昌市政府和相关部门通过实施为符合条件的农民工提供购买商品房财政补贴的政策，吸引、鼓励和帮助有较好经济条件的农民工家庭进城自购商品住房，这项政策有力调动了具有城市迁移意愿农民工家庭购买城市商品住房的积极性，推动了宜昌市农民工居住条件的改善，促进了农民工家庭的城市转移和市民化。

此外，河北省通过将农民工纳入保障性住房体系或为农民工发放住房租赁补贴的方式努力改善农民工住房条件。

案例 4-5

2019年9月，河北省农民工工作领导小组印发《关于进一步优化服务促进农民工市民化的实施意见》（冀农工发〔2019〕4号），明确健全住房保障机制，将符合当地城镇住房保障条件的农民工纳入住房保障范围，鼓励有条件的地方对符合当地城镇住房保障条件的农民工

---

① 金计：《宜昌农民工购房可申报补贴 每平方米补贴100元》，《农村新报（湖北日报农村版）》2017年9月2日。

发放租赁补贴，简化补贴申请手续和流程。

河北省将符合当地城镇住房保障条件的农民工纳入城镇住房保障体系，通过实施对符合城镇住房保障条件的农民工发放租赁补贴的政策，为农民工通过住房租赁市场租赁住房提供了基础性经济保障，对于有效改善河北省进城农民工住房条件，促进农民工在城镇稳定就业创业以及提高农民工群体生活质量和生活水平发挥了重要作用。

总体来看，各地政府通过为进城农民工分配公租房、发放购房财政补贴、发放租赁住房货币补贴等方式，初步构建了农民工保障性住房供应体系，整体改善了进城农民工的居住条件。通过各地积极努力，到2017年底，通过配租公租房实物和发放租赁补贴，全国共有500多万农民工正在享受公租房保障服务[1]。通过国家农民工住房保障政策的引导和地方政府农民工住房保障服务实践的推动，全国各地进城农民工及其家庭的居住条件和居住环境得到明显改善。各地政府联合各类社会力量为进城农民工追求安居乐业之梦提供了圆梦途径，同样也为潜在的具有迁移意愿的农民工家庭开启市民化之路奠定了基础性的住房制度保障。

第二节 农民工临时性住房服务

随着新生代农民工逐步成为外出务工群体的主流，他们对于职业发展、人生阅历、成长空间、素质提升和个人自由的追求要远远大于对稳定生活的需求，其务工历程明显呈现出流动性更强、更活跃的新特征。如何解决和保障新生代农民工在高流动就业情况下的临时性居住问题，就成为各地政府为农民工提供住房服务的重要内容。重庆、黑龙江、四川、山东、河南、天津等很多地方政府通过在城市建设中努力增加资金投入建设

---

[1] 《人力资源和社会保障部对十三届全国人大一次会议第5234号建议的答复》（人社建字〔2018〕93号），人力资源和社会保障部网站，http：//www.mohrss.gov.cn/gkml/zhgl/jytabl/jydf/201811/t20181123_305422.html，2018年7月31日。

第四章 农民工住房保障服务

农民工公寓、农民工"零工市场"或农民工综合服务中心等方式，努力保障农民工的临时性住房需求，不断改善进城农民工临时居住环境和条件。

案例 4-6

为了解决进城农民工在城市临时栖身的问题，重庆市南岸区从 2005 年开始，按照"政府启动、市场运作、街道管理、社会帮扶"的模式，一次性投资 250 万元，建成了 8 个面向刚进城单身农民工的"阳光公寓"，共拥有 5000 个床位，南岸区把刚刚进城、就业不稳定、收入不高、流动性强的单身农民工，列为第一层次入住人员，以"一人一天一元"的标准提供"公寓式"暂住保障，入住率保持在 90% 以上，开业以来共帮助 2 万多名进城农民在城市落脚[①]。

高度重视和及时解决流动农民工的临时栖身问题是各级政府的重要责任，重庆市南岸区通过政府直接投资的方式建设"农民工公寓"，为新近进城农民工提供临时性住房保障，免除了进城农民工盲目寻找住处的困难和租住城市住房的经济负担，有利于农民工站稳脚跟、平稳过渡，能够从容寻找合适的就业岗位，对农民工实现充分就业和高质量就业具有重要保障作用。

案例 4-7

四川省巴中市通江县通过建设农民工公寓的方式解决进城"背二哥"（农民工）的食宿问题，2009 年至 2012 年，通江县采取政府引导、业主经营的方式，筹集资金 30 余万元，规划建起农民工公寓 3 处，提供床位 300 多张，农民工每人每天住宿费用仅为 2 元，此外，通江县政府还为农民工公寓添置了电视机、烤火炉、餐桌、象棋，订

---

① 张国圣：《重庆南岸：帮"新市民"实现安居有业》，《光明日报》2008 年 10 月 9 日。

阅了《四川日报》《四川农村日报》等报刊,"背二哥"们在享受到免费文化娱乐活动的同时,还能读"民工周末夜校"①。

在为农民工提供低费用住宿服务的基础上,有效改善进城农民工的文化生活质量具有重要意义。通江县政府通过投资添置电视机、象棋等文化生活用品和订阅《四川日报》《四川农村日报》等文化资料,使农民工在公寓的居住条件和文化生活质量得到明显改善,有效疏解了农民工异地就业的精神压力,提升了农民工在城市就业和生活的融入感、幸福感。

===== 案例 4-8 =====

2011年以来,山东省临沂市通过建设兰山、罗庄、河东三处"零工市场"为农民工提供住宿、餐饮、求职等服务,在免费期满后每天只收取1元钱宿费,临沂市、区两级政府采取兜底机制,将零工市场的运行费用纳入财政预算管理,力促入住农民工进得来、住得下、过得好,消除了农民工的后顾之忧②。

临沂市奉行"建好、管好、服务好"的服务理念,把全市农民工"零工市场"建设成为农民工生活、培训、求职、维权的多功能服务场所和幸福家园,使临沂市"零工市场"综合性服务发展成为农民工解忧排难的重要民生工程服务品牌,打造了服务农民工的"连心工程""惠民工程",对促进全市农民工在城市稳定就业、推进农民工实现城市转移和城市融入具有重要作用。

---

① 袁大坤、尹勇:《巴山"背二哥"廉租公寓温暖过寒冬》,《四川日报》2013年1月7日。
② 刘慎平、张义国:《临沂城区实现农民工综合服务全覆盖》,《经济导报》2015年1月5日。

案例 4-9

天津滨海新区自政府出资建立全国首座供流动人口居住的天河蓝领公寓以来，经过多年发展，投资模式已由原来单一的政府出资形成了"政府投资对外运营""企业投资对外运营"和"企业投资自建"三种模式，截至 2015 年 6 月，天津滨海新区建成蓝领公寓和建设者之家 23 座，床位超过 20 万张，蓝领公寓以每月 120 元至 150 元低廉的收费标准吸纳了几十万外来建设者[1]。

天津市滨海新区通过"政府投资对外运营""企业投资对外运营"和"企业投资自建"三种模式共同建设供农民工等流动人口居住的蓝领公寓，使滨海新区蓝领公寓建设速度得到快速增长，为外来农民工等流动人员提供了充足的低标准收费、高质量服务的临时性住房保障，有效改善了农民工等流动人员的居住环境和生活条件，较好地满足了进城农民工等流动人口的临时性住房服务需求。

案例 4-10

2018 年 4 月，河南省焦作市农民工综合服务中心正式成立，该中心建筑面积 3500 平方米，集就业培训、权益维护、文化教育、餐饮住宿等功能于一体，所推出的"一元公寓"同样备受关注，农民工在此可以按成本价吃饭，还可以免费接受培训、推荐工作和维权，作为河南省农民工服务示范性工程，该中心为农民工在焦作找到了存在感、归属感、幸福感[2]。

焦作市农民工综合服务中心的落成对提升全市农民工公共服务质量和

---

[1] 姜明：《天津：已建成标准化农民工公寓 78 处》，《工人日报》2015 年 6 月 11 日。
[2] 陈学桦、郑伟伟：《"一元公寓"让农民工有了"安乐窝"》，《河南日报》2018 年 4 月 29 日。

水平具有重要作用，不仅有效解决了进城农民工住宿、吃饭等具体困难，还为焦作市规范开展农民工就业培训、职业推介、权益维护、文化教育等多功能服务提供了重要阵地，对切实维护好农民工各项合法权益、促进农民工安居乐业具有重要保障作用。

总之，做好进城农民工住房保障服务和居住条件改善极其重要，其不仅为进城农民工在城市实现稳定就业和稳定生活奠定基础性住房保障，同时也是确保农民工实现城市融入和市民化的重要基础和前提条件。因此，无论是农民工的长久性住房保障服务还是临时性过渡用房服务，都应当成为各级政府和社会各界以及农民工用人单位必须关注的重大社会问题，都必须按照"以农民工为本"和"以人的城镇化为核心"的基本要求，通过政府直接投资兴办农民工住所或政府购买农民工住房保障服务等具体举措，联合社会组织和各类市场主体妥善加以解决。我国各级政府在改善进城农民工居住条件和居住环境等方面做出了巨大的努力，从中央到地方出台了一系列保障进城农民工住房需求和改善进城农民工居住条件的政策制度，为切实解决进城农民工在城镇的居住问题提供了系统化、具体化、多样化的解决方案，有效提升了农民工住房服务的供给能力和服务水平。特别是各级地方政府通过实施政府购买农民工住房保障公共服务，以及建立健全农民工分享城市公租房和临时性住房服务的运营管理机制，全面提升了为农民工建造、购买或给予租赁补贴等住房保障服务的工作水平，及时有效地解决了部分低收入农民工群体在城市住房方面的困难和问题，总体促进了农民工住有其所和安居乐业，在全国初步形成了一批政府解决困难农民工住房问题的示范性成果，为全面解决我国住房困难农民工的居住问题提供了较为成功的制度模板和经验支撑，对推进各地农民工住房保障制度改革创新，提升进城农民工在城市的归属感、融入感和幸福感，推动进城农民工实现城市就业和城市转移发挥了重要的促进作用。

第五章　农民工随迁子女教育服务

"十二五"规划实施以来,中国人口流动模式进入转型期,流动人口的居留稳定性增强,人口流动的模式已经进入以核心家庭为单位迁移的新阶段,特别是新生代流动人口家庭的"核心化"趋势尤其明显,流动人口动态监测数据显示,近 9 成的已婚新生代流动人口是夫妻双方一起流动,其中,与配偶、子女举家迁移的约占 61%[①]。作为流动人口主体的农民工,其核心家庭整体迁移的比重也呈现出越来越大的发展趋势。农民工举家向城市迁移,反映出农民工本人及其家庭对在城市工作和生活的向往与渴望,也反映出城市对于农民工及其家庭的接纳效果和服务水平正在明显改善。然而,由于户籍、社会保障、城镇住房等各种制度性因素的限制,很多城市的公共服务与社会福利并没有完全覆盖到外来农民工的就业和生活。尤其是农民工随迁子女接受义务教育的困难依然存在,部分农民工随迁子女在城市面临着上学升学难、费用高等问题,而且这些问题在东部地区和大城市更加突出[②]。从最初被城市教育资源的排斥、拒绝到城市教育资源的有限开放和附条件接纳,再到农民工随迁子女基本可以在城市顺利完成义务教育和高中阶段教育,农民工随迁子女教育服务的改善和教育福利的争取经历了较为漫长的发展历程。随着"以人为本"和"以人的城镇

[①] 国家卫生和计划生育委员会流动人口司编:《中国流动人口发展报告 2015》,中国人口出版社 2015 年版。

[②] 国家统计局:《2019 年农民工监测调查报告》,2020 年 4 月 30 日。

化为核心"的新型城镇化战略的逐步展开,为农民工及其随迁家庭成员所提供的公共服务越来越全面,尤其是各级政府通过购买农民工子女教育服务,联合社会优质教育资源和社会各界服务力量,全方位、高质量地为农民工随迁子女与农村留守儿童提供基础教育服务以及成长过程中需要的社会化教育服务,总体上取得了农民工子女义务教育和社会化教育双进展、双提高的良好效果。

第一节 兴办农民工子弟学校

随着农民工随迁子女数量的不断增加,在城市接受义务教育的农民工子女规模越来越大。教育部《2013 年全国教育事业发展统计公报》显示,2013 年全国义务教育阶段在校生中进城务工人员随迁子女数量为 1277.17 万人,其中,在小学就读 930.85 万人,在初中就读 346.31 万人。教育部《2018 年全国教育事业发展统计公报》显示,2018 年全国义务教育阶段在校生中进城务工人员随迁子女数量达到 1424.04 万人,其中,在小学就读 1048.39 万人,在初中就读 375.65 万人。仅仅 5 年时间,全国义务教育阶段在校生中进城务工人员随迁子女数量增加 146.87 万人,增长 15%。在城市公办教育资源不能快速增加的情况下,仅仅依靠城市现有的公办教育资源已经不能满足所有农民工子女对义务教育的基本需求,积极开发新的教育资源已成为保障农民工子女义务教育权益的重要手段。而农民工子弟学校的存在为解决部分进城农民工子女的入学问题,促进教育公平起到了很大的积极作用,它不但化解了部分农民工子女因公共教育资源不足而导致无学可上的"失学危机",而且它对促进义务教育的均衡发展,推进教育公平与社会公平目标的实现,最终实现社会的和谐稳定,有着十分重要的现实意义[①]。

---

① 曾庆吉:《教育公平视野下的农民工子弟学校发展研究——以沈阳市为例》,硕士学位论文,沈阳师范大学,2012 年。

第五章　农民工随迁子女教育服务

为推进农民工子弟学校的建设，国务院相关部门相继出台了一系列鼓励和支持社会力量兴办农民工子弟学校等教学机构的政策制度，以此来缓解和解决农民工等流动人口随迁子女在城镇难以充分接受义务教育的困境。1996年4月，国家教委印发《城镇流动人口中适龄儿童少年就学办法（试行）》，明确"经流入地市、区人民政府批准，企事业组织、社会团体、其他社会组织及公民个人，可依本办法举办专门招收流动人口中适龄儿童、少年的学校或教学班、组"，明确"经流入地教育行政部门批准，城镇全日制中小学校，应利用现有校舍，聘请离退休教师或其他具备教师资格的人员，举办招收城镇流动人口适龄儿童、少年的附属教学班、组"。该政策为企事业组织、社会团体、其他社会组织及公民个人兴办农民工子弟学校提供了政策制度依据。在此基础上，1998年3月，国家教委、公安部印发《流动儿童少年就学暂行办法》（教基〔1998〕2号），进一步明确"流动儿童少年就学，以在流入地全日制公办中小学借读为主，也可入民办学校、全日制公办中小学附属教学班（组）以及专门招收流动儿童少年的简易学校接受义务教育"，明确"经流入地县级以上人民政府教育行政部门审批，企业事业组织、社会团体、其他社会组织及公民个人，可依法举办专门招收流动儿童少年的学校或简易学校。办学经费由办学者负责筹措，流入地人民政府和教育行政部门应予以积极扶持"。该政策的实施标志着我国政府更加重视农民工等流动人口随迁子女的在城镇的义务教育问题，并通过允许举办专门招收流动儿童少年的学校或简易学校等具体措施着手解决农民工等流动人口随迁子女"就学难"这一突出问题。

随着我国进城农民工家庭城市迁移数量的激增，进城农民工随迁子女规模越来越大，在城市接受义务教育困难问题日益突出。为解决好进城农民工随迁子女的义务教育问题，2001年5月，国务院印发《关于基础教育改革与发展的决定》（国发〔2001〕21号），明确提出"要重视解决流动人口子女接受义务教育问题，以流入地区政府管理为主，以全日制公办中小学为主，采取多种形式，依法保障流动人口子女接受义务教育的权利"，明确"基础教育以政府办学为主，积极鼓励社会力量办学。义务教育坚持以政府办学为主，社会力量办学为补充；学前教育以政府办园为骨干，积极鼓励社会力量举办幼儿园；普通高中教育在继续发展公办学校的同时，积极鼓励社会力量办学。对民办学校在招生、教师职务评聘、教研活动、表彰奖励等方面与公办学校一视同仁"。该政策的实施有效推进了我国基础教育的改革和发展，激发了社会力量举办基础教育的积极性，促进了进城农民工随迁子女受教育环境和受教育状况的改善。为做好进城农民工随迁子女义务教育工作，2003年1月，国务院办公厅印发《关于做好农民进城务工就业管理和服务工作的通知》（国办发〔2003〕1号），要求多渠道安排农民工子女就学，切实保障农民工子女接受义务教育的权利，明确提出"要加强对社会力量兴办的农民工子女简易学校的扶持，将其纳入当地教育发展规划和体系，统一管理。简易学校的办学标准和审批办法可适当放宽，但应消除卫生、安全等隐患，教师要取得相应任职资格。教育部门对简易学校要在师资力量、教学等方面给予积极指导，帮助完善办学条件，逐步规范办学，不得采取简单的关停办法，造成农民工子女失学"。该政策将社会力量兴办的农民工子弟学校统一纳入地方教育发展规划和管理体系，明确要求各级政府要加强对农民工子弟学校的服务和扶持工作，有力推进了农民工子弟学校的法制化、规范化建设进程，有效保障了进城农民工随迁子女接受义务教育的合法权益。在此基础上，2003年9月，国务院办公厅转发教育部等6部门《关于进一步做好进城务工就业农民子女义务教育工作的意见》（国办发〔2003〕78号），明确要求"加强对以接收进城务工就业农民子女为主的社会力量所办学校的扶持和管理。各地要将这类学校纳入民办教育管理范畴，尽快制订审批办法和设置标准，设立条件可酌情放宽，但师资、安全、卫生等方面的要求不得降低"，要求"地方各级政府特别是教育行政部门要对这类学校给予关心和帮助，在办学场地、办学经费、师资培训、教育教学等方面予以支持和指导。对办学成绩显著的要予以表彰"。该政策的实施进一步推进了全国各城市农民工子弟学校的建设，提升了农民工子弟学校的办学水平和教学质量，对于进一步做好进城农民工随迁子女义务教育工作，推进农民工等流动人口向城市大规模转移以及维护城乡社会和谐稳定发挥了重要作用。

在上述政策的指引下,各级地方政府也相继出台了相关政策制度保障农民工子弟学校的建设和发展。

案例 5-1

武汉市在1998年率先制定了《武汉市社会力量办流动人口子女简易学校办学标准》,在举办者、师资、办学目标、办学场地和设施等方面做了资格规定,较好地解决了武汉市流动人口子女简易学校的设置条件和设置标准问题,这种做法有助于农民工子弟学校提高教学质量与管理水平,有利于充分发挥农民工子弟学校在解决农民工随迁子女就学方面的积极作用[1]。

城市政府和教育部门通过制定社会力量举办的农民工子弟学校必须达到的办学条件和基本标准,为相关部门把好农民工子弟学校的筹办和审批关口提供了制度依据,确保了农民工子弟学校教学质量和办学水平的逐步提高,为农民工随迁子女获得标准化的就学条件和较高水平的就学质量提供了重要保障。

案例 5-2

从2004年起,上海市政府每年拨付资金3000万元,用于改善农民工子女学校办学条件,各区县政府也采取各种措施不断提升农民工子女学校办学水平和教学质量,有力促进了全市农民工子弟学校的发展;据2007年上海市教育事业统计,截至2007年9月,上海接受义务教育的外来流动人口子女有42.9%就读于主要分布在上海郊县的

---

[1] 吴霓:《民办农民工子女学校设置标准的政策困境及解决措施》,《教育研究》2010年第1期。

258 所农民工子女学校①。2008 年,上海市政府计划对 60 所农民工子女小学办学设施进行改造并将其纳入民办教育管理,对纳入民办教育管理、以招收农民工同住子女为主的民办小学,上海市教委将一次性给予每校平均 50 万元的办学设施改造经费资助,区县也将筹措配套资金,以使这些学校达到基本办学标准,同时,从 2008 学年起,上海市教委将按接纳学生人数给予每生每年 1000 元的基本成本补贴,余下部分由区县根据实际成本核算情况予以补足②。

2004 年—2008 年,上海市各级政府通过拨付资金的方式不断改善农民工子女学校基础设施和办学条件,并通过采取多种有效措施不断提升上海市农民工子女学校的教育教学质量,使就读农民工子女学校成为上海市外来流动人口子女实现义务教育的重要途径,对保障上海市外来农民工随迁子女能够按时接受和完成义务教育发挥了重要作用。在此基础上,上海市各级政府和教育部门逐步加强了将农民工子女学校转为招收农民工子女民办小学的推进工作,在给予办学设施改造专项经费的同时,按照接纳农民工子女就学人数给予民办小学相应标准的成本补贴,这些举措使农民工子女学校在改造为民办小学的同时,其在基础设施水平、教育教学能力和农民工子女的就学质量等方面均得到较大提升,为农民工子女顺利在城市接受标准化、规范化的义务教育提供了坚实保障。

此外,浙江省嘉兴市、温州市、舟山市、宁波市鄞州区等一些城市也相应开展了建设农民工子弟学校的具体实践。

案例 5-3

2003 年 2 月,嘉兴市人民政府办公室印发《嘉兴市流动人口中适龄

---

① 肖春飞、刘丹:《上海规范农民工子女学校 不具备基本条件将停办》,中国教育新闻网,http://www.jyb.cn/china/gdcz/200801/t20080121_138646.html,2008 年 1 月 21 日。

② 计琳:《上海 60 所民工子女校确定民办身份》,《中国教育报》2008 年 6 月 10 日。

儿童少年就学管理办法（试行）》（嘉政办发〔2003〕19号），明确要求"教育行政部门要支持社会力量依法举办民工子弟学校，及时批准具备基本条件的民工子弟学校办学，并将民工子弟学校纳入本地教育事业统一管理，在教师培训进修、评职评优等方面享受公办学校同等待遇"，要求"各地应对民工子弟学校在校舍、师资、开展教育教学活动等方面给予力所能及的支持，使其能够共享当地的教育资源"。在此基础上，2004年4月，浙江省嘉兴市人民政府印发《嘉兴市外来人员子女学校建设和管理办法》（嘉政发〔2004〕42号），明确外来人员子女学校可由当地政府或国有教育发展投资公司负责筹措资金建设，也可以鼓励社会力量投资兴建，政府或教育发展投资公司投资建设的外来人员子女学校，建成后按照公开、公平、公正、择优的原则，通过向社会公开招标的形式确定举办者。该政策特别强调，"外来人员子女学校承担义务教育任务的，政府可视财力按在校学生数和适当的标准给予经费补助"。

浙江省嘉兴市人民政府通过实施上述各项政策，进一步强化了政府应当承担和履行的农民工适龄流动儿童少年在流入地接受义务教育的主体责任，明确了嘉兴市各级政府和有关部门应为各种社会力量兴办的民工子弟学校做好管理、支持和服务的工作任务，有效保障了嘉兴市农民工流动儿童少年在流入地平等接受义务教育的权利，提升了农民工流动儿童少年接受义务教育的质量和水平。特别是《嘉兴市外来人员子女学校建设和管理办法》的实施，进一步明确了嘉兴市外来人员子女学校的建设要求、建设途径、建筑标准，全面落实了该类学校建设、管理和服务的相关工作职责，明确、细致地规范了学校的办学流程和教职工管理、招生和学籍管理、教育教学管理、学校安全管理等办学行为，有力地促进了嘉兴市外来人员子女学校办学质量和教学水平的提高。这些政策制度的实施极大地调动了相关企事业单位、社会团体、社会组织、公民个人等社会力量依法举办农民工子弟学校的积极性，促进了嘉兴市农民工子弟学校快速增长、质量提高和规范发展。截止到2011年，嘉兴市民工子弟学校总计发展到38

所，且大部分市本级民工子弟学校的学生人数在 1000 人以上，为解决进城农民工子女的义务教育问题发挥了重要作用①。

案例 5-4

温州市龙湾区积极引导和鼓励社会力量兴办民工子弟学校，在具备房屋安全鉴定证、消防安全证、卫生许可证等并确保安全的前提下，适当放宽办学准入条件；建立教育局机关干部联系民办民工子弟学校制度，出台《龙湾区民工子弟学校的考核办法》，加大帮扶和管理力度；对已批准设立的民工子弟学校根据办学条件分类定规模、定计划、定收费标准，实行规范管理；截至 2008 年 11 月，龙湾区通过社会力量办学，已建立民工子弟学校 12 所，解决了 9221 名外来民工子女的就学问题②。

浙江省温州市龙湾区为解决外来农民工随迁家庭较多所带来的农民工随迁子女就学难问题，采取积极引导和鼓励支持社会力量兴办民工子弟学校的办法，为外来民工子女提供了接受义务教育的机会，实现了农民工随迁子女在城市接受义务教育的愿望。该区还通过对民工子弟学校进行检查、考核、整治以及实行正规化管理等措施，为农民工子女接受正规化义务教育营造了安全、稳定、和谐的就学环境，较好地保障了农民工随迁子女接受义务教育的质量和水平。

案例 5-5

2017 年 9 月，位于舟山市的明珠学校（九年一贯制民办民工子弟

---

① 杨兰娟：《嘉兴市民工子弟学校办学状况及出路研究》，硕士学位论文，上海交通大学，2012 年。

② 龙湾区文明办：《龙湾区"三个一批"实现民工子女充分就学》，浙江文明网，http://www.zjwmw.com/07zjwm/system/2008/11/12/014966038.shtml，2008 年 11 月 12 日。

学校）正式运行，918 名符合条件的新区外来务工人员子女报到入学。舟山市政府及教育等部门通过给予明珠学校新建项目土地划拨、规费优惠、名师支教等重点扶持政策，切实解决民工子弟学校普遍存在的办学条件差、师资与管理力量薄弱、办学行为不规范等问题，使新城区域的义务教育学校全部达到了基本办学标准，为实现新城区域标准化学校全覆盖奠定了基础[①]。

浙江省舟山市政府及教育部门通过扶持重点民办民工子弟学校，为外来务工人员子女接受义务教育提供了权益保障。此外，浙江省舟山市教育部门通过制定实施《关于民办民工子弟学校建设专项整治三年行动计划(2017—2019 年)》，全面提升了辖区内民办民工子弟学校的办学条件和教学水平，确保了舟山市所有民办民工子弟学校全部达到义务教育基本办学标准，为农民工随迁子女在民工子弟学校接受标准化、规范化的义务教育提供了制度保障，为促进农民工家庭的城市融入和维护社会和谐稳定做出了突出贡献。

案例 5-6

2017 年 9 月，宁波市鄞州区人民政府办公室印发《关于提升外来务工人员子女学校办学水平的实施意见》(鄞政办发〔2017〕167 号)，要求加大对外来务工人员子女学校的资金补助力度，"力争三年内所有外来务工人员子女学校在校舍用房、师资队伍、图书仪器、信息化环境、校园环境与安全等方面都能够达到省标准化学校标准，标准化学校率达到 100%"，明确"区财政将加大对外来务工人员子女学校的补助力度，以提高教师的收入，使持有教师资格证、初级职称、中级职称、高级职称教师的年收入分别达到 6 万、7 万、8 万、9 万元

[①] 陈妤、孙学荣：《全市最大的民办民工子弟学校启用 918 名符合条件的新区外来务工人员子女昨入学》，《舟山日报》2017 年 9 月 2 日。

左右"。

浙江省宁波市鄞州区政府通过采取加大投入、加强管理、提高教师待遇和加强考核等措施,有效改善了外来务工人员子女学校的的办学环境和办学条件,提高了外来务工人员子女学校教师的社会地位和经济待遇,促进了全区教育资源的优化配置和规范化、均衡化发展,有效保障了农民工随迁子女在流入地接受义务教育的合法权益。

很多教育研究单位和专家学者对社会力量参与资助与兴办农民工子女教育进行了专题调研并提出了宝贵建议。例如,2007年,中央教育科学研究所教育发展研究部课题组针对农民工子女义务教育政策提出改进建议,认为在保证落实"两为主"等各项基本政策和具体措施中要明确各级财政对农民工随迁子女接受义务教育的拨付责任,积极引导社会力量资助与参与办学,并大力扶持有一定基础的农民工子弟学校,使得这类学校能够按照教育标准为农民工子女提供合格的教育服务[1],这是对政府购买社会力量教育服务的重要理论探索。北京师范大学教授袁连生认为农民工随迁子女到农民工子女学校就读,主要原因是政府无法在公办学校为其提供教育机会,是农民工随迁子女一种无奈的选择,而不是择校,而政府对农民工子女学校的学生提供财政支持,是政府履行《义务教育法》规定的为农民工子女提供平等接受义务教育条件的义务,所以,政府有责任建立对农民工子女学校的财政投入机制,为最弱势的农民工随迁子女的义务教育提供经费,减轻农民工的教育负担,从而改善农民工子女的教育条件[2]。这些学术研究成果对我国农民工子弟学校的建设和发展起到了重要的推进作用。总体看,我国各级政府通过购买、补贴、奖励、减费等方式,鼓励和支持各类社会力量大力兴办农民工子弟学校,推进了农民工子弟学校的标准化建设和规范化发展,使其教学设施不断完善,教育环境不断改善,教

---

[1] 中央教育科学研究所教育发展研究部课题组、吴霓:《进城务工就业农民子女接受义务教育的政策措施研究》,《教育研究》2007年第4期。
[2] 袁连生:《农民工子女义务教育经费负担政策分析》,《中国教育学刊》2010年第2期。

学质量不断提升，对在特定时期成功化解农民工子女难以在城市接受义务教育的困境发挥了重要的历史性作用。

第二节 政府购买农民工随迁子女教育学位

随着国家教育政策的转型和完善，很多农民工子弟学校逐步向更为规范、更为优质的民办学校转化，直接推动了政府开始向民办学校购买义务教育学位，以保障农民工随迁子女在城市接受义务教育的权益。政府向民办学校购买教育学位，就是学生到民办学校读书，但学费由政府支出，因此，到公办学校读书和到民办学校读书，对学生来说得到的政府补贴、支持是一样的，这是现阶段解决农民工等人员随迁子女城市就学问题的重要途径之一[①]。随着我国进城农民工家庭城市转移数量的迅速增加，在城市生活的农民工随迁子女也越来越多，他们面临的最大难题是难以顺利、平等和充分地享受到城市优质的公办义务教育资源，很多城区的农民工随迁子女在义务教育阶段面临着学位供给不足、就学学校教学质量与环境较差、经常受到城市师生歧视和孤立等各类突出问题，对农民工群体的家庭迁移和城市融入造成了不利的影响和较大的束缚。

党和政府对农民工随迁子女在城市平等接受义务教育的问题非常重视，相继出台了一系列促进发展民办义务教育以满足农民工随迁子女义务教育需求的政策制度。如，2014年9月，国务院印发《关于进一步做好为农民工服务工作的意见》（国发〔2014〕40号），要求"保障农民工随迁子女平等接受教育的权利"，明确"对在公益性民办学校、普惠性民办幼儿园接受义务教育、学前教育的，采取政府购买服务等方式落实支持经费，指导和帮助学校、幼儿园提高教育质量"。该政策的实施进一步明确了政府向民办教育机构购买农民工子女教育服务的必要性和合法性，使政府购买农民工子女教育服务得到了迅速发展和明显提高，有效地促进了进

---

① 熊丙奇：《购买民办学位保障随迁子女平等入学权利》，《南方日报》2015年3月18日。

城农民工随迁子女接受义务教育、学前教育等突出问题的解决。为推进县域内城乡义务教育持续健康发展，2016年7月，国务院印发《关于统筹推进县域内城乡义务教育一体化改革发展的若干意见》（国发〔2016〕40号），更加明确要"改革随迁子女就学机制"，"要坚持以公办学校为主安排随迁子女就学，对于公办学校学位不足的可以通过政府购买服务方式安排在普惠性民办学校就读"，强调要"通过政府购买服务、税收激励等引导和鼓励社会力量支持义务教育发展"。该政策的实施促进了政府购买农民工子女教育学位服务的开展，推进了普惠性民办学校的标准化建设和发展提高，整体改善和提升了县域内城乡义务教育的办学条件和教育质量，对推动城乡义务教育资源实现优化配置、提高乡村义务教育质量和水平以及推进县域内城乡义务教育事业实现优化发展、协调发展、均衡发展发挥了重要作用。

为促进民办教育事业加快发展，2016年12月，国务院印发《关于鼓励社会力量兴办教育促进民办教育健康发展的若干意见》（国发〔2016〕81号），明确国家积极鼓励和大力支持社会力量举办非营利性民办学校，要求各级人民政府要完善制度政策，在政府补贴、政府购买服务、基金奖励、捐资激励、土地划拨、税费减免等方面对非营利性民办学校给予扶持，同时要求各级人民政府可根据经济社会发展需要和公共服务需求，通过政府购买服务及税收优惠等方式对营利性民办学校给予支持，并要求"完善政府购买服务的标准和程序，建立绩效评价制度，制定向民办学校购买就读学位、课程教材、科研成果、职业培训、政策咨询等教育服务的具体政策措施"。该政策通过实施政府购买服务等举措，加大了政府对社会力量兴办民办教育的支持力度，营造了良好的民办教育发展环境和社会氛围，调动了社会力量兴办各类民办教育的主动性、积极性，使社会力量兴办的民办教育得到进一步发展壮大，有效提高了民办教育的治理能力、治理水平和社会效益，有效提升了民办教育的服务供给能力和服务供给质量，为各地政府实施购买农民工子女教育学位服务提供了政策制度依据。

在全面实施第一期、第二期学前教育三年行动计划的基础上，2017年

4月，教育部等4部门联合印发《关于实施第三期学前教育行动计划的意见》（教基〔2017〕3号），强调要"公办民办并举，进一步提高公办幼儿园提供普惠性学前教育服务的能力，积极引导和扶持民办幼儿园提供普惠性服务"，明确要积极鼓励社会力量举办幼儿园，"通过购买服务、综合奖补、减免租金、派驻公办教师、培训教师、教研指导等方式，支持普惠性民办幼儿园发展"。该政策的实施进一步推进了全国学前教育改革和发展工作，使全国民办幼儿园发展水平、学前教育公共服务水平和学前教育工作成效明显提高，对于进一步缓解和解决学前儿童"入园难""入园贵"等问题，最大程度地满足包括进城农民工在内的幼儿家长对建立良好学前教育的迫切要求以及确保学前教育实现可持续发展均产生了重要影响。

在上述政策制度的指导下，各级地方政府紧密结合当地实际情况，在政府购买农民工随迁子女教育学位公共服务的理论建构、制度创新和实践探索中取得了较大进展，涌现出一大批政府购买农民工随迁子女教育学位公共服务的成功典型，为有效解决进城农民工随迁子女顺利在城市接受义务教育问题开拓了新的道路。在为农民工随迁子女购买义务教育学位的公共服务中，上海、南京、北京等发达城市的相应实践较为丰富且具有代表性。

案例 5-7

上海市各区县教育部门与民办农民工子女小学签订购买服务协议，在成本核算基础上，政府根据招生人数给予学校基本成本补贴，实现农民工同住子女免费就读，以保障农民工子女享受免费义务教育的权利[①]。2007、2008两年，浦东新区社发局共审批了12所农民工子女学校转为专门招收农民工子女的民办学校，这12所学校两年间提供了11365个按照公办标准收费的小学学位，有效缓解了浦东新区学位

---

① 李阳：《流动人口公共产品提供的公共政策研究——以流动儿童义务教育为例》，北京理工大学出版社2015年版。

不足的状况,而浦东新区政府通过向民办学校"购买学位"的方式较好地解决了外来人员子女的入学问题①。仅 2008—2010 年期间,上海市共审批设立 162 所以招收农民工同住子女为主民办小学,政府向其购买了约 12 万个免费义务教育学位②。

上海市县区政府通过采取给予现有农民工子女学校改造资助经费的方式推动其转为招收农民工子女的民办小学,同时鼓励和支持社会力量积极申办以招收农民工子女为主的民办小学,政府则通过向民办小学购买教育学位的方式,支持民办小学改善办学条件,规范办学行为,提升教学质量,以保障农民工随迁子女在民办小学也能够接受免费的、与公办学校同等标准的义务教育,较好地满足了上海农民工等外来人员随迁子女接受义务教育的迫切需要。

案例 5-8

2010 年 5 月,河南省人民政府印发《关于进一步做好进城务工农民随迁子女义务教育工作的意见》(豫政〔2010〕54 号),明确要发挥民办学校在进城务工农民随迁子女接受义务教育中的作用,落实对符合基本办学条件、以接收进城务工农民随迁子女为主的民办学校的扶持政策,明确在接受政府委托、承担义务教育任务的民办学校就读的学生,按照河南省城市同类公办学校学生免杂费标准享受补助。

地方政府通过对以接收进城农民工随迁子女为主的民办学校实施政策支持和资金扶持,使各地区民办学校在开展农民工随迁子女义务教育方面

---

① 苏军:《浦东新区"政府购买"抬高公共教育底座》,新浪网,http://news.sina.com.cn/o/2009-04-20/091215495171s.shtml,2009 年 4 月 20 日。
② 《上海市实施进城务工人员随迁子女义务教育三年行动计划》,《教育部简报》〔2010〕第 180 期,中华人民共和国教育部网站,http://www.moe.gov.cn/jyb_sjzl/s3165/201010/t20101020_109816.html,2010 年 9 月 27 日。

的特殊功能和补充作用得到充分发挥,全方位促进了各地进城农民工随迁子女的义务教育工作,有效保障了进城农民工随迁子女在流入地城市平等享受义务教育的权利。

案例 5-9

2011年4月,南京市人民政府办公厅印发《关于发放幼儿助学券的工作意见(试行)》(宁政办发〔2011〕45号),决定从2011年秋季开学起,对全市符合发放条件的幼儿每人每年发放幼儿助学券2000元,并将持有《学前教育机构登记注册证书》和《民办学校办学许可证》的民办幼儿园纳入具备兑现幼儿助学券资质的范围,同时要求"按照'统筹规划、多元投入、管办分工、购买服务'学前教育发展思路,对社会力量办园,各级政府应给予经费支持"。

南京市政府通过对全市适龄幼儿发放助学券的方式,有效提升了全市学前教育资源合理配置水平和学前教育普及水平,较好地保障了全市适龄幼儿接受学前教育的权利,同时该项公共福利还覆盖了符合相关条件的农民工等外来人员的幼儿学前教育,在全国率先实施了政府资助农民工等外来人员幼儿学前教育的改革并获得了良好效果。特别是南京市通过将符合条件的民办幼儿园纳入具备兑现幼儿助学券资质的范围,促进了南京市民办幼儿园的设施完善、规范运行和良性发展。

案例 5-10

2015年3月,苏州市人民政府办公室印发《关于加快全市民办教育发展意见》(苏府办〔2015〕35号),要求完善政府购买教育服务和奖补机制,明确市和各县级市(区)都应设立民办教育发展专项资金,通过奖励、补助等形式支持民办学校发展;明确对投资兴办的非营利性民办学校,给予学校基本建设费、贷款利息、租金等一定比例的补贴；明确对承担义务教育任务的非营利性民办学校，可按上年度同类公办学校生均公用经费给予一定比例的补助。在苏州市政府的大力推动下，苏州市民办教育强劲发展，截止到 2015 年 1 月，全市各级各类民办学校发展到 294 所，各类民办教育在校生达到 27.66 万人[①]。

苏州市政府通过制定实施各种支持政策推动全市民办教育强劲发展，特别是通过建立和完善政府购买民办教育服务以及健全完善民办教育奖补机制，有效破解了制约和束缚民办教育快速发展的制度障碍和资金瓶颈，进一步激发了社会力量举办各类民办教育的积极性，在全市形成了政府大力支持、社会广泛参与、多元主体办学和监督管理规范化的民办教育发展新格局，整体推进了苏州市各类民办教育特别是民办义务教育的快速、健康发展，为农民工等外来人口随迁子女的入园、就学提供了大量的幼儿园学位和义务教育学位，保障了农民工等外来人口随迁子女接受学前教育和义务教育的权益。

案例 5-11

2015 年 9 月，昆明市盘龙区政府通过购买公费学位，将公办学校无法接纳的学生分配到同片区的民办学校就读，和公办学校学生一样享受"两免"政策，有效破解了外来务工人员随迁子女入学难的问题，此外，盘龙区通过选派公办学校校长或专职督学担任民办学校执行校长、推行公办民办学校结对帮扶、对接收公费学生的民办学校教师进行教材教法培训、对民办学校进行全区名师名课推送活动等举措，对民办学校进行优化教育管理、提高教学质量、加强校园建设等方面的帮扶，不断促进民办学校教育教学质量的提升[②]。

---

① 夏禾：《民办学校为何年增 70 所？》，《苏州日报》2015 年 10 月 9 日。
② 张文凌：《昆明：政府购买民办学校公费学位》，《中国青年报》2015 年 10 月 1 日。

昆明市盘龙区政府在购买民办学校义务教育学位的同时，通过采取结对帮扶、培训教师、质量监测等多种帮扶举措不断改善民办学校的基础设施条件和办学就学环境，努力提升民办学校的办学水平和教育教学质量，促进了全区义务教育民办学校的规范化建设和快速、健康发展，为农民工等外来务工人员随迁子女在民办学校也能接受标准化、高质量的义务教育提供了重要保障。

案例 5-12

2016年6月，东莞市人民政府办公室印发《东莞市政府购买义务教育阶段民办学校学位暂行办法》（东府办〔2016〕54号），明确采取政府购买服务的方式，向符合条件的民办学校购买用于安排符合条件的随迁子女入读的义务教育阶段学位，具体标准是：小学每生每年5000元，初中每生每年6000元。2016年，东莞市政府计划向民办学校购买5600个学位，用于安排符合条件的随迁子女免费入读，其中小学学位3600个，初中学位2000个[①]。

东莞市政府通过制定《东莞市政府购买义务教育阶段民办学校学位暂行办法》，把政府购买义务教育阶段民办学校学位进一步制度化、规范化，推动了东莞市义务教育民办学校办学水平和教育教学质量的提升，提高了全市农民工等外来务工人员随迁子女接受义务教育公共服务的均等化水平，保障了东莞市农民工等外来务工人员随迁子女在流入城市平等享受标准化义务教育的合法权益。

案例 5-13

2017年7月，深圳市教育局、深圳市财政委员会印发《关于印发

[①] 郭文君、张超：《东莞今年拟为随迁子女购买5600个民办学位》，《南方日报》2016年5月27日。

深圳市民办教育发展专项资金管理办法等5个文件的通知》（深教规〔2017〕1号），其中，《深圳市民办教育发展专项资金管理办法》明确深圳市级民办教育发展专项资金扶持对象为本市实施义务教育、普通高中教育的民办学校，其使用范围包括向受政府委托接收符合在本市就读条件义务教育阶段学生的民办学校予以学位补助和资助民办学校提升办学条件等多种项目。此外，《深圳市民办学校义务教育阶段学位补贴办法》进一步明确学位补贴对象为在本市受政府委托的民办学校就读且符合本市义务教育免费就读条件的学生，学位补贴标准为"小学不超过每人每年7000元、初中不超过每人每年9000元"。

深圳市教育局、深圳市财政委员会通过制定《深圳市民办教育发展专项资金管理办法》《深圳市民办学校义务教育阶段学位补贴办法》《深圳市民办中小学教师长期从教津贴实施办法》《深圳市民办教育发展专项资金奖励和资助项目实施细则》和《深圳市幼儿园保教人员长期从教津贴实施办法》等相关扶持政策，对深圳市民办教育发展专项资金、民办学校义务教育阶段学位补贴、民办中小学教师长期从教津贴、民办教育发展专项资金奖励和资助项目和幼儿园保教人员长期从教津贴等专项资金的管理和使用做出了明确具体的规定，使深圳市政府购买民办学校义务教育学位政策体系和政府支持民办教育发展政策体系更加健全完善，政府支持民办教育的具体途径和具体标准更加明晰，加大了政府支持民办教育的投资规模和帮扶力度，提高了各项专项资金的管理水平和使用效益，对推进深圳市民办教育事业实现均衡、规范、优质、健康发展发挥了重要作用。

总体看，我国各级政府开展的为农民工等外来务工人员随迁子女购买民办教育学位的工作取得了较大的成效。通过政府购买义务教育民办学校的学位，有效缓解和初步解决了城市公办学校无力全部接纳农民工等外来务工人员随迁子女就学的压力和困难，构建了政府和社会协同解决农民工等外来务工人员随迁子女接受义务教育的新型体制机制，破解了农民工等流动人口随迁子女就学困难或无学可上的突出问题，维护和保障了农民工等外来务工人员随迁子女在流入地城市平等享受义务教育的合法权益,对促进农民工及其家庭实现城市迁移、城市融入和加快农民工市民化发展进程产生了重要的影响。

第三节 开展农民工子女社会化培育活动

与农民工及其家庭具有的高流动性特征相对应,进城农民工随迁子女的生活和教育也呈现出明显的高流动性与不稳定性。面对相对陌生的城市,来自农村特别是来自边远农村的农民工子女普遍存在着社会化教育明显不足的状况,表现在农民工子女学习成绩和文化程度总体不高、社会交往和适应能力相对不足、视野和思路相对狭窄、社会关系相对匮乏、社会活动参与相对消极等,导致他们缺乏足够的自信和勇气,难以广泛参与和全面融入城市社会关系之中,使他们在义务教育和成长过程中明显缺乏系统化、规范化的社会化培养教育。同样,进城农民工留守子女面对的社会化成长问题更是十分突出,特别是进城农民工长期离家务工导致的家庭不完整状态和留守子女与外出父母沟通交流的具体困难,常常会使农民工留守子女产生亲情缺失、孤独寂寞、心理压力、安全感缺乏和情感慰藉困难等各种各样的社会化问题。因此,重视和解决农民工子女在义务教育和成长过程中出现的各种各样的社会化问题并有效推进农民工子女高质量社会化已经成为各级政府和社会组织的重大责任。政府和社会有必要更多地关注农民工子女社会化成长问题,为他们提供必要的社会环境条件,使他们顺利完成社会化成长过程,更好地适应社会发展的需要[1]。

党和政府为解决农民工子女社会化教育和健康成长问题采取了多种举措,特别是各级政府通过制定多种保障性政策与开展多项社会性活动,积极促进农民工流动子女和留守子女的健康成长与社会融入。2007 年 5 月,

---

[1] 张存贵:《农民工随迁子女社会化成长问题及成因探究》,《吉林工程技术师范学院学报》2014 年第 3 期。

全国妇联等 13 部门联合印发《关于开展"共享蓝天"全国关爱农村留守流动儿童大行动的通知》(妇字〔2007〕20 号),提出"以优化农村留守流动儿童生存发展环境,促进农村留守流动儿童健康成长为目标,以强化政府行为,动员社会支持,提高家长素质为着力点,通过'共享蓝天'支持行动、维权行动、关爱行动、宣传行动四大行动,切实推进农村留守流动儿童问题的有效解决,促进农村留守流动儿童健康成长"。该政策的实施增强了各地各部门关爱农村留守流动儿童的责任感、紧迫感和使命感,在全国范围内构建了多部门协调合作、齐抓共管的关爱农村留守流动儿童的工作体系和联动机制,进一步强化了政府和相关部门以及各类社会组织对农民工子女的关爱意识和关爱行为,推动形成了关心、支持和促进农民工子女健康成长的良好社会氛围,加强了农民工流动子女和农村留守儿童的关爱和服务工作,优化了农民工子女的生存状况和成长环境,有力促进了农民工子女的健康成长和社会融入。为做好农村留守流动儿童的权益保护工作,为他们的健康成长创造良好环境,2007 年 7 月,中共中央组织部、全国妇联等 7 部门联合印发《关于贯彻落实中央指示精神积极开展关爱农村留守流动儿童工作的通知》(妇字〔2007〕34 号),明确要"认真做好农村留守流动儿童的教育管理工作""着力加强农村留守流动儿童的户籍管理与权益保护""积极完善农村留守流动儿童救助保障机制""逐步推进农村留守流动儿童医疗保健服务""不断加大对农村留守流动儿童的关爱支持力度""努力形成推进农村留守流动儿童工作的整体合力"。该政策的实施进一步落实了党组织、政府和相关部门、群团组织在开展关爱农村留守流动儿童工作中的具体职责,构建了农民工子女关爱保护服务网络和长效工作机制,推动了农民工子女关爱工作的有效落实和深入开展,创造了有利于农民工子女健康成长的社会氛围和良好环境,促进了农民工子女各种社会化问题的有效解决,保障了农民工子女的合法权益和全面健康成长。

为建立健全全国农村留守流动儿童关爱服务体系,2011 年 11 月,全国妇联等 4 部门联合印发《关于开展全国农村留守流动儿童关爱服务体系试点工作的通知》（妇字〔2011〕32 号），明确在 2011 年 12 月—2012 年 11 月期间，在全国确定 26 个农村留守流动儿童关爱服务体系试点市、县、区，开展全国农村留守流动儿童关爱服务体系试点工作。该政策明确提出了试点目标任务：（一）农村留守儿童关爱服务体系试点的目标任务：1. 将农村留守儿童关爱服务纳入当地经济社会发展的总体规划，纳入社会管理创新的总体部署，统筹协调，综合施策；2. 建立农村留守儿童关爱服务的领导协调机制，做到有明确的目标要求、有专人负责、有严格的监督考核，将留守儿童关爱服务工作列入当地财政预算或设立专项经费。结合地方实际，建立留守儿童动态监测机制，及时掌握留守儿童状况及需求情况；3. 充分依托现有的公共服务设施，在农村留守儿童集中的学校、村推进建立儿童活动场所、托管机构等关爱服务阵地，有专门工作人员对留守儿童进行关护。建立留守儿童与其他家庭之间的互助机制，初步形成学校、家庭、社区相衔接的关爱服务网络；4. 针对留守儿童面临的突出问题，组织开展可持续的关爱服务活动，建立一支由专职工作人员、专业人员和志愿者相结合的关爱服务队伍；5. 针对困境留守儿童面临的实际困难，开展切实有效的救助帮扶。对有不良行为、辍学闲散在家的留守儿童，有专门的组织和人员进行教育管护；6. 加强对留守儿童家长及委托监护人的家庭教育指导服务，通过建立健全家长学校等家庭教育指导服务机构，采取切实措施，引导、支持外出务工的家长和监护人承担好教养子女的责任和义务，提升科学教养的能力和水平。（二）流动儿童关爱服务体系试点的目标任务：1. 将流动儿童关爱服务纳入当地经济社会发展的总体规划，纳入社会管理创新的总体部署，统筹协调，综合施策，努力为流动儿童融入城市、健康成长创造良好的社会环境；2. 建立流动儿童关爱服务的领导协调机制，做到有目标任务、有专人负责、有监督考核。将流动儿童关爱服务列入地方财政预算或设立专项经费，保障关爱服务工作持续有效开展；3. 围绕户籍制度改革、平等接受义务教育、医疗卫生保健、社会保障等重点内容，结合当地实际，制定出台相关政策措施，有效解决农民工随迁子女入学、入园、托管问题，满足基本公共卫生服务需求；4. 创新流动人口服务管理模式，完善以社区为依托，面向流动人口家庭的管理和服务网络，初步建立流动儿童动态监测系统；5. 加强对农民工及其子女的人文关怀，采取措施鼓励企业建立已婚农民工探亲休假制度，满足农民工在家庭团聚、教养子女方面的需要；6. 将家庭教育纳入对农民工的相关培训中，引导农民工增强教养子女的责任意识，提升教养水平。该政策的实施加强了试点地区农村留守流动儿童关爱保护、救助帮扶、权益维护等制度建设，推进了农村留守流动儿童关护网络、服务体系与监测机制的形成和服务管理专业化、社会化、规范化建设，为全国提供了可学习、可借鉴、可推广的成功经验和完善高效的服务管理新机制、新模式，促进了全国农村留守流动儿童的权益保障、全面发展和健康成长。

2011—2012 年全国农村留守流动儿童关爱服务体系试点工作评估报告显示，试点工作开展以来，26 个试点地区党委政府出台了有关惠及留守流动儿童的政策文件 119 个，为优化留守流动儿童成长提供了有力的政策保障，试点地区还努力构筑教育管护网络、基层帮护网络、社会帮扶网络、安全保护网络，共新建关爱服务阵地 7000 多个，初步建立了学校、家庭、社区相互衔接的关爱服务网络，其中建在学校和乡镇、村的分别有 3000 多个，建在社区的有近 800 个，通过开展主题鲜明、富有实效的关爱活动，努力使留守流动儿童学有所教、困有所帮、生活有助、安全有保，使 100 多万农村留守流动儿童直接受益①。

为促进农村留守儿童健康成长，2016 年 2 月，国务院印发《关于加强农村留守儿童关爱保护工作的意见》（国发〔2016〕13 号），要求通过采取"强化家庭监护主体责任"、"落实县、乡镇人民政府和村（居）民委员会职责"、"加大教育部门和学校关爱保护力度"、"发挥群团组织关爱服务优势"、"推动社会力量积极参与"等措施构建完善的农村留守儿童关爱服务体系。该政策明确要求"加快孵化培育社会工作专业服务机构、公益

---

① 李菲：《农村留守流动儿童关爱服务体系试点工作成效显著》，中央政府门户网站，http://www.gov.cn/jrzg/2013-05/30/content_2415032.htm，2013 年 5 月 30 日。

慈善类社会组织、志愿服务组织,民政等部门要通过政府购买服务等方式支持其深入城乡社区、学校和家庭,开展农村留守儿童监护指导、心理疏导、行为矫治、社会融入和家庭关系调适等专业服务"。该政策的实施全面加强了各级政府、村(居)委会、学校、群团组织和社会组织等方面对农村留守儿童的关爱保护工作,进一步健全、完善了农村留守儿童的关爱服务体系和农村留守儿童的救助保护机制,为农村留守儿童的健康成长和全面发展创造了良好的社会氛围和社会环境,有效保障了农村留守儿童的安全健康、接受教育、社会融入、全面发展等合法权益。为贯彻落实国务院文件精神,2016 年 11 月,民政部等 8 部门联合印发《关于在全国开展农村留守儿童"合力监护、相伴成长"关爱保护专项行动的通知》(民发〔2016〕198 号),要求"通过开展专项行动,力争到 2017 年底将所有农村留守儿童纳入有效监护范围,杜绝农村留守儿童无人监护现象,有效遏制监护人侵害农村留守儿童权益行为,切实兜住农村留守儿童人身安全底线",强调落实家庭监护责任、落实强制报告责任、落实临时监护责任、落实控辍保学责任、落实户口登记责任、依法打击遗弃行为,要求各地将农村留守儿童关爱保护工作纳入政府购买服务指导性目录,充分发挥社会工作服务机构和社会组织的作用,营造家庭、学校、政府和社会齐抓共管的关爱保护氛围。农村留守儿童"合力监护、相伴成长"关爱保护专项行动的开展进一步落实和强化了家庭、政府、学校、村(居)委会和社会组织等各方面在农村留守儿童关爱保护工作中的具体责任,构筑了政府和社会全面参与、齐抓共管的联动工作机制和关爱保护氛围,有效解决了农村留守儿童出现的失学辍学、无人监护等各种突出问题,为农村留守儿童的健康成长和全面发展提供了良好环境和重要保障。

为推动青年志愿者在农村留守儿童关爱保护中发挥更大的作用,2017 年 7 月,共青团中央、中央文明办、教育部、民政部联合印发《关于实施 2017 年"七彩假期"青年志愿者关爱农村留守儿童志愿服务项目的通知》,要求各级团组织、文明办、教育部门、民政部门要动员引导团员青年以志愿服务的方式,在暑假期间主要针对 12 个省份的 902 万农村留守儿童和部分城市流动儿童，围绕学业辅导、亲情陪伴、感受城市、自护教育、爱心捐赠等服务内容，通过"假期集中服务、专业队伍支持、用好活动阵地、就近就便结对、支持示范项目"等举措深化实施"七彩假期"志愿服务项目，切实为农村留守儿童提供帮助和服务，该政策明确要求"支持团组织加强社会关爱服务体系，推荐一批优秀的关爱农村留守儿童志愿服务项目纳入各级政府购买服务范畴"[①]。通过连续实施"七彩假期"青年志愿者关爱农村留守儿童志愿服务项目，在全国打造了一支具有责任意识、奉献精神和较强服务能力、较高服务水平的青年志愿者队伍，他们根据广大农村留守儿童的实际需求提供了学业辅导、假期陪护、心理疏导等多项有针对性的关爱帮助和精准服务，在全社会营造了关心、关爱、保护、帮助和服务农村留守儿童的良好氛围，促进了广大农村留守儿童的社会化教育和健康成长。

为加强农村留守儿童和困境儿童关爱服务体系建设，2019年4月，民政部等10部门联合印发《关于进一步健全农村留守儿童和困境儿童关爱服务体系的意见》（民发〔2019〕34号），明确鼓励和引导社会力量广泛参与农村留守儿童和困境儿童关爱服务体系建设，要求"各地民政部门及未成年人救助保护机构要通过政府委托、项目合作、重点推介、孵化扶持等多种方式，积极培育儿童服务类的社会工作服务机构、公益慈善组织和志愿服务组织。要支持相关社会组织加强专业化、精细化、精准化服务能力建设，提高关爱保护服务水平，为开展农村留守儿童、困境儿童等工作提供支持和服务"，要求"各地要将农村留守儿童关爱保护服务和困境儿童保障纳入政府购买服务指导性目录，并结合实际需要做好资金保障，重点购买走访核查、热线运行、监护评估、精准帮扶、政策宣传、业务培训、家庭探访督导检查等关爱服务"。要加大政府购买心理服务类社会组织力度，有针对性地为精神关怀缺失、遭受家庭创伤等儿童提供人际调

---

① 李立红：《四部门部署青年志愿者关爱留守儿童"七彩假期"项目》，《中国青年报》2017年7月18日。

适、精神慰藉、心理疏导等专业性关爱服务,促进身心健康。引导承接购买服务的社会组织优先聘请村(居)儿童主任协助开展上述工作,并适当帮助解决交通、通讯等必要费用开支。全国青年志愿服务入库优秀项目可优先纳入政府购买服务有关工作支持范围"。该政策的实施进一步加大了政府购买农村留守儿童关爱保护服务和困境儿童保障服务的力度,加强了农村留守儿童关爱保护和困境儿童保障服务工作队伍建设,提升了农村留守儿童和困境儿童救助保护机构和儿童福利机构的服务功能与服务能力,在全国构建了较为完善的农村留守儿童和困境儿童关爱保护服务体系,提升了为农村留守儿童和困境儿童提供心理疏导、精神关怀、权益维护等关爱保护服务的质量和水平。

在上述政策指导下,各地政府和相关组织通过制定多种保障性政策与开展多项社会性活动,积极促进农民工子女的健康成长与社会融入。

===== 案例 5-14 =====

2010年"五四"青年节期间,共青团中央在全国启动实施了新的青年志愿者重大项目——"共青团关爱农民工子女志愿服务行动",组织广大青年志愿者在全国城乡广泛开展学业辅导、亲情陪伴、感受城市、自护教育、爱心捐助等内容的志愿服务;截至2012年1月,关爱行动已经在全国2786个县市区旗实施,已结对农民工子女较集中学校3.2万所,结对农民工子女730万人,全国参与结对的基层团组织或志愿者组织共5.4万个,参与这项工作的志愿者436万人,组建了首批约1万人的项目专员队伍,建设各类活动阵地1.7万个,团中央率先支持建设了226个"七彩小屋",92个"集善之家",支持基层项目资金1200万元[1]。

---

[1] 何欣(编辑):《共青团关爱农民工子女志愿服务行动》,中国青年志愿者网,http://www.zgzyz.org.cn/content/2012-01/12/content_5528790.htm,2012年1月12日。

在团中央的统一部署和有力指导下，各地共青团组织把推进农民工子女教育和发展问题纳入共青团工作的重要内容，通过实施"共青团关爱农民工子女志愿服务行动"，健全和完善了关爱农民工子女志愿者的服务机制，扩大和充实了关爱农民工子女的志愿者队伍，加强和夯实了农民工子女活动阵地的规范化建设，拓宽和深化了保障农民工子女健康成长的服务内容，使"共青团关爱农民工子女志愿服务行动"成为共青团组织推进农民工子女社会化成长和提升农民子女教育发展水平的重要工作品牌，促进了农民工子女的全面发展和健康成长。

案例 5-15

2013年6月，河北省秦皇岛市妇女儿童活动中心联合秦皇岛市妇幼保健医院、秦皇岛市心理咨询协会为该市农民工子弟小学410多名孩子们提供免费体检，涉及口腔、眼睛以及心、肺功能等多项体检项目，为农民工子女健康成长提供医疗预防保障[①]。

政府和相关部门联合社会医疗健康服务机构开展经常性的农民工随迁子女和农村留守儿童免费体检活动，为农民工随迁子女和农村留守儿童的身心健康提供充足的医疗预防保障，既是党和政府关心、关爱农民工随迁子女和留守儿童的重要举措，更是促进农民工随迁子女和留守儿童健康成长和逐步社会化的重要手段，是一项会对农民工随迁子女和农村留守儿童产生深远影响的具有特殊意义的社会化实践教育活动。

案例 5-16

2014年5月，由中央财政支持的南充市"关爱贫困农民工子女社会服务试点"项目正式启动，该项目通过向农民工子女征集活动心愿

---

① 赵聪聪、周羽：《秦皇岛市农民工子女免费体检活动正式启动》，河北新闻网，http://hebei.hebnews.cn/2013-06/08/content_3293692.htm，2013年6月8日。

确定具体活动内容，主要包括为 5000 名农民工子女开展"爱心书包文具赠送"活动，分别为阆中、仪陇、西充等地的 200 名农民工子女开展"心理疏导与矫正"服务，组织 100 名左右在校就读的优秀农民工子女代表开展"爱国教育和文化交流"活动，暑假分批组织 100 至 200 名农民工子女"与异地父（母）团聚"等活动[①]。

南充市相关部门为提升中央财政支持的"关爱贫困农民工子女社会服务试点"项目的成效，专题开展了向参与项目的农民工子女征集心愿活动，根据农民工子女的心愿来确定具体活动项目并开展相关社会服务活动，提高了农民工子女参加社会化教育的积极性，使南充市"关爱贫困农民工子女社会服务试点"项目更有针对性、更具服务性，极大地提升了南充市农民工子女社会化教育服务的工作水平和服务效果。

案例 5-17

2016 年 7 月，江西省人民政府印发《关于加强农村留守儿童关爱保护工作的实施意见》（赣府发〔2016〕31 号），明确要通过政府购买服务等方式支持社会工作专业服务机构、公益慈善类社会组织、志愿服务组织等社会力量深入城乡社区、学校和家庭，开展农村留守儿童监护指导、心理疏导、行为矫治、社会融入和家庭关系调适等专业服务。

江西省把农村留守儿童关爱保护工作纳入到各级政府重要民生工程和重要议事日程，通过政府购买服务等方式全面构建了"社会广泛参与"的农村留守儿童关爱保护体系和农村留守儿童关爱保护机制，为加强和完善全省农村留守儿童关爱保护工作、促进农村留守儿童全面发展和健康成长创造了良好环境和坚实保障。

---

① 彭欢：《南充启动关爱农民工子女活动》，《华西都市报》2014 年 5 月 29 日。

案例 5-18

2017年8月,宁波市关爱困境儿童、留守儿童公益联盟的"甬润童心"项目正式启动,该项目通过政府购买服务的方式,充分发挥老干部、老战士、老专家、老教师、老模范等"五老"人员的优势,打造关爱困境儿童、留守儿童公益联盟"甬润童心"项目服务品牌,以更贴近群众的队伍和更有效的手段,完善全市儿童福利保障体系,壮大服务队伍,通畅信息系统,保障儿童权利[①]。

宁波市通过政府购买服务的方式实施关爱困境儿童、留守儿童的"甬润童心"项目,把老干部、老战士、老专家、老教师、老模范等"五老"人员纳入到关爱困境儿童、留守儿童的服务队伍,通过充分发挥"五老"人员的特殊优势,进一步充实完善了宁波市困境儿童、留守儿童关爱服务保障体系,全面加强了宁波市困境儿童、留守儿童关爱保护工作,为困境儿童、留守儿童的健康成长和全面发展提供了坚实的服务机制保障和服务队伍保障。

案例 5-19

2017年8月,郑州市经开区文化艺术中心组织开展的暑期农民工子女免费培训活动圆满结束,此次培训为期两个月,共有合唱、舞蹈、美术、书法、剪纸、小主持人和戏曲等7个培训班,到2007年8月,经开区文化艺术中心已连续6年利用暑期集中开展针对农民工子女的免费培训,共计开展了23个培训班次,受惠人数达2000余人,已成为经开区文化艺术中心广受欢迎的品牌培训,受到了培训学生和

---

① 房伟、邵馨尔:《政府购买服务 关爱留守儿童 "甬润童心"项目昨正式启动》,《宁波晚报》2017年8月10日。

农民工家长的一致好评①。

河南省郑州市经开区文化艺术中心充分利用暑期时间，根据农民工子女文化艺术基础相对薄弱以及缺乏文化、艺术特长等实际情况，有针对性地开展合唱、舞蹈、美术、书法、剪纸、小主持人、戏曲等多种类的农民工子女免费培训活动，提高了农民工子女的文化底蕴和文艺水平，提升了农民工子女的审美能力和社会活动能力，促进了农民工子女的全面发展和健康成长。

案例 5-20

2017年，江苏省财政部门投入1500万元向47家社会组织购买服务，在一年内，由这些社会组织为徐州、南通、连云港、淮安、盐城、扬州、泰州、宿迁等8个设区市的农村留守儿童提供服务，服务内容主要包括5个方面：负责开展落实家庭监护主体责任，开展生活照料、学习教育帮扶，开展加强心理关爱服务，开展安全、法治教育服务，加强对"女童保护"的教育宣传②。

江苏省政府财政部门通过向社会组织购买农民工子女关心保护服务，引入专业化的社会组织充实和加强农村留守儿童的关心保护工作，根据农村留守儿童的服务需求和实际状况，有针对性地为农村留守儿童提供"家庭监护、生活照料、学习教育、心理关爱、安全与法治教育、女童保护"等重点内容的关爱保护服务，不仅充分体现了党和政府对农村留守儿童的关心和爱护，也使江苏省政府购买农村留守儿童关心保护服务取得了明显成效，有力保障了江苏省农村留守儿童在安全、健康、教育、成长等方面

---

① 李无双、宋佳佳：《暑期农民工子女免费培训圆满结束》，《郑州晚报》2017年8月18日。

② 项凤华：《省财政安排专项资金呵护留守儿童》，《现代快报》2017年11月11日。

的基本权益。

案例 5-21

2019年7月17日，由全总农民工工作领导小组办公室主办、中国职工国际旅行社总社承办的"感恩祖国·拥抱北京"——2019关爱农民工子女阳光少年成长营在京开营，来自全国12个省（区、市）的1000多名农民工子女将通过参观天安门广场、人民大会堂、长城、故宫、军事博物馆，并前往清华大学、北京科学中心、太平洋海底世界等学习体验，接受爱国主义、励志向上教育，感受祖国的强大和科技的飞速发展，其间还将为农民工子女提供人文关怀、思想引导和心理疏导；自2016年起，全总已连续4年举办关爱农民工子女阳光少年成长营活动，组织农民工子女4000余人参加，为留守在家的孩子和在外务工的农民工搭建了一条亲情长廊，感受到党和政府的温暖、工会组织和社会各界的关爱，使这项活动成为工会关爱农民工及其子女健康成长的一项品牌性活动[1]。

自2016年起，全国总工会已连续多次开展"感恩祖国·拥抱北京"关爱农民工子女阳光少年成长营活动，这项活动不仅为农民工子女提供了形式多样、丰富多彩的活动内容，还为各级工会和相关社会组织、企业单位以及农民工子女就读学校搭建了关心、关爱、帮助农民工子女健康成长的互动平台，对农民工子女形成正确、健康的人生观、世界观、价值观具有重要推动作用，是党和政府、工会组织及社会各界关心、关爱、保护、帮助农民工子女鲜明立场的生动表现。

---

[1] 郑莉：《2019关爱农民工子女阳光少年成长营开营》，《工人日报》2019年7月18日。

案例 5-22

2019年9月,河北省农民工工作领导小组印发《关于进一步优化服务促进农民工市民化的实施意见》(冀农工发〔2019〕4号),明确健全关心留守人员机制,将农村留守儿童关爱保护纳入政府购买服务指导性目录,全面建立家庭、政府、学校尽职尽责,社会力量积极参与的农村留守儿童关爱保护工作体系。

河北省通过大力开展政府购买农村留守儿童关爱保护服务,进一步提升了社会力量参与农村留守儿童关爱保护的积极性和主动性,使社会力量关爱、保护农村留守儿童的职能作用得到充分发挥,对健全完善全省农村留守儿童关爱保护体系和运行机制、全面提升河北省农村留守儿童关爱保护的服务能力和服务水平以及促进全省农村留守儿童的社会化教育和健康成长发挥了重要作用。

总体来看,各地政府和有关部门通过实施政府购买农民工子女关爱保护服务等举措,积极动员各类社会力量广泛参与和大力开展农民工流动子女和农民工留守子女关爱保护、社会化培育和促进健康成长等活动,较好地保障了农民工子女的健康、安全以及接受社会化教育等基本权益,对促进广大农民工子女全面发展和健康成长具有重要意义。

第六章 农民工医疗与健康服务

通过购买医疗与健康服务保障农民工的健康权是政府购买农民工公共服务的重要内容。健康权是由公民身体完整和机能健全为内容而构成的不受侵犯的个人权利，还包括获得医疗卫生服务的权利以及政府机构和社会组织提供服务的职责和义务①。健康权具有民事权利、社会权利和政治权利三重品质，是公民为实现最高可达到的健康水准而享有各种必要的设施、商品、服务和条件的权利②。我国法律很早就对保障公民的健康权做出了明确具体的规定，如，1987年1月1日起施行的《民法通则》第九十八条规定："公民享有生命健康权"；2010年7月1日起施行的《侵权责任法》第二十二条规定："侵害他人人身权益，造成他人严重精神损害的，被侵权人可以请求精神损害赔偿"；2020年6月1日起施行的《中华人民共和国基本医疗卫生与健康促进法》第四条更加明确"国家和社会尊重、保护公民的健康权"；2021年1月1日起施行的《中华人民共和国民法典》第一千零四条规定："自然人享有健康权。自然人的身心健康受法律保护。任何组织或者个人不得侵害他人的健康权"。上述法律体系进一步明确了公民普遍享有受到法律保护的健康权，表明了维护和保障公民的健康权是各级政府、各类社会组织和全体公民必须履行的重大责任和必须承担的基

---

① 王晨光：《什么是公民健康权》，《健康报》2020年1月2日。
② 黄清华：《健康权 健康中国的法治理论》，《中国卫生》2016年第10期。

本义务。

在维护公民健康权的各种服务中，基本医疗服务和身心健康服务的作用越来越突出，已经成为公民在工作和生活中迫切需要且必须享受的基本公共服务。由于农民工在城市中通常从事着风险高、强度大、周期长、环境差的工作，很容易导致他们在务工历程中形成群体性的特殊疾病，如尘肺病、放射性疾病、有害物质中毒、心理问题等多种影响生理和心理健康的疾病，加之受医疗保险制度、务工收入水平、流入地医疗条件和就医费用压力等客观因素的限制，他们的健康风险隐患较其他劳动群体表现得更为突出，因此，进城农民工的医疗与健康服务便成为各级政府与社会组织重点关注的重要服务内容。

第一节　农民工生理健康和医疗卫生服务

健康权是公民的一项基本权利，保障公民的健康权，是国家的责任和义务[①]。因此，为农民工群体提供高质量的生理健康服务和医疗卫生服务，以切实保障农民工群体的健康权，就成为党和政府极其重要的工作内容和服务项目。在国家和社会的共同努力下，农民工生理健康和医疗服务的内容不断扩充且覆盖率逐步提升，集中体现在为农民工开展医疗健康体检、重点职业病监测、免费接种多种疫苗、改革医疗服务管理制度等方面。特别是党和政府十分重视农民工生理健康和医疗服务问题，相继制定了许多改善农民工生理健康和医疗服务的政策制度。2010 年 8 月，卫生部办公厅印发《关于开展农民工健康关爱工程项目试点工作的通知》（卫办疾控发〔2010〕143 号），决定从 2010 年起在除海南省和西藏自治区外的其他 29 个省（区、市）选择 65 个县（市、区）开展农民工健康关爱工程项目试点工作，项目内容和项目目标主要包括"开展农民工健康教育"、"建立农民工健康档案"、"开展农民工结核病防治及其子女免疫规划工作"、"开展

---

① 黄秋斌、鞠成伟：《健康权的法律保护》，《光明日报》2013 年 4 月 20 日。

农民工艾滋病、梅毒、乙肝母婴阻断项目"、"开展农民工职业病防治关爱工程"。该政策明确要"实施中央补助地方公共卫生专项资金职业病防治项目,开展农民工重点职业病监测工作,加强职业病信息报告管理",要求"将试点地区农民工结核病防治及其子女免疫规划工作和农民工艾滋病、梅毒、乙肝母婴阻断项目纳入中央补助地方公共卫生项目,制订切实可行的工作方案,进一步扩点增面,推动项目深入全面开展"。农民工健康关爱工程项目试点工作的开展为进一步做好农民工身心健康保障服务提供了有益的探索,在服务农民工健康的保障途径和服务模式上取得了重大进展并获取了可推广的成功经验,使农民工健康保障的服务质量和服务水平得到较大提升。

为更好地满足公民对于健康服务的多样化需求,2013年9月,国务院印发《关于促进健康服务业发展的若干意见》(国发〔2013〕40号),要求"广泛动员社会力量,多措并举发展健康服务业","在切实保障人民群众基本医疗卫生服务需求的基础上,转变政府职能,加强政策引导,充分调动社会力量的积极性和创造性,大力引入社会资本,着力扩大供给、创新服务模式、提高消费能力,不断满足人民群众多层次、多样化的健康服务需求,为经济社会转型发展注入新的动力,为促进人的全面发展创造必要条件",明确提出"坚持政府引导、市场驱动。强化政府在制度建设、规划和政策制定及监管等方面的职责。发挥市场在资源配置中的基础性作用,激发社会活力,不断增加健康服务供给,提高服务质量和效率",要求"建立健全政府购买社会服务机制,由政府负责保障的健康服务类公共产品可通过购买服务的方式提供,逐步增加政府采购的类别和数量"。该政策的实施推进了城乡基本公共卫生服务均等化改革进程,加强了政府购买公民健康服务的体制机制建设和服务模式创新,促进了社会力量广泛参与并积极推动健康服务业的改革发展,提升了全国健康服务业的供给能力、服务水平和全民健康素质,有力地维护和保障了人民群众的健康权益。

为优化配置医疗卫生资源,2015年3月,国务院办公厅印发《全国医疗卫生服务体系规划纲要（2015—2020年）》（国办发〔2015〕14号），提出"优化医疗卫生资源配置，构建与国民经济和社会发展水平相适应、与居民健康需求相匹配、体系完整、分工明确、功能互补、密切协作的整合型医疗卫生服务体系，为实现2020年基本建立覆盖城乡居民的基本医疗卫生制度和人民健康水平持续提升奠定坚实的医疗卫生资源基础"的发展目标，要求"坚持政府主导与市场机制相结合"，"切实落实政府在制度、规划、筹资、服务、监管等方面的责任，维护公共医疗卫生的公益性。大力发挥市场机制在配置资源方面的作用，充分调动社会力量的积极性和创造性，满足人民群众多层次、多元化医疗卫生服务需求"，明确"鼓励政府购买社会办医院提供的服务"，要求"政府通过购买服务等方式，鼓励和支持社会力量参与公共卫生工作，并加强技术指导和监督管理。社会力量要加强自身管理，不断强化自身能力，与专业公共卫生机构密切合作，确保公共卫生工作顺利开展"。该规划的实施进一步深化了我国医药卫生体制机制的改革，整合和完善了我国城乡医疗卫生制度体系和服务体系，促进了全国医疗卫生资源的合理布局、优化配置和效率提升，提高了各地医疗卫生机构的服务能力和服务质量，全面推进了健康中国的发展进程。

在上述政策的指导下，很多地区通过给予补贴或购买服务的方式开展了农民工健康和医疗服务，本研究将其概括为五个方面内容：

一 为农民工提供综合性医疗卫生服务

广东、四川等地方政府通过为农民工健康提供综合性医疗服务来保障和提高农民工的健康水平。

案例6-1

2009年2月，广东省卫生厅办公室印发《"南粤春暖行动"为农民工进行医疗卫生服务的工作方案》（粤卫办〔2009〕18号），要求运用全省卫生资源为农民工及其子女提供医疗卫生服务，以提高农民工的健康水平。该方案确定了6个方面的工作任务：①为农民工提供系列医疗卫生服务；②开展农民工职业健康状况监测；③做好农民工子女免疫接种服务工作；④开展关爱"女农民工行动"，进行孕产期保健和常见妇科病普查；⑤有条件的地方和企业要定期组织农民工进行免费体检；⑥积极引导农民工自愿参加原籍的新型农村合作医疗，完善参合农民工在异地就医后的合作医疗结算办法。

广东省卫生系统认真贯彻"以人为本"和"以人民为中心"的发展理念，通过制定实施《"南粤春暖行动"为农民工进行医疗卫生服务的工作方案》，为农民工及其家庭提供了全面、优质、高效的医疗卫生服务保障，极大地提高了农民工群体的医疗卫生服务水平和农民工及其子女的健康水平，为促进全省经济又好又快发展和维护社会和谐稳定以及推进农民工及其家庭的城市融入做出了突出的贡献。

案例 6-2

2018年11月，中共四川省委办公厅、四川省人民政府办公厅印发《加强农民工服务保障十六条措施》（川委办〔2018〕48号），明确要做好农民工健康服务工作，加强农民工健康宣传教育，开展重大疾病防治工作，为农民工免费提供婚前、孕前检查，免费提供艾滋病、包虫病等重大传染病防治检查和治疗，免费为符合条件的女性农民工提供宫颈癌、乳腺癌检查，督促用工企业对从事接触职业病危害作业的农民工开展职业健康检查，确保不发生重大职业健康事件。

做好农民工医疗卫生和健康服务工作是地方党委和政府的重要责任。四川省通过对农民工群体开展健康宣传教育、开展疾病防治工作、开展重大传染病防治检查和治疗、开展职业健康检查等具体健康服务，全面加强了农民工医疗卫生与健康服务的各项工作，提高了农民工健康维护质量和医疗卫生服务水平，有效地保障了农民工疾病防治和身心健康等基本权益。

二 为农民工提供免费接种疫苗与体检服务

为保障农民工的身心健康,很多地方政府普遍开展了农民工免费接种疫苗与体检服务,并为农民工群体普及公共卫生与医疗健康知识。

=== 案例 6-3 ===

2007年3月,武汉市正式启动为农民工提供免费公共卫生服务的"百千万工程",具体内容是:为500名采石作业农民工进行免费职业病体检,为1000名农民工进行免费肺结核病筛查,为1万名农民工免费注射乙肝疫苗;同时,武汉市通过有针对性地开展重点人群健康教育,普及基本卫生知识,提高农民工自我保健意识和能力,并为农民工提供疾病预防、医疗保障、职业安全等卫生服务[①]。

根据农民工就业实际情况采取有针对性的疾病预防措施和医疗卫生服务,是各级卫生健康机构的重大职责和应尽义务。武汉市通过开展农民工公共卫生服务"百千万工程"活动,为广大农民工送去医疗服务、送去卫生知识、送去身心健康,极大地增强了农民工的健康意识和自我保护能力,提升了农民工健康维护和医疗预治等服务的质量和水平,对促进农民工健康就业和健康生活发挥了重要作用。

=== 案例 6-4 ===

近年来,四川省自贡市卫生健康委员会坚持为农民工提供免费公卫服务、免费健康体检、免费两癌筛查、免费优生指导,全力当好农民工健康守门人,为农民工健康保驾护航,截至2019年8月共为农民

[①] 胡蔓、刘蕾、项征国:《武汉:免费为农民工提供公共卫生服务》,中央政府门户网站,http://www.gov.cn/govweb/fwxx/jk/2007-03/26/content_560965.htm,2007年3月26日。

工建立电子健康档案 54.58 万份，为 3.08 万名农民工开展健康体检，完成"两癌"筛查 4.68 万人①。

四川省自贡市卫生健康委员会把为农民工提供健康保障服务作为卫生健康工作的重大任务和重要内容，通过为农民工免费提供公共卫生服务、免费开展健康体检以及为农民工建立电子健康档案等多项服务，帮助农民工树立新型健康理念和自我保护意识，全力为农民工健康就业和健康生活保驾护航，解除了农民工稳定就业和健康生活的潜在风险和后顾之忧，促进了农民工群体均等享受城市公共卫生服务保障机制的建设，有效提升了农民工的获得感、融入感和幸福感。

案例 6-5

2019 年 1 月 21 日至 2 月 20 日，四川省遂宁市卫生计生系统在全市范围内开展了服务返乡农民工健康的"十百千万"活动，在市县（区）城区火车站、汽车客运站设置 10 个返乡农民工医疗健康服务站，开展健康教育、健康咨询、健康检测活动；组织医疗机构开展百场义诊活动，免费为农民工提供健康宣传和现场义诊活动；选派 1000 余名医务人员到返乡农民工家中开展上门巡诊；组织家庭医生签约服务团队为 1 万名以上返乡农民工提供免费签约服务，让农民工拥有自己的"家庭医生"②。

四川省遂宁市在全市卫生计生系统开展的"暖冬行动、健康为民，服务返乡农民工健康十百千万活动"，不但为广大返乡农民工提供了方便、

---

① 自贡市卫生健康委员会：《"四免政策"为农民工健康保驾护航》，自贡市卫生健康委员会网站，http://www.zg.gov.cn/web/swsjsw/dep_gzdt/-/articles/10718251.shtml，2019 年 8 月 27 日。

② 王军：《遂宁市：全面开展服务返乡农民工健康十百千万活动》，人民网—四川频道，http://sc.people.com.cn/n2/2019/0125/c345167-32576387.html，2019 年 1 月 25 日。

第六章　农民工医疗与健康服务

快捷、高效的健康科普知识宣讲服务和现场义诊服务，还通过组织医务人员登门巡诊和签约"家庭医生"的方式，为广大返乡农民工提供了基础性、个性化、多方式、高质量的签约服务，极大地增强了返乡农民工的健康防护意识和疾病防治能力，使广大返乡农民工的身心健康和医疗需求得到最优化保障。

案例 6-6

2020年初以来，为做好新冠肺炎疫情防控和农民工返岗复产工作，四川省绵阳市各社区卫生服务中心、乡镇卫生院以及医护人员在做好新冠肺炎疫情防控的同时，免费为全市出省务工和返岗农民工测量体温、血压、心率，并开展呼吸道症状筛查等健康服务，让农民工安心返岗，截至2020年2月17日，全市累计为外出务工和返乡农民工提供免费健康服务62000余人次[①]。

四川省绵阳市充分发挥社区卫生服务中心、乡镇卫生院数量多、分布广、服务方便快捷的优势，在做好相关单位新冠肺炎疫情防控工作的同时，积极主动为出省务工农民工和返岗农民工提供体温测量、呼吸道症状筛查等多项健康检查服务，为身体健康的农民工提供健康证明，推动农民工安心、顺利返岗就业和外出务工，有力地促进了全市农民工返岗复产和农村人口的转移就业。

此外，各地工会组织也普遍开展了农民工免费体检活动，为农民工身心健康提供预防保障。

案例 6-7

2016年6月，西安市总工会开展了"工会组织真情关爱，万名农

---

① 彭雪：《绵阳为6万农民工提供免费健康服务》，中共绵阳市委 绵阳市政府网站，http://www.my.gov.cn/ywdt/snyw/24156041.html，2020年2月17日。

民工免费体检"活动,为全市重点工程项目、建筑施工、加工制造、商贸服务、交通运输、环卫保洁等企业的一线农民工进行体检;其中,由市总工会出资50万元,体检5000名农民工;由各区县、产业、开发区工会通过动员社会爱心企业出资、爱心医院免费或优惠等自筹出资方式,再为5000名农民工免费体检[1]。2017年,青海省西宁市城北区总工会以发放体检卡的形式,在青海省康复医院为辖区内485名农民工、劳务派遣工开展了包括肝功六项、肾功四项、尿常规、腹部彩超、血脂七项、心功六项、胸片等十几个检查项目的免费体检活动,受到农民工的一致好评与感谢[2]。

工会组织直接出资或通过工会组织动员相关社会组织、市场主体为农民工开展免费体检活动,是工会组织关心、爱护、帮助和服务农民工的重要举措,是对农民工城市建设和城市发展"生力军"作用的充分肯定,是农民工"主人翁"地位的生动体现,对保障农民工的身心健康和提升农民工的自豪感、获得感具有重要的促进作用。

三 设立农民工定点医院或定点诊治机构

一些省市政府通过在农民工集中务工地设立或确定农民工定点医院、定点诊治机构的方式,为农民工就医提供方便、快捷、实惠的医疗卫生服务。

=== 案例6-8 ===

河南省信阳市努力解决外出农民工的就医难题,2006年初,固始、新县开始了外设农民工定点医院的探索,相继在农民工相对集中

---

[1] 钟洁:《"工会真是我们的娘家人"——西安市总工会为职工办实事、办好事、解难事侧记》,《陕西工人报》2016年7月12日。
[2] 范生栋:《城北区为485名农民工免费体检》,《西宁晚报》2017年8月3日。

的北京、武汉、江苏吴江、郑州等地建立了7家新农合农民工定点医院，使外出农民工就地就医、就地报销、就地减免；2007年初，河南省要求全省各地认真学习借鉴信阳市外设农民工定点医院的具体做法，截至2007年6月底，信阳、安阳、驻马店、永城等市已在本市农民工务工相对集中的北京、广州、江苏、郑州等地设立了19家定点医疗机构，并已全部启动运行，开封、许昌、商丘、邓州等市已完成对农民工分布状况的调查，计划在深圳、陕西、山东、福建等地设立35家新农合定点医疗机构①。

河南省信阳市通过在农民工相对集中的北京、武汉、江苏、郑州等地建立农民工定点医院，对参加新农合的外出农民工实行"就地就医、就地报销、就地减免"政策，为外出务工农民工提供了方便、快捷、优质、规范的医疗保障服务，免除了外出农民工的就医障碍和就医负担，为农民工的身心健康和职业安全提供了重要保障。在总结借鉴河南省信阳市等地建立外出务工农民工定点医院成功经验的基础上，2009年7月，卫生部、民政部、财政部、农业部、中医药局印发《关于巩固和发展新型农村合作医疗制度的意见》（卫农卫发〔2009〕68号），明确"要做好外出务工参合农民的就医补偿工作，探索方便外出务工农民就医，简化审核报销程序的有效方式，探索在农民工务工城市确定新农合定点医疗机构"，为建立外出农民工定点医疗医院和做好参加新农合医疗制度外出农民工的医疗保障工作提供了政策制度依据。

此外，四川省成都市还通过给予住院医疗费补贴的方式选定部分当地医疗机构为农民工惠民医院。

案例6-9

2007年3月，成都市劳动和社会保障局印发《成都市特殊优惠医

---

① 曹树林：《河南外出打工农民有了定点医院》，《人民日报》2007年8月9日。

疗服务补贴办法》(成劳社发〔2007〕41号),明确成都市第五人民医院等7所医院为成都市农民工提供特殊优惠服务的医疗机构(惠民医院),由成都市社保经办机构为农民工在惠民医院就医发生的住院医疗费进行补贴。

成都市劳动和社会保障局通过制定实施《成都市特殊优惠医疗服务补贴办法》,为农民工选定了为其提供特殊优惠医疗服务的定点医院,并通过给予农民工特殊优惠医疗服务补贴的方式,努力减轻农民工的住院费用和医疗负担,使农民工的特殊优惠医疗服务取得了解农民工困难、保农民工健康和消除农民工后顾之忧的突出效果。

案例6-10

2008年3月,邯郸市劳动和社会保障局与河北工程大学附属医院联合建立邯郸市首家"农民工就医优惠定点医院",优惠对象是辖区内所有农村进城务工人员、邯郸市外出务工回乡就医人员和该市农村进城务工者的直系亲属,农民工凭医院发放的优惠就诊卡,可以减免挂号费、减免20%床位费、10%手术费、10%检查费,特困农民工及留守亲属可以减免50%床位费、30%手术费、20%检查费、10%治疗费[1]。

地方政府通过设立"农民工就医优惠定点医院"并为农民工发放"优惠就诊卡"的方式,为持卡就诊农民工提供方便快捷、优质高效的医疗保障服务,特别是为持卡就诊农民工减免一定标准的挂号费、床位费、手术费等医疗费用,减少了农民工群体在医疗预防和医疗救治等方面的经济支出,促进了农民工群体医疗保障、健康保健和医疗预治水平的提升。

---

[1] 牛谦平:《邯郸首家"农民工优惠定点医院"挂牌 农民工持身份识别专用磁卡就诊可享受诸多优惠》,《河北工人报》2008年3月28日。

案例 6-11

2009年6月,开封市建立首家农民工医院,明确"凡被市、县(区)总工会纳入帮扶信息档案的困难农民工和职工及符合帮扶条件的省、市劳动模范,市五一劳动奖章获得者等,在农民工医院就诊,可免普通挂号费、减免诊查费和专家咨询费;在农民工医院住院,免院内会诊费,床位费、心电图和彩超费用减免20%"①。

河南省开封市通过建立农民工医院的方式,对纳入工会系统帮扶信息档案的困难农民工等符合帮扶条件的人员实行就诊和住院费用减免政策,极大地减轻了患病困难农民工等人员就诊和住院的经济负担,对确保患病困难农民工等人员能够及时得到规范化诊治、保障农民工等人员的医疗和健康权益发挥了重要作用。

案例 6-12

2013年,上海市闸北区总工会、区卫生局和区市容局加强协作,对闸北市容环卫系统889名农民工实行定向优惠医疗服务,区总工会和区市容局分别出资50%,向每位农民工赠送医疗服务卡,并设立固定医疗服务点,由区卫生局负责安排社区服务中心医生到巡诊点为农民工提供医疗服务②。

上海市闸北区总工会、闸北区卫生局和闸北区市容局充分发挥各自优势,联合建立农民工固定医疗服务点,由区卫生局负责安排社区服务中心医生到巡诊点为农民工提供医疗健康咨询和常见疾病诊治服务,使市容环卫系统农民工享有了方便、快捷、优惠的医疗服务保障,有效解决了农民

---

① 王胜昔、李世强:《开封市建起首家农民工医院》,《河南日报》2009年6月22日。
② 闸北区总工会:《闸北区市容环卫系统实行农民工定向优惠医疗服务》,上海市总工会网站,http://www.shzgh.org/renda/node5902/node5906/node6565/u1a1539792.html,2013年5月23日。

工看病难、看病贵等医疗服务方面的具体问题，为维护和保障农民环卫工健康权益做出了突出的贡献。

四 政府为农民工提供计生医疗管理服务

很多地方政府通过组建城市流动人口专职计划生育管理服务队伍，为农民工等流动人口提供计划生育技术服务并做好相应各项管理工作。

案例6-13

2005年以来，上海市宝山区人口计生委通过建立"政府承担、定项委托、合同管理、评估兑现"的政府购买服务机制，每年投入近30万元为各街镇配备了18名流动人口计划生育专管员，并在区里配备了3名专门负责流动人口医院生育管理的专管员，以确保全区流动人口计划生育专管员队伍的稳定性，推动其成为流动人口计划生育服务管理不可缺少的一支生力军[①]。

上海市宝山区人口计生委通过探索、实施政府购买计划生育公共服务新模式，全面加强了农民工等流动人口计划生育管理和服务专管员队伍的建设，将其打造成为宝山区开展流动人口计划生育管理服务的重要生力军和中坚力量。通过流动人口计划生育专管员的积极作为和不懈努力，有效提高了宝山区农民工等流动人口的计划生育率，确保了农民工等流动人口的计划生育服务质量和服务水平得到逐步提升。

五 工会组织为农民工提供关爱性健康医疗补贴服务

全国各级工会组织以"为农民工服务"为己任，积极开展农民工健康

---

① 王建：《上海市宝山区政府为流动人口"购买服务"》，《人口与计划生育》2009年第4期。

医疗补贴服务工作，为保障农民工身心健康做出了突出贡献。

案例 6-14

2017年元旦春节期间，上海市总工会开展了"农民工健康医疗补贴关爱行动"，为10000名2016年度因医药费支出较大导致生活困难的农民工送上"健康医疗补贴"，补贴标准为每人补贴100元[①]。2019年1月，锦州市总工会开展了"送医疗、送健康、送法律"服务农民工专项行动，组织医学专家等人员，分别来到松山新区巧鸟街道和太和区锦兴钢厂，为400多名农民工送温暖，来自锦州医科大学附属第一医院等8家医疗单位的多位医学专家现场开展超声、心电图、血压血糖测量、康复检查等义诊，并就群众提出的一些常见病、多发病、慢性病等相关知识进行了详细的解答[②]。

各级工会组织充分发挥职能作用，为农民工提供健康医疗补贴服务和送医疗、送健康服务，给广大农民工送去了党和政府以及工会组织的关怀和温暖，推动了工会组织"服务振兴发展、服务职工群众""双服务"活动的落实落地和创新发展，不仅为广大农民工的身心健康和职业安全提供了重要保障，也极大地增强了农民工群体的获得感和幸福感，促进了农民工群体的城市转移和城市融入。

总体看，各级政府通过购买农民工医疗与健康服务，极大地增强了农民工医疗健康公共服务的供给能力，全面提升了农民工医疗卫生服务和生理健康服务的质量和水平，较好地满足了农民工对于医疗健康服务的便捷化、多样化需求，有效保障了农民工的职业安全和身心健康，初步解除了农民工在城市稳定就业和健康生活的潜在风险和后顾之忧，有效提升了农民工的获得感、融入感和归属感、幸福感，为促进各地经济发展和维护社

[①] 徐晗：《农民工"平安返沪"将获火车票补贴》，《劳动报》2016年12月29日。
[②] 高华庚：《医学法学专家为农民工答疑》，《辽宁日报》2019年1月11日。

会稳定以及推进农民工的城市融入和市民化做出了突出的贡献。

许多学者对政府购买农民工医疗健康服务进行了专题研究。李华、张志元在对农民工医疗保障制度进行全面研析的基础上，提出对于未被国家医疗保障制度覆盖、又无力通过社会医疗保险获得保障的农民工贫困人口，可以通过政府与民间的医疗救助系统获得相应的帮助，建立面向农民工的以最低生活保障为核心的医疗救助制度，采取无偿救助方式和发展健康流动支援服务，以就近满足农民工基本医疗预防及保健需求，并提出尝试建立农民工医疗保障中间代理组织，即由各级政府建立针对城乡流动人口的医患交流中心，使其具有针对性、公益性、服务性，以保障医患双方的高效率沟通和医疗资源利用的最优化、医疗服务成本的最低化[1]。尹菁菁、周晓媛在对成都市287个农民工的医疗保障状况进行一对一开放访谈调查的基础上，提出当前农民工医疗保障制度发展严重滞后，"新农合"保障不力，而私人诊所对农民工医疗保障体系的建立具有优越性，提出基于政府团购私人诊所服务并按照人头支付医疗费的模式来构建农民工门诊医疗服务体系，通过政府团购私人诊所服务来为农民工提供"保当期，保门诊"的医疗服务：政府出面团购服务，由企业、政府各按一定比例按人头支付给诊所，诊所免费为其负责区域内的农民工提供医疗服务，从而建立起农民工定点就医体系[2]。这些建议和措施为政府投资民间医疗救助组织和社会医疗诊治机构以改善农民工医疗服务质量和效率提供了重要的发展思路，对推进政府购买农民工生理健康和医疗服务具有重要的启示作用。

第二节 农民工心理健康服务

心理健康是人在成长和发展过程中，认知合理、情绪稳定、行为适

---

[1] 李华、张志元：《建立农民工医疗保障制度的对策思考》，《学术交流》2009年第1期。
[2] 尹菁菁、周晓媛：《基于私人诊所构建农民工门诊医疗保障体系》，《现代预防医学》2009年第22期。

当、人际和谐、适应变化的一种完好状态,心理健康服务是运用心理学及医学的理论和方法,预防或减少各类心理行为问题,促进心理健康,提高生活质量,主要包括心理健康宣传教育、心理咨询、心理疾病治疗、心理危机干预等[①]。随着社会发展步伐和现代生活节奏的逐步加快,公民的心理健康已经成为身心健康和生活品质的重要内容和重要标准,对公民和社会的重要性及影响力正在日益增强。因此,加强和实施完善的心理健康服务已经成为公民在工作与生活中亟待保障的重要需求,其服务质量、服务成效直接影响到劳动力在整个工作过程中的作业效率与表现效果,也会影响到劳动力生命历程的生存安全、社会融合、幸福指数与生活质量,直接关系到全社会运行发展的健康状况、协调程度和质量水平。其中,进城农民工作为寄居在城市的主要外来劳动者群体,其心理健康方面存在的问题表现地尤为突出,已经成为经济社会发展中必须高度重视且需着力解决的重大现实问题。农民工在心理上产生自卑、失落、焦虑、信心不足、盲向、仇恨等不良情绪和心理问题会对农民工城市转移、城市融入和公共安全秩序以及社会和谐发展产生极其不利的影响,会直接影响到我国农民工市民化战略的顺利实施和国家新型城镇化建设的发展进程。因此,各级政府必须站在新型城镇化和城乡融合发展的战略高度,坚持"以人为本",坚持"以人的城镇化"为核心,坚持问题导向和服务导向,高度重视和解决好农民工心理健康问题。因为农民工心理健康问题是重要的民生问题和公共卫生问题,它不仅关乎农民工自身的健康福祉,也影响着健康中国战略的实施,加强农民工心理健康服务,提升农民工健康福祉,不仅是全面实施健康中国战略的内在要求,也是推进以人为核心新型城镇化的应有之义[②]。政府和社会各界要关注农民工的心理健康服务需要,重视农民工心理问题的预防性管理,通过建立咨询平台、设置社区心理健康服务中心、开展学校心理健康辅导、应用互联网技术沟通交流等多种途径为农民工提

[①] 国家卫生计生委等 22 个部门《关于加强心理健康服务的指导意见》(国卫疾控发〔2016〕77 号)。

[②] 程菲、悦中山:《加强农民工心理健康服务》,《中国社会科学报》2018 年 11 月 28 日。

供心理健康服务[①]。特别是政府应当高度重视和充分发挥心理健康服务社会组织在解决农民工心理健康问题方面的关键性作用，并要通过政府购买农民工心理健康服务等举措积极开展农民工心理健康教育、预防和治疗等专业化服务，努力保障和不断提升进城农民工等外来人员的心理健康水平。

党和政府高度重视包括农民工在内的公民心理健康服务工作。2016年8月19日，习近平总书记在全国卫生与健康大会上发表重要讲话时强调，"要加大心理健康问题基础性研究，做好心理健康知识和心理疾病科普工作，规范发展心理治疗、心理咨询等心理健康服务"。2017年10月18日，习近平总书记在中国共产党第十九次全国代表大会上的报告更加明确指出，要"加强社会心理服务体系建设，培育自尊自信、理性平和、积极向上的社会心态"。习近平总书记的重要指示为我国开展和做好包括农民工在内的公民心理健康服务工作指明了前进方向。为做好包括农民工在内的公民心理健康服务工作，党和政府以及有关部门出台了很多具体政策，如，2010年8月，卫生部办公厅印发《关于开展农民工健康关爱工程项目试点工作的通知》（卫办疾控发〔2010〕143号），明确从2010年起组织开展农民工健康关爱工程项目试点工作，明确要"通过心理健康教育和心理健康指导，重点指导农民工对城市环境的适应力，缓解心理压力"，要求"项目地区80%以上农民工接受1次以上提高心理适应力培训，50%以上有心理压力的农民工接受1次以上心理健康指导"。该政策的实施将农民工心理健康服务正式纳入到农民工健康关爱工程项目和基本公共卫生服务项目重点内容，促进了农民工心理健康服务工作的开展和服务水平的提升。

为改善公民心理健康服务工作，2016年10月，中共中央、国务院印发《"健康中国2030"规划纲要》，明确要"加强心理健康服务体系建设

[①] 李琼、尹天子、杨帅、王晓刚：《农民工心理健康服务需要的现状调查与对策》，《西南大学学报（社会科学版）》2011年第3期。

和规范化管理。加大全民心理健康科普宣传力度，提升心理健康素养。加强对抑郁症、焦虑症等常见精神障碍和心理行为问题的干预，加大对重点人群心理问题早期发现和及时干预力度。加强严重精神障碍患者报告登记和救治救助管理。全面推进精神障碍社区康复服务。提高突发事件心理危机的干预能力和水平。到2030年，常见精神障碍防治和心理行为问题识别干预水平显著提高"。该政策对我国心理健康服务能力建设和心理健康服务体系建设做出了明确规划，是全面推进我国心理健康服务的纲领性、权威性、专业性指导文件，对进一步加强全民心理健康服务体制机制建设和提高全民心理健康服务水平发挥了重要作用。在此基础上，2016年12月，国家卫生计生委等22部门联合印发《关于加强心理健康服务的指导意见》（国卫疾控发〔2016〕77号），明确"心理健康是影响经济社会发展的重大公共卫生问题和社会问题"，指出"加强心理健康服务，开展社会心理疏导，是维护和增进人民群众身心健康的重要内容"，要求按照"预防为主，以人为本"、"党政领导，共同参与"、"立足国情，循序渐进"、"分类指导，规范发展"的基本原则，全面开展心理健康促进与教育，积极推动心理咨询和心理治疗服务，重视心理危机干预和心理援助工作。该政策明确要求"各级政府及有关部门要发挥社会组织和社会工作者在婚姻家庭、邻里关系、矫治帮扶、心理疏导等服务方面的优势，进一步完善社区、社会组织、社会工作者三社联动机制，通过购买服务等形式引导社会组织、社会工作者、志愿者积极参与心理健康服务，为贫困弱势群体和经历重大生活变故群体提供心理健康服务"，要求"各级政府有关部门要积极支持培育专业化、规范化的心理咨询、辅导机构，通过购买社会心理机构的服务等形式，向各类机关、企事业单位和其他用人单位、基层组织及社区群众提供心理咨询服务，逐步扩大服务覆盖面，并为弱势群体提供公益性服务"。该政策的实施对于建立健全全国社会心理健康服务体系和运行机制、加强心理健康服务人才队伍建设和服务能力建设以及提升国家对各类人群的心理健康服务质量和服务水平发挥了重要作用，推进了全国心理健康服务的专业化、社会化、规范化和法制化建设，促进了公民良好心态的形成和和谐人际关系的建立，推动了"健康中国"建设和国家经济社会协调、健康发展。

为加强社会心理服务体系建设，2018年11月，国家卫生健康委等10部门联合印发《全国社会心理服务体系建设试点工作方案》（国卫疾控发〔2018〕44号），要求"加强重点人群心理健康服务，探索社会心理服务疏导和危机干预规范管理措施，为全国社会心理服务体系建设积累经验"，明确"到2021年底，试点地区逐步建立健全社会心理服务体系，将心理健康服务融入社会治理体系、精神文明建设，融入平安中国、健康中国建设"，要求"各党政机关和厂矿、企事业单位、新经济组织等通过设立心理健康辅导室或购买服务等形式，为员工提供方便、可及的心理健康服务"，明确要求培育心理咨询人员队伍，"通过购买服务等形式，引导和支持心理咨询人员为公众提供心理健康教育与科普知识宣传，为有心理问题人群提供心理帮助、心理支持、心理教育等服务"。该政策的实施进一步改善了我国社会心理服务的供给模式和工作机制，加快了全国社会心理服务体系和心理服务人才队伍建设进程，提升了社会心理服务的专业性、可及性和服务成效，促进了公民身心健康和平安中国、健康中国的建设。

为提高全民健康水平，2019年6月，国务院印发《关于实施健康中国行动的意见》（国发〔2019〕13号），要求实施心理健康促进行动，"通过心理健康教育、咨询、治疗、危机干预等方式，引导公众科学缓解压力，正确认识和应对常见精神障碍及心理行为问题。健全社会心理服务网络，加强心理健康人才培养。建立精神卫生综合管理机制，完善精神障碍社区康复服务"，明确"到2022年和2030年，居民心理健康素养水平提升到20%和30%，心理相关疾病发生的上升趋势减缓"。该政策的实施促进了我国卫生健康工作理念、服务方式"从以治病为中心向以人民健康为中心"的根本性转变，通过强调和落实预防为主、早期干预的根本性方针，推动构建了促进全民健康的政策体系和运行机制，推进了健康中国行动特别是心理健康促进行动的全面实施，为提高我国公民的心理健康素养水平和心理健康服务水平发挥了重要的推动作用。

第六章 农民工医疗与健康服务

在上述政策的指导下，各级政府与社会组织紧密联合针对农民工的心理健康问题提供了诸多服务，特别是以满足农民工情感需求或感情抒发为出发点，通过政府购买服务方式联合或促进社会力量积极开展农民工心理咨询与辅导、情感疏导与慰藉、社会交流与融入等具体服务，有效地改善了进城农民工群体的心理健康状况和社会融入水平。如，北京市通过组织相关机构建立农民工心理健康服务学校的方式有效开展了农民工心理健康服务工作。

案例 6-15

2010 年 1 月，北京回龙观医院在北京建工集团第一建筑工程有限公司成立了全国第一个"农民工心理健康学校"，办校主要目的是向农民工宣传心理健康的重要性，提高农民工对心理疾病的知晓率、识别率，帮助农民工掌握解决心理问题的办法，提高其应对心理危机的能力；通过开展农民工的心理筛查，对个别有严重心理问题的农民工提供心理咨询、一对一心理辅导；通过开展农民工心理健康状况的调研，让社会为农民工开展的心理健康服务更具有针对性、实效性[1]。

在农民工聚集较多的企业举办"农民工心理健康学校"，有针对性地为农民工开展心理健康咨询、心理健康讲座、心理健康辅导、社会关系调适和心理危机干预等心理健康服务，能够有效提高农民工对心理问题的认知水平和应对心理危机的承受能力，能够快速、有效地化解农民工在心理健康方面存在的各种突出问题，有益于广大农民工不断提高其心理健康水平和社会融合水平，促进农民工快乐工作、健康生活。

同时，很多地方政府还充分利用城市社区现有服务资源开展农民工心理健康服务工作，有效实现了社区服务资源的配置最优化和效用最大化。

---

[1] 林晓歌：《首个农民工心理健康学校成立》，中青在线—中国青年报，http://zqb.cyol.com/content/2010-01/27/content_3061291.htm，2010 年 1 月 27 日。

目前，我国一线城市社区基本都建立起社区服务站，要有效利用好现有的社区资源，以社区服务中心为依托，通过政府购买心理健康服务和法律援助的形式，为就近居住的农民工积极开展心理健康服务和法律援助，以充分发挥社区在农民工心理健康工作中的主力军作用①。

案例6-16

2011年12月，哈尔滨市香坊区委、区政府在横道社区组织开展了"关爱农民工暖心志愿服务行动"，其中，通过开展"心理健康关爱志愿行动"，为农民工进行心理疏导服务，帮助消除心理压力，调整心理状态，在全社会努力营造理解、尊重和关爱农民工的浓厚氛围②。

城市社区是农民工在城市居住和生活接触最直接、互动最频繁的管理服务机构，与广大农民工及其家庭有着十分密切的联系。在城市社区开展面对面的农民工"心理健康关爱志愿行动"，有利于更好地拉近心理健康服务专业工作者与农民工之间的距离，使农民工心理健康服务更有针对性、更有说服力、更具实效性，有利于进一步提升农民工心理健康服务的质量和水平，促进农民工心理健康问题得到及时、圆满地解决。

此外，还有地方党委、政府通过与相关社会组织和专业市场主体开展联合服务的方式建立"农民工心理健康服务热线"，为农民工群体架起心理健康服务的沟通"桥梁"和互动平台。

案例6-17

2010年6月，南京市委宣传部联合有关部门和专业组织，筹备成立并开通了关爱农民工心理咨询志愿服务热线96889910，该服务热

---

① 于建嵘、何军民：《多措并举促进农民工心理健康发展》，《人民论坛》2019年第18期。
② 李芊慧（编辑）：《香坊区关爱农民工暖心志愿服务行动启动》，黑龙江文明网，http：//wmw.dbw.cn/system/2011/12/06/000432939.shtml，2011年12月6日。

线拥有一支26人组成的专业工作人员队伍,服务热线督导组由5名资深的心理学专家组成,为在南京地区的外来务工人员提供便利、高效的心理健康教育服务,向来电者提供心理健康的相关知识,帮助其寻找解决问题的途径,保障和促进农民工等外务工人员的心理健康①。

江苏省南京市通过设置"关爱农民工心理咨询志愿服务热线",在心理学专家、心理健康服务专业队伍与农民工之间架起了方便、快捷、高效的沟通桥梁和互动平台,为农民工等外来务工人员提供了大量的具有隐匿性、保密性的心理健康服务,有力地促进了南京市农民工等外来务工人员心理健康水平的提升。

很多地方政府和相关部门还积极探索与国外相关机构进行合作,引进国外服务理念开展农民工心理健康服务项目。

案例6-18

2012年12月,加拿大国际发展署援助的"重庆农民工职业健康心理政策选择项目"正式启动,该项目为期一年,通过借鉴加拿大职业心理健康的立法、政策、先进经验,提高中方决策者、学者和从业人员的能力,推动制定出更好的立法建议和规范性导则,以改善重庆市农民工在工作场所的心理健康和安全②。

引进国外在心理健康服务方面较为成熟的立法、政策和先进经验,结合我国农民工心理健康服务的具体实际和发展方向,制定出更具生命力、更具服务力、更有影响力的具有中国特色的农民工心理健康服务立法建议

---

① 赵子慧:《"关爱农民工心理咨询志愿服务热线"开通》,《南京日报》2010年6月26日。
② 张琴:《重庆与加拿大合作关爱农民工职业和心理健康》,人民网,http://www.people.com.cn/24hour/n/2012/1226/c25408-20019923.html,2012年12月26日。

和规范性导则,是提升我国农民工心理健康服务水平、保障和改善农民工心理健康和职业健康的重要途径,对推动农民工心理健康服务和职业健康服务迈向世界先进水平具有重要促进作用。

在农民工情感疏导社会化服务方面,各级政府不仅为农民工自身提供了多方位、多方式的情感介入服务,还全面加强了农民工子女的情感服务和心理健康服务,通过为农民工子女进行情感服务和心理健康服务以提升农民工家庭的获得感、幸福感、融入感和归属感。

案例 6-19

2015年5月,四川省南充市营山县人民政府组织实施,县人社局等单位全力配合的"营山县关爱农民工子女社会服务试点项目"正式启动,该项目为绿水小学542名农民工子女发放了爱心书包和文具,同时在全县开展了农民工子女心理疏导与矫正、爱国教育和文化交流、与异地父(母)团聚活动,这些活动是政府购买社会服务的新尝试,为进一步解决农民工子女的留守问题起到了积极的推动作用[①]。

县级政府及其相关部门开展政府购买农民工留守子女服务具有特别重要的作用,能够推进政府购买农民工留守子女服务实现制度化运行和规范化操作,有利于科学把握政府购买农民工留守子女服务的针对性、精准性、实效性,有利于保障政府购买资金的便捷、安全、高效,有利于提升政府购买农民工留守子女服务的质量、效率和成效。

案例 6-20

2017年6月,民政部2017中央财政支持项目镇海农民工子女心理疏导示范项目启动,该项目支持资金44万元,以镇海区心理咨询工

---

① 彭杰:《政府购买服务 关爱农民工子女》,《南充日报》2015年5月29日。

作者协会心理咨询师团队为主要力量,通过"专业团队+社区+学校"模式,对农民工子女进行集认知模式、情绪模式、沟通模式、自信心模式等于一体的积极心态建设和学习力的提升,通过心理健康体检、开展挫折文化、换我心为你心、心理测评、暑期亲子活动、社区课堂、校园讲座等积极心态主题系列活动,为农民工子女提供心理健康服务[1]。

我国很多县区政府都通过政府购买服务的方式为农民工子女提供心理疏导服务,为此县区政府和相关社会组织付出了巨大的努力,也取得了较大的进展和较好的工作成绩,但县区政府在为农民工子女提供心理疏导服务中始终存在着购买资金不足、服务力度不大、服务效果不明显等突出问题。中央财政支持地方政府开展农民工子女心理疏导示范项目,有利于从根本上解决地方政府在购买农民工子女心理疏导服务方面存在的资金缺乏、能力不足等突出问题,促进地方政府更好地开展农民工子女心理疏导示范项目,为广大农民工子女提供更多更好更全面的心理健康服务,推动农民工子女健康成长、全面发展。

此外,在为农民工群体提供心理健康服务方面,各地工会组织发挥了特别重要的作用。很多工会组织通过采取购买心理专家服务、组建"农民工心理健康服务专家团"的方式为进城农民工提供心理健康服务。

=== 案例 6-21 ===

2011 年 8 月,桂林市总工会成立了农民工心理辅导服务专家团,坚持免费为农民工进行心理疏导,指导和帮助农民工运用心理科学知识缓解精神压力、分析和解决常见的心理问题,有效帮助农民工解决

---

[1] 镇海区政府:《镇海农民工子女心理疏导示范项目正式启动》,宁波市人民政府网站,http://gtoc.ningbo.gov.cn/art/2017/6/20/art_170_813764.html,2017 年 6 月 20 日。

了城市工作与生活中遇到的诸多心理问题,赢得了农民工的普遍赞扬①。

桂林市总工会通过成立"农民工心理辅导服务专家团"的方式为农民工提供全方位的心理健康服务,为农民工开展了解惑、解压、解难、解忧等多项心理健康服务,及时化解农民工普遍存在的工作压力、心理恐慌等各种心理健康问题,促进了桂林市农民工心理健康水平的提升,为农民工实现安居乐业和城市融入做出了突出的贡献。

还有工会组织与政府部门和相关用人单位采取深度合作的方式,合力构建职工心理健康服务网络和服务平台,为包括农民工在内的职工群众提供多层次、多样化的心理健康服务。如山东省总工会、山东省卫计委采用在经费、人才、技术、场地等方面给予支持与企业内部承担消化等方法,设立专门的职工心理健康服务专家库、心理健康服务站、心理健康服务工作室,为农民工等重点职工群体实施咨询、预防、减压、疏导等心理健康指导服务。

案例6-22

2018年6月,山东省总工会、山东省卫生和计划生育委员会联合印发《山东省实施职工心理健康行动的意见(2018—2020年)》(鲁会〔2018〕41号),明确要建立健全工会职工心理健康服务专家库、职工心理健康服务站、职工心理健康服务工作室相结合的职工心理健康服务体系,即省总工会吸纳100名国内高水平心理专家组建省级工会职工心理健康服务专家库,依托各级(包括开发区、工业园区)职工服务中心建设200个职工心理健康服务站,配备专(兼)职服务人员,推动规模以上企业建立心理健康服务工作室,有计划、有重点、

---

① 白青锋:《"为农民工思想上解惑心理上解压"——桂林市总工会主席莫玲玲谈关注农民工心理健康》,《工人日报》2013年5月14日。

有针对性地开展公益性心理训练、心理知识培训、心理沙龙、心理测试等多种形式主题活动，推进心理健康服务向纵深发展。

通过实施《山东省实施职工心理健康行动的意见（2018—2020年）》，在全社会营造了关心服务职工健康、支持维护职工健康和积极参与职工心理健康行动的良好氛围，使山东省职工心理健康服务工作得到全面推进，更好地满足了职工群众对于心理健康服务的多样化、专业化、规范化需求，促进了全省职工群众"快乐工作，健康生活"发展目标的实现，全面提升了农民工等职工群众的心理健康素养和心理健康水平。

综上所述，各级政府及相关部门通过采取政府购买服务等方式积极开展农民工心理培训、情感疏导、心理调适、危机干预和社会融合等心理健康服务，不仅有效化解了部分农民工在务工历程中出现的生存压力、环境不适、文化差异、交流障碍、精神空虚、社会排斥等具体困难，而且有效缓解了农民工因与家人城乡分离而造成的孤独感、恐慌感、无助感等情感需求和心理压力，有力提升了农民工在城市就业和生活的安全感、归属感、融入感和幸福感，促进了农民工城市转移、城市融入和市民化进程。

我国学术界对农民工心理健康问题十分重视。农民工的精神健康问题一直是社会学关注的重要课题，也是农民工健康问题研究的一个重要方向[1]。国内学术界针对进城农民工的心理健康问题已经开展了大量卓有成效的调查研究工作，并取得了一系列重要的调查数据和研究成果，如，骆焕荣、黄锋锐、张雪静等对在广东省惠州市区各类企业工作的3996名进城农民工的心理健康状况进行了调查分析，其调查结果显示城市农民工心理问题的发生率为5.4%至39.9%之间，常见的心理问题主要表现为焦虑、人际关系敏感、抑郁、偏执、敌意[2]。胡荣华、葛明贵对在江苏省苏州市、

---

[1] 郑辉、刘燕：《农民工健康状况及其影响因素综述》，《九江学院学报（自然科学版）》2019年第1期。

[2] 骆焕荣、黄锋锐、张雪静、邓筱璇、徐少玲：《城市农民工心理状态调查分析》，《中国民康医学》2006年第11期。

南通市和浙江省杭州市三个城市的408名进城农民工的心理健康状况进行了专题调查，调查结果显示，农民工的心理健康总体水平显著低于一般人群，有部分农民工具有自卑、敏感、抑郁、敌对、焦虑、恐怖等负面情绪[1]。这些调查数据显示出有相当比重的进城农民工已经出现了较为严重的心理问题，对经济社会发展和社会和谐稳定产生了极其不良的消极影响和负面效应，应当引起各级党政领导的高度重视并做出科学的决策予以圆满的解决。还有专家学者对农民工等城市外来务工者的心理卫生需求和服务状况进行了专题调查研究，如，刘晋洪、张泉水、夏莉等在深圳市开展了外来务工人员的心理卫生需求调查活动，数据显示，农民工等外来人员的心理卫生需求高达81.5%，并且60.0%曾经考虑过心理求助，但仅有5.0%的人员真正寻求过心理服务[2]。该调查数据反映出进城农民工等外来人员的心理卫生需求服务远远未能得到满足，为农民工等外来人员提供的心理健康服务明显呈现覆盖率过低和服务能力不足的状态。此外，《北京健康城市建设研究报告（2015）》中，中央财经大学社会发展学院李远行教授所作的专题调查研究报告《农民工城市融入的心理适应研究》显示，在京农民工心理特征主要表现出底层心态、过客心态、边缘心态和保守心态这四个贫困心理表现，具有消极、自卑、保守、封闭等行为模式。邓梅、杨轶冰对广东省深圳市龙华新区工业园区内的4个企业共200名农民工的心理健康状况进行随机抽样调查，结果显示，农民工的精神病性、强迫、躯体化因子的分数显著高于全国成人常模分数，恐怖因子分数非常显著的高于成人常模分数，而人际关系敏感显著低于成人常模[3]。这些研究成果同样表明部分进城农民工在心理健康方面已经出现了严重的问题，急需采取有效措施改善农民工心理健康服务工作，以保障和维护进城农民工

---

[1] 胡荣华、葛明贵：《对408名城市农民工心理健康状况的调查》，《中国卫生事业管理》2008年第3期。

[2] 刘晋洪、张泉水、夏莉、陈家建、张秀芬、黄晓宇：《深圳市外来工心理卫生需求调查与分析》，《中国社会医学杂志》2007年第2期。

[3] 邓梅、杨轶冰：《农民工心理健康调查研究——以深圳市龙华新区为例》，《柳州职业技术学院学报》2019年第4期。

等城市外来务工人员的心理健康。总之，上述机构和学者的调查数据与研究成果对于准确了解和全面掌握进城农民工的心理健康状况，挖掘和发现农民工在心理健康方面存在的突出问题及其主要根源，进一步改进和完善农民工心理健康服务工作机制和运行模式，有效提升进城农民工心理健康服务的质量和水平具有十分重要的理论意义，对于促进进城农民工心理健康状况的改善和社会关系的融合也具有重要的现实意义。

第七章　农民工文化、体育与休闲服务

文化、体育与休闲服务是进城农民工在现代城市生活中急需享有的重要服务，也是进城农民工在城市生活中应当得到保障的基本权益。文化、体育与休闲相互渗透，相辅相成，成为进城农民工构建城市高品质生活的三个重要领域。农民工对文化、体育与休闲服务的享有程度还是一个重要的社会发展指标，它不仅能够直接表明农民工在现实境况下的生活态度和生活质量，还能够直接反映出国家或地区的经济发展水平和社会文明程度。文化、体育与休闲的紧密结合为进城农民工打造了一种全新的、更高品质的、更具融入力的生活模式，它不仅促进了农民工生活品味和生活质量的改善，同时还促进了农民工生产率的提高和社会关系的和谐，是推进城市社会健康发展和全面进步的重要驱动力量。因此，为在城市艰辛务工的农民工提供充足的文化体育产品和休闲娱乐服务等"精神养料"和"精神大餐"就显得格外重要，已经成了农民工城市公共服务的重要组成部分。

第一节　农民工文化、体育与休闲服务政策

从当前农民工服务的具体实际来看，农民工的文化、体育和休闲服务并没有达到理想状态，很多地区仍然存在着政府投入不足、内容与途径缺失、文化服务成效不突出、农民工参与度较低等问题。国家统计局《2017

年农民工监测调查报告》显示，进城农民工业余时间主要是看电视、上网和休息，分别占40.7%、35.6%和28.4%，选择参加文娱体育活动、读书看报的比重仅为5.3%和3.6%。为了有效解决农民工文化、体育与休闲服务严重不足的问题，国家相关部门相继出台了一系列为城乡公民特别是进城农民工提供文化、体育与休闲服务、保障进城农民工分享文化、体育与休闲权益的政策制度，如，2004年12月，文化部印发《关于高度重视农民工文化生活切实保障农民工文化权益的通知》（文市发〔2004〕51号），要求"各级文化行政部门必须高度重视农民工文化建设，把活跃和繁荣农民工的文化生活纳入小康文化建设的总体目标，纳入政府文化部门服务和管理的基本范畴，切实承担起满足农民工文化生活的历史责任"。该政策的实施进一步明确了各级政府文化部门为农民工提供公共文化服务的具体责任，全面加强了为农民工提供文化产品和服务的工作力度，进一步改善和丰富了进城农民工的精神文化生活，有效提高了进城农民工的道德修养、科学素养和文化素质，有力保障了进城农民工的文化权益，总体上推进了农民工的城市转移和文化融入。

为推进我国公共文化服务体系建设，2007年8月，中共中央办公厅、国务院办公厅印发《关于加强公共文化服务体系建设的若干意见》（中办发〔2007〕21号），要求加强公共文化产品生产，通过"采取政府购买、项目补贴等方式，支持文化企业生产质优价廉、安全适用的公共文化产品，参与公共文化服务"，要求积极开展公益性文化活动，"精心安排适合农民工需要的广场文化，组织实施送书、送戏、送电影到工地。鼓励和支持国家投资建设的影剧院每年安排一定场次，为低收入居民、农民工及其他特殊群体免费或低价演出"，要求创新公共文化服务方式，"积极探索适应社会主义市场经济要求、保障社会公平正义的公共文化服务方式"，"促进公共文化服务方式的多元化、社会化"。该政策的实施全面加强了我国公共文化服务体系的建设，提升了我国公共文化服务的能力、质量和水平，促进了我国公共文化事业的发展、繁荣和进步，对于更好地满足人民群众日益增长的精神文化服务需求，提升人民群众思想道德水平和科学文化素质，维护和实现人民群众的基本文化权益发挥了重要作用。

为提升我国公共文化服务体系建设水平，2010年12月，文化部、财政部印发《关于开展国家公共文化服务体系示范区（项目）创建工作的通知》（文社文发〔2010〕49号），要求"按照公益性、均等性、基本性、便利性的要求，在全国创建一批网络健全、结构合理、发展均衡、运行有效的公共文化服务体系示范区，培育一批具有创新性、带动性、导向性、科学性的公共文化服务体系项目，为我国公共文化服务体系建设探索经验、提供示范，推动公共文化服务体系建设科学发展"。在该政策附件1《国家公共文化服务体系示范区（项目）创建工作方案》中，明确要建立比较完善的公共文化产品服务供给体系，要求"处理好政府与市场的关系，逐步做到凡适合面向市场的基本公共文化服务，都可以从市场招标购买，把公共文化服务的供给从文化系统的'内循环'转变为市场的'大循环'"。在该政策附件2《国家公共文化服务体系示范区（项目）创建标准》中，明确提出在公共文化服务供给方面推动社会力量积极参与公共文化产品的生产和供给，要求"引入竞争机制，面向市场，采取项目补贴、资助和政府招标采购等方式，通过集中配送、连锁服务等多种方式，有效解决公共文化产品供给问题，实现提供主体和提供方式多元化"。该政策的实施在全国培育和创建了一批高标准、高质效的公共文化服务体系示范区和公共文化服务体系示范项目，通过发挥示范区和示范项目的典型示范、辐射影响和引领带动作用，促进了我国城乡文化服务体系的创新发展、科学发展和高质量发展，全面提升了我国公共文化服务体系的服务能力和建设水平，更好地满足了广大人民群众对于公共文化服务的均等化、多样化需求。

为更好地保障农民工的基本文化权益，2011年9月，文化部、人社部、全国总工会印发《关于进一步加强农民工文化工作的意见》（文社文发〔2011〕45号），明确要加大政府对农民工文化工作的支持力度，"逐步形成'政府主导、企业共建、社会参与'的农民工文化工作机制，推动农民工文化工作的规范化、制度化和常态化，充分发挥文化对于提升农民工思想道德水平、科学文化素质和城市融入能力的积极作用",明确到2015年,要将"农民工文化服务切实纳入公共文化服务体系",实现"农民工文化活动常态化、有特色"和"广大农民工对公共文化服务的满意度明显提高"的目标任务,要求"切实提高面向农民工的文化服务能力,使农民工能够享受与城市居民均等化的公共文化服务",明确"将农民工文化服务纳入公共图书馆、文化馆评估考核体系","大力推进'两看一上'(看报纸、看电视、有条件的能上网)工程","加强'职工书屋'建设","以'公共电子阅览室'建设为依托进行'农民工网(夜)校'试点",要求"建立农民工文化专项经费,纳入各级政府的财政预算,重点保障农民工专项公共文化服务、特定文化产品购买和专门政策引导等方面的支出"。该政策的实施有力推进了农民工文化服务体系的建设和农民工文化服务工作的开展,进一步丰富和活跃了农民工的精神文化生活,极大地提高了农民工的道德素养和文化素质,使农民工精神家园建设水平和农民工文化权益保障水平得到较大提升,增强了农民工的融入感、获得感和幸福感,对推进社会公平正义和促进社会和谐稳定以及增强农民工城市融入能力发挥了重要作用。

为加快构建具有中国特色的现代公共文化服务体系,2015年1月,中共中央办公厅、国务院办公厅印发《关于加快构建现代公共文化服务体系的意见》(中办发〔2015〕2号),明确要坚持正确导向、政府主导、社会参与、共建共享、改革创新的基本原则,要求保障特殊群体基本文化权益,"将老年人、未成年人、残疾人、农民工、农村留守妇女儿童、生活困难群众作为公共文化服务的重点对象",强调要"加快将农民工文化建设纳入常住地公共文化服务体系,以公共文化机构、社区和用工企业为实施主体,满足农民工群体尤其是新生代农民工的基本文化需求",明确鼓励和引导社会力量参与公共文化服务,要求"建立健全政府向社会力量购买公共文化服务机制。出台政府购买公共文化服务指导性意见和目录,将政府购买公共文化服务资金纳入财政预算。推广运用政府和社会资本合作等模式,促进公共文化服务提供主体和提供方式多元化",要求加大财税支持力度,"创新公共文化服务投入方式,采取政府购买、项目补贴、定向资助、贷款贴息等政策措施,支持包括文化企业在内的社会各类文化机构参与提供公共文化服务"。该政策的实施整体推进了公共文化服务事业的资金投入,促进了公共文化服务设施网络和公共文化服务体系、公共文化服务人才队伍的建设,全面提高了公共文化服务体系的服务水平和服务效能,有效保障和改善了城乡人民群众的精神文化生活,对推动国家和地方公共文化服务事业实现创新发展和繁荣进步发挥了重要作用。

为推动公共文化服务社会化发展,2015年5月,国务院办公厅转发文化部等4部门《关于做好政府向社会力量购买公共文化服务工作的意见》(国办发〔2015〕37号),指出"政府向社会力量购买公共文化服务,既是深入推进依法行政、转变政府职能、建设服务型政府的重要环节,也是规范和引导社会组织健康发展、推动公共文化服务社会化发展的重要途径,对于进一步深化文化体制改革,丰富公共文化服务供给,提高公共文化服务效能,满足人民群众精神文化和体育健身需求具有重要意义",要求"到2020年,在全国基本建立比较完善的政府向社会力量购买公共文化服务体系,形成与经济社会发展水平相适应、与人民群众精神文化和体育健身需求相符合的公共文化资源配置机制和供给机制,社会力量参与和提供公共文化服务的氛围更加浓厚,公共文化服务内容日益丰富,公共文化服务质量和效率显著提高",明确"政府向社会力量购买公共文化服务的内容为符合先进文化前进方向、健康积极向上的,适合采取市场化方式提供、社会力量能够承担的公共文化服务,突出公共性和公益性并主动向社会公开。主要包括:公益性文化体育产品的创作与传播,公益性文化体育活动的组织与承办,中华优秀传统文化与民族民间传统体育的保护、传承与展示,公共文化体育设施的运营和管理,民办文化体育机构提供的免费或低收费服务等内容"。该政策的实施全面推进了公共文化服务供给体制和供给机制改革,构建了公共文化服务市场化、社会化、多元化供给模式和多主体、多层次、多方式的供给体系,促进了政府向社会力量购买公共文化服务的规范化、法制化进程,全面提高了公共文化服务供给的质效、水平和服务效能,推动了公共文化服务向"方便、快捷、优质、高效"的社会化方向转型发展。

为更好地保障农民工的文化权益,2016年3月,文化部、国务院农民工工作领导小组办公室、全国总工会联合印发《关于进一步做好为农民工文化服务工作的意见》(文公共发〔2016〕2号),明确要"推动落实常住地政府的主体责任,保障农民工平等享受城镇基本公共文化服务",要求"激发社会力量参与为农民工文化服务的积极性,营造全社会共同关心支持为农民工文化服务工作的良好局面",明确"到2020年,全面实现农民工平等享受城镇基本公共文化服务,为农民工文化服务的内容和手段更加丰富,服务效能显著提升,政府、企业、社会共同参与为农民工文化服务的工作格局建立健全,农民工基本文化权益得到更好保障,农民工群体融入城镇的文化隔阂进一步消除,基本公共文化服务标准化、均等化水平稳步提高",要求"采取政府购买、项目补贴、定向资助等方式,把文化企事业单位创作生产的优秀文艺作品提供给农民工",强调要"提高为农民工文化服务的针对性。依托公共文化服务需求反馈机制,及时准确了解和掌握农民工特别是新生代农民工文化需求,为农民工提供'菜单式'、'订单式'服务。通过票价补贴、设施运营补贴等方式,支持各类艺术表演团体为农民工提供公益性演出,支持经营性文化设施、传统民俗文化活动场所等为农民工提供优惠或免费的文化服务",明确鼓励社会力量参与为农民工文化服务,"将为农民工文化服务纳入政府向社会力量购买公共文化服务的指导性目录或具体购买目录,明确购买内容,加大购买力度"。该政策的实施促进了政府、企业、社会共同参与的农民工文化服务工作合力和联动格局的形成,使农民工文化服务的质量、效率和水平得到全面提升,有效维护和保障了进城农民工的基本文化权益,较好地满足了农民工群体在文化服务方面的多样化、均等化需求,促进了农民工的文明进步、城市融入和社会融合。

为推进社会主义文化强国建设,2017年2月,文化部印发《文化部"十三五"时期文化发展改革规划》,要求坚持正确方向、坚持以人为本、坚持改革创新、坚持科学发展、坚持传承弘扬、坚持开放包容的基本原则，强调"坚持政府主导、社会参与、重心下移、共建共享，以基本公共文化服务标准化均等化为突破口，立足人民群众基本文化需求，构建体现时代发展趋势、符合文化发展规律、具有中国特色的现代公共文化服务体系"，明确提出要推动公共文化服务社会化发展，"促进公共文化服务项目化管理、市场化运作、社会化参与。建立健全政府购买公共文化服务工作机制。培育文化类社会组织。运用政府与社会资本合作、公益创投等多种模式，支持企业、社会组织和个人提供公共文化设施、产品和服务，推动有条件的公共文化设施社会化运营"，明确要培育和规范文化类社会组织，"加强对业务主管的文化类行业协会、基金会、民办非企业单位等社会组织的引导、扶持和管理，促进规范有序发展"，要求"加大政府向文化类社会组织购买服务力度，将适合由社会组织提供的公共文化服务事项交由社会组织承担"，明确"通过政府购买、项目补贴、定向资助、贷款贴息等多种手段引导和激励社会力量参与文化建设，建立政府、社会、市场共同参与的多元文化投入机制"。该规划的实施进一步夯实了我国文化事业的各项基础工作，推进了新时期我国公共文化服务体系的建设和国家文化事业的发展繁荣，促进了我国公民文化素质和社会文明程度的提升，使国家文化软实力和中华文化国际影响力得到进一步增强，较好地满足了人民群众多样化、多层次的文化需求，为弘扬社会主义核心价值观和推进社会主义文化强国建设提供了强大的精神力量。

为做好公共文化服务保障工作，2017 年 3 月，《中华人民共和国公共文化服务保障法》正式施行。该法律明确公共文化服务是指由政府主导、社会力量参与，以满足公民基本文化需求为主要目的而提供的公共文化设施、文化产品、文化活动以及其他相关服务，要求"地方各级人民政府应当根据当地实际情况，在人员流动量较大的公共场所、务工人员较为集中的区域以及留守妇女儿童较为集中的农村地区，配备必要的设施，采取多种形式，提供便利可及的公共文化服务"，明确"国务院和省、自治区、直辖市人民政府制定政府购买公共文化服务的指导性意见和目录。国务院有关部门和县级以上地方人民政府应当根据指导性意见和目录,结合实际情况,确定购买的具体项目和内容,及时向社会公布",强调"国家采取政府购买服务等措施,支持公民、法人和其他组织参与提供公共文化服务"。该法律的制定和施行对于加强和改善农民工等流动人口公共文化服务工作,支持和促进农民工等流动人口公共文化服务设施建设和服务体系建设,提升农民工等流动人口公共文化服务质量和水平,丰富和活跃农民工等流动人口的精神文化生活,提高农民工等流动人口的思想道德水平和科学文化素质发挥了重要作用。

为推进文化产业健康发展,建设社会主义文化强国,2017年4月,文化部印发《文化部"十三五"时期文化产业发展规划》,提出"发展文化产业是满足人民群众多样化精神文化需求、提高人民群众生活品质和幸福感的重要途径",明确提出"到2020年,文化产业整体实力和竞争力明显增强,培育形成一批新的增长点、增长极和增长带,全面提升文化产业发展的质量和效益,文化产业成为国民经济支柱性产业"的发展目标,要求"创新文化产品和服务供给方式,优化文化产品和服务供给结构,提升文化产品和服务供给质量,扩大文化产品和服务的有效供给,满足人民群众日益增长、不断升级和个性化的精神文化需求",强调要"积极推广政府向社会力量购买文化服务模式","鼓励社会力量通过政府购买服务、政府和社会资本合作等方式,参与文化设施的建设和运营,加强文化消费项目的拓展和创新"。该规划的实施有力地激发和提升了社会力量投资兴办文化产业的热情和动力,提高了我国文化产业的发展规模、发展质量和发展成效,促进了我国文化产品、文化服务和文化产业的协同发展,推动了我国文化产业的产品创新、结构优化和向国民经济支柱性产业的转化,推进了新时期文化产业转型升级和社会主义文化强国建设。

总体看,上述政策制度的实施进一步落实了各级政府在供给农民工文化、体育与休闲服务方面的具体责任,加强了农民工文化、体育与休闲服务政策体系和服务体系的建设,提升了我国公共文化、体育与休闲服务的能力、质量和水平,促进了政府购买农民工文化、体育与休闲服务的开展,推进了农民工公共文化、体育与休闲服务的多元化和社会化建设,对解决农民工文化、体育与休闲服务方面存在的政府投入不足、供给途径缺失、服务覆盖面不广、服务质效不高和农民工参与度较低等问题,进一步改善和丰富进城农民工的精神文化生活发挥了重要作用,较好地满足了广大农民工对于文化、体育与休闲服务的多样化、多层次需求。

第二节 农民工文化体系与服务平台建设

建设完善的农民工文化体系与服务平台,是开展农民工文化服务活动的重要基础和关键保障。在国家和有关部门文化政策的指导下,各地政府通过开展购买农民工文化服务等举措,努力加强农民工文化体系与服务平台建设,不断提升农民工文化服务的质量和水平。

案例 7-1

2005年8月,中共青岛市委宣传部等6部门联合印发《关于建立农民工文化服务平台的意见》,明确共同创构农民工文化服务平台,要求市、区两级公共图书馆对农民工实行免费借阅,在13处公共图书馆增设农民工自学阅览室,青岛市博物馆等文化单位定期向农民工赠送免费参观券,在800个社区文化中心和公益课堂开辟农民工文化园地,在重点建设工地、集体公寓等外来务工青年相对集中的区域(行业)建立100处"真情伴青春"务工青年文化驿站,在已建成60处打工妹书屋的基础上,建设完成100处打工妹书屋,并建立20处"巾帼新市民学校"①。

山东省青岛市通过不断创新农民工文化服务的方式和手段,全面加大

---

① 李魏:《青岛六部门出台意见 创构农民工文化服务立体平台》,青岛政务网,http://www.qingdao.gov.cn/n172/n1530/n32936/100020050905306234.html,2005年9月5日。

了农民工文化服务有效载体的开发、建设力度,形成了全社会共筑农民工文化服务平台的良好氛围和互助机制。通过逐步增加和扩充农民工文化服务的供给内容,相继为农民工组建了农民工自学阅览室、务工青年文化驿站、打工妹书屋等多处农民工文化服务平台,有效改善了全市农民工学习文化知识、参与文化活动、分享文化服务、推进文化融入的基础环境和设施条件,全面提升了青岛市农民工文化服务工作的质效和水平,切实保障了农民工均享城市基本文化服务的权益。

案例 7-2

2015年7月,中共浙江省委办公厅、浙江省人民政府办公厅印发《关于加快构建现代公共文化服务体系的实施意见》(浙委办发〔2015〕46号),明确将农民工文化建设纳入常住地公共文化服务体系,要求以公共文化机构、社区、用工企业为主体,满足农民工群体尤其是新生代农民工的基本文化需求。该政策明确要落实政府购买公共文化服务政策,促进公共文化服务提供主体和提供方式更加多元,强调要培育和规范文化类社会组织,加大政府向文化类社会组织购买服务的力度。

浙江省通过进一步强化地方政府为农民工等流动人口提供公共文化服务的主体责任,鼓励和支持社会力量积极参与浙江省农民工等特殊群体的文化服务,提高了浙江省农民工文化服务的供给能力和服务效能,提升了农民工的精神文明程度和农民工公共文化服务水平,保障了包括农民工在内的城市特殊群体能够平等享受城市基本文化服务权益,促进了城乡公共文化服务均等化建设和城乡公共文化服务协同发展新格局的形成。

案例 7-3

2017年6月,云南省农民工工作领导小组办公室、文化厅、人社厅印发《"建设者之歌"——云南省第四届农民工文化节活动实施方案》(云农工办发〔2017〕5号),决定于2017年6月至8月举办"建设者之歌"——云南省第四届农民工文化节系列活动。在该文件的指导下,云南省相继开展了云南省农民工才艺大赛、文艺演出进工地、农民工子女免费艺术培训、云南省第四届农民工文化节系列活动闭幕式暨颁奖晚会等系列活动,进一步丰富了云南省农民工的精神文化生活。

云南省通过连续多年开展"农民工文化节活动",不断提升云南省"农民工文化节"的品牌效应和"农民工文化节"的社会影响力,在全省营造了尊重、关心、爱护、支持、帮助和服务农民工的良好社会氛围,加快了云南省农民工公共文化服务网络和服务体系建设进程,有效保障了全省进城农民工在精神追求、文化参与、文化创新和文化享受等方面的基本权益,极大地提升了云南省进城农民工的文化素质和文明修养,提高了云南省农民工公共文化的服务能力、服务质量和服务水平,有效促进了云南省进城农民工的文化融入和社会融合。

案例 7-4

2018年8月,广西壮族自治区文化厅等3部门联合印发《关于进一步做好为农民工文化服务工作的实施意见》(桂文函〔2018〕331号),明确鼓励社会力量参与为农民工文化服务,将为农民工文化服务纳入政府向社会力量购买公共文化服务的指导性目录或具体购买目录,采取政府购买、项目补贴、定向资助等政策措施,支持各类企业、社会组织参与为农民工文化服务工作,逐步建立以政府投入为主、社会力量积极参与的为农民工文化服务工作经费保障机制。

广西壮族自治区有关部门通过采取政府购买文化服务等举措,对全区文化服务资源进行整合优化,构建了优质高效的农民工文化服务供给机制,创新和完善了广西壮族自治区农民工文化服务供给方式,营造了全社会齐心协力、共同做好农民工文化服务的浓厚氛围和良好局面,提高了为农民工提供文化服务的能力和效能,较好地满足了全区农民工的精神追求和文化需求,切实保障了全区农民工平等享受城市基本公共文化服务的权益。

案例 7-5

2018年11月,中共四川省委办公厅、四川省人民政府办公厅印发《加强农民工服务保障十六条措施》(川委办〔2018〕48号),明确要做好农民工文化服务工作,要求把农民工纳入城市公共文化服务体系范畴,享受市民化服务;鼓励在农民工集中居住地规划建设简易实用的文化体育设施和"农民工之家",免费为农民工提供文体服务;开展送文化下乡、进村、入企活动,举办农民工原创文艺作品大赛等文体活动,丰富农民工精神文化生活。

四川省通过实施《加强农民工服务保障十六条措施》,进一步落实了相关部门和市县政府为农民工提供文化服务的具体责任,对各地加强"农民工之家"、"农民工博物馆"等农民工文化体育设施建设提出了明确要求,对开展农民工体育活动和举办农民工文艺作品大赛等农民工文化体育服务活动进行了周密筹划与统筹部署,创新和改善了四川省农民工文化服务的供给体系和供给方式,极大地提升了四川省农民工文化服务的供给能力和质量水平。

此外,多地政府积极探索和创新农民工文化服务供给新模式,相继开展了诸多各具特色的农民工文化服务活动,不断提升农民工文化服务工作力度和工作成效。

一 开展"农民工文化服务工程"创建活动

很多地方政府通过开展"农民工文化服务工程"创建活动,把农民工文化服务体系建设和农民工文化服务工作纳入政府重要工作议程，不断增加农民工文化服务资金的投入，并通过实施政府购买文化服务等措施有效保障农民工的文化权益。

案例 7-6

深圳市采取"政府主导+社会化运作"模式建设农民工文化服务体系，通过购买服务、委托承办等社会化运作方式，鼓励和支持社会力量积极参与农民工文化服务工作，实现了农民工文化服务的规范化与专业化，全市从 2007 年开始全面推进"农民工文化服务工程"，每年用于"农民工文化服务工程"资金超过 1000 万元人民币，初步形成了一个"结构合理、发展均衡、网络健全、产品丰富、服务优质、保障到位"的农民工公共文化服务体系，有效保障了在深农民工对精神文化的需求[①]。

深圳市通过实施"农民工文化服务工程"，全力推进农民工文化服务能力建设和文化服务体系建设，通过政府购买文化服务等手段，积极推动专业化的社会力量参与供给农民工文化服务，构建了"政府主导+社会化运作"的网络化、均衡化、专业化、高效化农民工文化服务体系和运行机制，为农民工提供了内容丰富、形式多样、规范专业的系列化文化服务，较好地满足了农民工对精神文化的多层次、多样化需求，促进了农民工的文化融合和城市融入。

案例 7-7

河南省鄢陵县通过在全县范围内开展"文化服务农民工工程"，全面提升了农民工文化服务的质量和水平，在 2012 年 5 月份召开的全

---

① 郑小红：《深圳每年投入千万元用于农民工文化服务工程》，中国新闻网，http://www.chinanews.com/cul/2011/05-30/3077616.shtml，2011 年 5 月 30 日。

国农民工文化建设现场经验交流会上,鄢陵县选报的"送文化进企业"项目荣获文化部"2012年农民工文化服务示范项目",是河南省唯一获此殊荣的项目单位①。

县(市、区)级政府开展"文化服务农民工工程"具有特别重要的意义和作用,有利于保障农民工文化服务的科学规划和资金投入,有利于优化配置区域内各类文化资源合力做好农民工文化服务工作,有利于减少服务成本、增强服务能力、提高服务效率、提升服务成效,因此,在县(市、区)级政府推广开展"文化服务农民工工程"活动十分必要,是推动农民工文化服务上质量、上水平的重要途径。

二 建设"农民工文化之家"和"农民工文化驿站"

很多地方政府立足于挖掘基层文化服务资源潜力,通过充分发挥基层文化馆站数量多、分布广等优势和专业提供文化服务的职能作用,大力开展"农民工文化之家"和"农民工文化驿站"建设活动,为农民工提供直接、具体、优质、高效的文化服务。

案例7-8

哈尔滨市南岗区以区文化馆、区图书馆和乡镇、街道文化站为平台,通过实施"'两馆一站'服务农民工实践项目",倾情打造"农民工文化艺术摇篮"、"农民工知识育人基地"和"农民工文化之家"服务体系,并以国家信息资源共享工程为基础,积极打造"农民工文化信息服务平台",使"政府主导、文化服务、资源互动"为一体的"三力合一"农民工文化服务保障体系得到有效完善,为保障在南岗

---

① 鄢陵县政府:《鄢陵县大力推进文化项目建设》,许昌市政府网站,http://www.xuchang.gov.cn/ywdt/001004/001004006/20130114/8e395c4c-a565-467d-aa43-07de35ab13a2.html,2013年1月14日。

区工作、生活的农民工群体能够平等享受城市文化改革发展成果,缩小城乡居民之间文化差异,促进整个社会和谐稳定发展与精神文明建设提供了有力支撑,2012 年,南岗区"'两馆一站'服务农民工实践项目"荣获文化部"全国农民工文化服务示范项目"荣誉称号①。

哈尔滨市南岗区充分发挥现有文化资源的优势,通过整合优化区文化馆、图书馆和乡镇(街道)文化站的文化资源,在全区范围内广泛开展了"'两馆一站'服务农民工实践项目"专项推进活动,构建了"农民工文化之家"服务体系和"农民工文化信息服务平台",为做好南岗区农民工文化服务工作提供了完善的基础设施保障和专业服务保障,有效提升了南岗区农民工文化公共服务的质量和水平,为南岗区农民工群体提供了方便快捷、丰富多彩、优质高效的文化服务,较好地保障了农民工平等享受公共文化服务的权益,促进了全区经济发展和社会进步。

案例 7-9

2013 年 6 月,四川省成都高新区西园街道办事处引入社会力量办文化,以购买公益组织服务的方式在高新区产业园区内建起农民工专属文化服务平台——"青工文化驿站",并通过"点单"定制的形式,让农民工享受到个性化的文化服务②。

成都市高新区西园街道办事处为做好辖区内 6 万多名农民工等务工人员的文化服务工作,通过购买公益组织服务的方式,利用社会力量的优质资源为农民工等务工人员提供专业化、个性化、规范化的文化服务。为方便农民工等务工人员参加文化活动,西园街道办事处会同文化服务社会组

---

① 倪伟龄、黄力辉:《哈尔滨南岗区"两馆一站"荣获"农民工文化服务示范项目"》,中国经济网,http://district.ce.cn/zg/201206/11/t20120611_23397227.shtml,2012 年 6 月 11 日。
② 钟茜妮:《6 万农民工组社团 产业园区内建起文化驿站》,《成都商报》2016 年 6 月 11 日。

织在产业园区内建起了为农民工等外来务工人员提供公共文化服务的多功能平台——"青工文化驿站",为农民工等外来务工人员提供了内容丰富、形式多样、优质高效的文化服务,较好地满足了农民工等外来务工人员对精神生活和文化产品的多样化、个性化服务需求。

案例 7-10

合肥市包河区通过每年设立 50 万元财政专项经费和建立多渠道投入机制的方式,鼓励和支持社会力量积极参与"农民工文化驿站"建设,构建了区、街、村、企"四级网络",为辖区内 40 万名农民工及产业工人提供图书阅览、艺术培训、社区影院等文化服务,并对远郊及条件薄弱的工地工厂开展送书报、送戏曲、送电影、送剧团、送心理辅导、送网络服务活动,打造了农民工及产业工人的精神文化乐园[1]。

包河区通过建设区、街、村、企"农民工文化驿站"四级网络,将广大农民工统一纳入到城市公共文化服务供给体系,为区域内的广大农民工提供了广覆盖、多方式、均等化的公共文化服务,全面提高了包河区农民工文化公共服务的质量和水平,较好地满足了包河区农民工对公共文化服务的精准化、多样化、均等化服务需求,对增强农民工文化自信、提高农民工文化素养和推进农民工文化融入发挥了重要作用,得到了广大农民工的普遍认可和广泛赞扬。

三 开展节日服务活动或设立农民工文化节

一些地方政府通过开展节日服务活动或设立农民工文化节的方式,大力开展内容丰富、形式多样、各具特色的农民工文化服务实践活动,也取

---

[1] 黄仁宗、黄广东、邵晓晖、白晓云:《农民工文化驿站效果好》,《思想政治工作研究》2014 年第 2 期。

得了丰硕的文化服务成效。

案例7-11

近年来，各地高度重视农民工文化工作，不断探索具有地方特色的农民工公共文化服务新模式，如，浙江省实施"文化低保工程"，创建省级"农民工文化家园"300余家；重庆市专门设立"重庆农民工日"，连续9年开展系列活动；云南省自2011年以来先后组织3届"建设者之歌——云南省农民工文化节"，参加创作和演出的农民工近2万人；陕西省组织开展农民工社会融合评估工作，将文化融合作为重要评估指标；辽宁省大连市将每年对农民工开展定向文化"四送"活动纳入市政府民生工程；江苏省南京市引导农民工积极参与全民阅读活动；山东省青岛市打造农民工"驿动书香"流动服务品牌[1]。

各地政府和有关部门通过设立"农民工文化节"、"农民工日"或创建"农民工文化家园"等形式，积极探索开展农民工文化服务活动、建设农民工精神文化家园、提升农民工文化服务效能的新做法、新模式和新机制，努力推动农民工普遍、充分、均等享受城市基本公共文化服务，有效提升了各地农民工文化服务的能力、质效和水平，也为国家全面推进农民工文化服务工作、促进农民工文化融入和社会融合提供了很多宝贵的经验和重要的借鉴。

案例7-12

近年来，苏州市吴江区通过建立"政府主导、企业共建、社会参与"的工作机制，把本区户籍人口70万人与农民工57.75万人共同纳

---

[1] 人社部：《全国农民工文化服务工作座谈会召开》，人力资源和社会保障部网站，http://www.mohrss.gov.cn/SYrlzyhshbzb/dongtaixinwen/buneiyaowen/201609/t20160905_246498.html，2016年9月5日。

入吴江区公共文化服务体系建设进程,通过增加公共文化服务建设资金和开展公益性电影放映、公益性培训指导、"吴江市区域文化联动暨京杭大运河(江苏)文化艺术节"、"魅力民企·乐居吴江"征文比赛、戏曲艺术节、音乐舞蹈新人大赛、职工文艺大赛等系列活动,积极推动了吴江区内进城农民工的文化融入,2012年吴江"'区域文化联动'服务农民工"成为受文化部表彰的2012年全国农民工文化服务示范项目[①]。

江苏省苏州市吴江区通过采取政策推进、机制创新、增加文化资金投入和加强文化基础设施建设等举措,统筹规划城乡居民与农民工的文化服务工作,将农民工文化服务纳入到全区公共文化服务供给体系,通过鼓励和支持社会力量积极参与农民工文化服务以及实施"'区域文化联动'服务农民工"文化服务示范项目,在全区建立了较为完善的农民工文化服务政策制度、服务体系、工作机制和服务载体,为全区农民工搭建了广泛参与文化活动和均等享受城市公共文化服务的互动平台,较好地满足了吴江区广大农民工的精神文化服务需求,有力推动了吴江区农民工的文化融入和社会融合。

案例7-13

四川省宜宾市为切实做好2019年新春佳节前后农民工及广大基层人民群众的精神文化服务工作,由宜宾市文广旅游局列支107万元,采购优质文化产品(优秀节目、戏曲和综艺节目)深入到农民工聚集的工地、驻地和乡村开展文化惠民巡演服务,深受农民工和基层群众的广泛欢迎,社会反响良好[②]。

[①] 骆颖:《江苏省苏州市吴江区推进农民工融入文化家园》,《中国文化报》2013年2月20日。

[②] 宜宣:《百万文化产品惠及农民工》,《宜宾日报》2019年2月2日。

地方政府和相关部门针对新春佳节期间农民工精神文化需求更为强烈的实际情况，通过采取政府购买文化产品和文化服务的方式开展综艺、戏曲和优秀节目乡村巡演活动，为农民工及广大乡村群众送去精神文明成果和优质文化产品，较好地满足了农民工和广大乡村群众的精神文化需求，推进了社会和谐进步和精神文明建设，促进了乡村振兴和城乡融合发展。

此外，笔者曾调研了深圳市清湖社区的"多中心"社会服务供给模式，调查发现清湖社区与清湖社区党群服务中心、清湖学堂、清湖图书馆、龙华社会组织促进会等实体建立了联合服务体制，通过政府购买服务方式为外来务工人员提供了全方位的文化服务。其中，党群服务中心的人员派驻和运营管理等工作，由民政局面向社工机构组织公开招标，中标者负责运营；清湖图书馆对外来务工人员开展图书借阅、资料查询等文化服务，主要由清湖社区出资，聘请专业机构或定期委派专业人员负责管理与运营，这些具体做法都是政府购买农民工文化公共服务的生动案例[1]。

总体看，各地政府不断强化为农民工提供公共文化服务的主体责任，通过采取加强农民工文化制度建设、加大政府购买农民工文化服务力度、支持社会力量兴办农民工文化服务平台等多项措施，不断创新和完善农民工文化公共服务的供给方式和服务手段，形成了城乡公共文化服务统筹规划、协同发展的新型格局。特别是各级政府积极联合文化服务社会组织逐步拓宽和丰富农民工文化服务的供给内容，为农民工提供了内容充实、形式多样、规范专业的系列化文化服务，极大地提高了农民工公共文化服务的质量和水平，提升了农民工的精神文明程度和文化服务成效，较好地保障了农民工均等享受城市基本公共文化服务权益，有效促进了农民工的文化融入和社会融合，加快了农民工市民化和城乡融合发展进程。

---

[1] 孙健、刘帅顺、李豪生：《以流动人口融入为重心创新社区治理——基于深圳市清湖社区的调查》，《社会治理》2020年第6期。

第三节　农民工图书、电影等文化产品服务

在快速信息化的时代，城市户籍人口获取图书、电影等文化产品的途径十分便捷、顺畅和宽泛。然而，对于同样身在城市的农民工而言，由于收入不高、缺乏平台以及就业环境和生活方式等多种原因的束缚，农民工参与图书、电影等文化消费的机会较少。为农民工开展图书、电影等文化产品服务具有特别重要的作用，不仅能够提高农民工自身的文化修养与技能水平，还可以有效缓解农民工紧张、焦虑等情绪从而减低劳动压力和精神疲惫感，增强他们在城市就业和生活的幸福感和获得感。因此，各级政府应当在充分履行公共文化服务供给主体责任的前提下，通过设立农民工文化服务专项扶持基金以鼓励和支持企业、社区和文化服务社会组织广泛开展农民工图书供给、电影播映等文化活动，建立健全政府向社会力量购买图书、电影等公共文化产品的政策体系和服务机制，以企业、社区和文化服务社会组织为依托构建农民工公共文化服务平台，为农民工提供丰富多彩的图书、电影等文化产品。事实上，全国很多地方相继开展了农民工图书供给、电影播映等文化活动并取得了初步效果。

案例 7-14

2004年，朝阳区文化馆在北京市率先推出了首家"民工影院"，2005年，"民工影院"正式成为北京市政府专款支持的为民办实事折子工程，并被纳入了朝阳区"十五"规划，得到北京市文化局等有关部门的大力支持，先后拨付了400余万元专项资金，用于购置流动放映设备、固定影厅放映设备及购买新的影片拷贝；截至2012年"民工影院"为外来务工人员累计放映影片45000余场，受众400余万人次，放映影片年均达5000余场，为此"民工影院"荣获文化部"2012年农民工文化服务示范项目"表彰，成为朝阳区和北京市农民

工文化服务的特色品牌①。

在北京市文化局等有关部门的大力支持下，北京市朝阳区文化馆将来京农民工纳入公共文化服务体系，针对进城农民工业余文化生活枯燥、缺乏文化娱乐产品以及难以均等享受城市公共文化服务等实际问题，通过组建"民工影院"长期为农民工提供电影放映服务，将优秀影片及时充足地送到农民工工地和农民工聚集区，较好地满足了农民工观看电影的服务需求。朝阳区"民工影院"的建立以及电影放映服务的开展对提高朝阳区农民工思想道德素质、丰富农民工业余文化生活和保障农民工的基本文化权益发挥了重要作用，对推动全国各地广泛深入地开展农民工电影放映服务产生了重要的影响。

案例 7-15

2006 年 10 月，浙江省总工会以实施"向农民工送文化行动"为主题，通过广泛开展"一千双万大培训"活动，向农民工送演出 1000 场、送电影 10000 场、送报纸 10000 份，采取各种形式培训农民工一百万人次，并向全省 11 个市总工会各赠送 1 套数字电影放映设备和 1 辆吉奥越野车，用于为农民工免费放映电影②。

文艺演出、电影播映、报刊赠阅等文化服务是进城农民工群体最为喜爱的文化服务内容。浙江省各级工会组织以满足农民工文化需求为己任，通过实施"向农民工送文化行动"，广泛开展多种形式的为农民工"送图书、送电影、送文艺、送培训"等文化服务活动，使工会组织服务农民工

---

① 朝阳区文化委员会：《"民工影院"荣获文化部"全国农民工文化服务示范项目"表彰》，北京市朝阳区人民政府网站，https://www.bjchy.gov.cn/affair/zfxxgkdt/8a24fe8336818f47013753793a1f073a.html，2012 年 5 月 16 日。

② 严俊、施晓义：《为农民工免费放映电影 省总工会向 11 个市赠送放映设备》，《浙江日报》2006 年 10 月 17 日。

的特殊职能作用得到充分发挥,有效提升了工会组织为农民工提供文化服务的质量和水平,对于改善和丰富进城农民工的业余文化生活,提升农民工在城镇的就业、生活质量具有重要促进作用。

案例 7-16

2007年4月,中宣部、文化部组织社会各界在北京等地相继举办了"请农民工进影院、向农民工赠图书"、"请民工进剧场"、"送戏上工地"、"送音像制品上工地"、"扶植打工者艺术团"等系列活动,在社会上引起热烈反响[①]。

改善和提升进城农民工的业余文化生活水平是各级党委和政府的重要责任。为活跃进城农民工的业余文化生活,中宣部、文化部及社会各界在全国多地组织开展了"请农民工进影院、向农民工赠图书"等系列文化活动,为全国各地的农民工送去了丰富多彩的文化产品和精神食粮,极大地丰富和充实了农民工的精神文化生活,受到了广大农民工的热烈欢迎和高度赞扬。

案例 7-17

2010年11月15日,由国务院农民工办、中宣部文艺局、国家广电总局电影局主办,中国电影家协会、北京市农民工办协办的全国农民工电影周活动启动仪式在北京人民大会堂举行,国务院农民工工作联席会议办公室主任、人社部副部长杨志明在启动仪式上提出3方面具体工作要求,一是要求各地要积极协调当地电影放映机构,深入厂矿、工地等农民工集中地进行放映;二是要求各地要以农民工电影周为契机,以文化馆、社区娱乐设施和各种活动场所为依托,举办形式

---

① 周玮:《请农民工进影院 向农民工赠图书》,《人民日报》2007年4月13日。

多样、内容丰富的活动；三是要求发挥报纸杂志、电影电视、信息网络、公共服务机构的作用，将内涵丰富、形式多样、喜闻乐见的文艺作品，奉献给广大农民工①。

各地政府与相关部门以开展"全国农民工电影周"活动为契机，为广大进城农民工提供了形式多样、内容充实的文化服务系列活动，进一步丰富和活跃了农民工的精神文化生活，大幅提高了农民工文化服务的成效和农民工的精神文化素质，有效满足了农民工的精神追求和文化需求，较好地保障了农民工的基本文化权益，对促进农民工形成自强不息、勇于进取的良好品格和形成关心、关爱农民工的社会氛围发挥了重要作用。

案例 7-18

2015 年 1 月至 10 月，国务院农民工工作领导小组办公室、全国总工会联合举办了"共圆中国梦"——农民工主题摄影大赛。大赛由国务院农民工办、全国总工会共同主办，委托中国摄影出版社承办。通过拍摄记录农民工伟大实践的过程，进一步发动全社会关心关爱农民工，颂扬农民工在国家现代化建设中做出的巨大贡献，让农民工看到自身的价值，看到美好、看到希望、看到梦想，促进农民工社会融合②。

国务院农民工工作领导小组办公室、全国总工会通过精心举办"共圆中国梦"——农民工主题摄影大赛，创作和评选出一批反映农民工为国家现代化建设辛勤工作和表现农民工优秀品质、优良作风和光辉形象的优秀

---

① 林晓洁：《农民工电影周在人民大会堂启动》，中国劳动保障新闻网．http：//www.clssn.com/html1/report/3/2763-1.htm，2010 年 11 月 16 日。

② 农民工工作司：《关于举办"共圆中国梦"农民工主题摄影大赛的通知》，人力资源和社会保障部网站，http：//www.mohrss.gov.cn/nmggzs/NMGGZSgongzuodongtai/201412/t20141229_147489.htm，2014 年 12 月 29 日。

摄影作品，使农民工在国家建设和社会发展中做出的突出贡献和历史功绩得到记录和弘扬，有效提升了农民工的社会地位和社会形象，有力地促进了农民工文化服务工作的开展和农民工文化服务水平的提升，极大地丰富和活跃了农民工群体的精神文化生活。

案例 7-19

2015年4月至10月，由河南省洛阳市文广新局主办、洛阳市电影发行放映公司承办的"文化惠民工程——百场电影送农民工"活动全面启动，该活动将在产业集聚区、重点建设工地和农民工集中地，免费放映优秀国产电影350场，其中，洛龙区、西工区、高新区、老城区各50场，涧西区80场，伊滨区40场，瀍河回族区30场，为农民工送去丰富的"精神食粮"[①]。

河南省洛阳市通过广泛开展"文化惠民工程——百场电影送农民工"活动，为进城农民工免费放映多部优秀国产影片，使洛阳市农民工群体免费分享了精彩的"观影大餐"，较好地满足了进城农民工在工作之余观赏电影的普遍需求，较好地满足了进城农民工在工作之余观赏电影的普遍需求，为把优秀电影成果更好地服务于农民工群众开创了一条新的服务路径，极大地改善和丰富了进城农民工的业余文化生活，促进了农民工公共文化服务水平和文化权益保障水平的全面提升。

案例 7-20

2015年至2016年度，吉林省总工会、吉林省新闻出版广电局在全省正式启动"农民工流动书屋"建设工程，计划筹集资金100多万元、图书2万余册，建立100个农民工流动书屋，着力缓解农民工

---

① 常书香、赵赛娜：《"百场电影送农民工"活动启动》，《洛阳日报》2015年4月15日。

"买书难、借书难、看书难"问题,普及农民工法律、科学、健康及日常生活常识,让农民工与城市居民同等享受公共文化服务,以增强农民工的科学文化素质,进一步提高农民工的社会适应能力①。

吉林省总工会、吉林省新闻出版广电局通过实施"农民工流动书屋"建设工程,在农民工就业集聚区构建了书籍种类繁多、借阅方便快捷的农民工图书借阅公共服务供给体系,为全省广大农民工参与全民阅读活动提供了便利条件,有效保障了农民工阅读图书和学习知识的基本文化权益,促进了农民工学文化、学科技、学法律、学健康常识的积极性,极大地增强了吉林省农民工的科技文化素质、思想道德素养、政策法律知识和社会适应能力,推动了有文化、高素质、高技能、守法纪的农民工新型产业工人队伍的建设。

案例 7-21

湖北省黄冈市图书馆长期坚持开展"流动图书、电影进工地"活动,流动图书服务车内有藏书 2600 余册、期刊 30 余种、报纸 10 余种,并定期更新,内容涵盖科普、人文地理、小说等各个方面,还建立了多达 300 余部电影的流动影片库,其中很多影片是农民朋友特别喜爱的喜剧、生活类大片,而且农民工可以进行"点菜式"选片观看,极大地丰富了广大务工人员的业余文化生活,深受农民工朋友的喜爱②。

工作、吃饭、睡觉"三点一线"是大多数进城农民工的日常生活轨迹,单调、乏味、枯燥的务工生活状态会对农民工的工作和精神产生较大的负面影响。因此,为广大农民工提供丰富多彩的业余文化生活服务就显

---

① 徐微:《我省首批农民工流动书屋建设工程启动》,《长春晚报》2015 年 10 月 31 日。
② 吴回州:《我市"流动图书、电影进工地"活动深受农民工朋友欢迎》,黄冈市人民政府网站,http://www.hg.gov.cn/art/2015/7/6/art_32_60506.html,2015 年 7 月 6 日。

第七章 农民工文化、体育与休闲服务

得十分重要。湖北省黄冈市图书馆通过开展"流动图书、电影进工地"活动,努力为农民工朋友提供多方面、多种类的业余文化娱乐服务,极大地丰富和活跃了农民工的业余文化生活,较好地满足了农民工朋友的精神文化需求,其灵活高效的服务方式和硕果累累的服务成效受到了广大农民工朋友的热烈欢迎。

案例 7-22

2015年7月,武汉市总工会针对农民工习惯通过移动网络接受资讯的情况,开发出武汉职工服务中心微信公众号和天天关怀APP,直接向农民工推送宣传和服务信息,通过将80万册图书、500份报刊入驻"武汉职工服务中心"微信公众号,实现农民工轻轻一点即可免费享受海量阅读,使武汉工会探索农民工服务线上线下联动机制取得显著成效[1]。

为农民工提供精神文化服务是各级工会组织的重要职责和基本义务。武汉市总工会针对农民工业余文化生活普遍匮乏的实际情况,通过创新农民工文化服务供给模式,运用武汉职工服务中心微信公众号为农民工提供图书、报刊线上海量阅读服务,构建了农民工文化服务线上线下联动发展、互助互补的供给机制,使农民工图书、报刊阅读服务呈现出方便快捷、优质高效和普惠共享等突出优点,极大地提升了武汉市农民工精神文化服务的质量和水平,为各地工会组织开展农民工精神文化服务提供了宝贵的经验借鉴。

案例 7-23

2015年以来,宁夏回族自治区吴忠市总工会从提升农民工文化素

---

[1] 邹明强、吴志武、张明:《武汉:80万册图书500份报刊供农民工免费阅读》,《工人日报》2015年7月16日。

质入手,开展"送戏、送电影、送图书进企业、进工地活动",把"文化大餐"送到农民工身边,截止2015年8月,已建成农民工职工书屋15个、流动图书室13个、综合文化活动室8个,送戏进企业20余场,免费放映电影1000多场①。

宁夏回族自治区吴忠市总工会把加强和改善农民工文化服务作为工会工作的重要任务,通过建设农民工职工书屋、农民工流动图书室和农民工综合文化活动室等文化基础设施,为农民工平等享受城市文化公共服务提供了便捷的服务渠道和完善的服务环境。同时,吴忠市总工会还通过开展"送戏进企业"、"免费放电影"等系列文化活动,为广大一线农民工等务工人员提供了形式多种多样、内容丰富多彩的精神文化服务,有力维护了农民工群体的文化权益。

案例 7-24

2016年以来,宁夏回族自治区石嘴山市以创建国家公共文化服务体系示范区为契机,在农民工聚集地广泛开展"送戏下乡"、"百姓健康舞培训"、"舞动石嘴山—广场文化艺术节"和农民工公益电影放映、全市幸福舞步大赛等活动,仅在2016年上半年,石嘴山市就完成"广场文化艺术节"演出65场次、"我为乡亲送戏来"演出199场次、"百姓健康舞培训"578人次,农民工公益电影专场放映活动50余场次,受益群众达万余人,极大地丰富了农民工的精神文化生活,促进了全社会关爱农民工良好氛围的形成②。

电影观赏是农民工最为喜爱的文化活动之一。宁夏回族自治区石嘴山市

---

① 马学礼、郑建平:《吴忠市总送农民工文化大餐》,《工人日报》2015年8月31日。
② 丁丽:《石嘴山市为农民工送上"文化套餐"》,中国文明网,http://www.wenming.cn/syjj/dfcz/nx/201607/t20160720_3539342.shtm,2016年7月19日。

第七章　农民工文化、体育与休闲服务

通过开展"农民工公益电影专场放映"活动，切实满足了农民工在业余时间观看电影的文化需求，同时，石嘴山市还在农民工聚集地多次开展"广场文化艺术节演出"、"幸福舞步大赛"等系列文化活动，以丰富多彩的精神文化产品为在城镇工作和生活的农民工提供了良好的精神文化服务，在全社会形成了关爱农民工、服务农民工的良好氛围，有效维护和保障了农民工群体的文化权益，极大地增强了农民工的获得感、融入感和幸福感。

案例 7-25

上海市委、市政府高度重视农民工等外来务工人员精神文化生活需求，把"农民工假日免费电影专场放映活动"作为上海市政府为农民工送文化的实事项目严格落实，为沪上农民工送上假日文化大餐；据了解，上海市文广局、上海市总工会已经连续七年联合举办"同在阳光下"———上海农民工假日免费电影专场放映活动，深受节日期间留沪农民工群体的欢迎[①]。

上海市文广局、上海市总工会高度重视农民工文化服务工作，通过长期开展"农民工假日免费电影专场放映活动"，为在沪农民工提供假日免费电影放映服务，较好地解决了节假日期间农民工文化生活枯燥乏味等突出问题，受到在沪农民工群体的广泛欢迎和交口称赞，极大地丰富了节假日期间留沪农民工的精神文化生活，使在沪农民工群体深切地感受到党和政府与工会组织的温暖和关怀。

案例 7-26

2018年7月底至12月31日，海口市文体局主办、海南精标实业有限公司承办开展了"2018年慰问农民工电影放映"活动，为各建

[①] 李婷：《"十一"90 余个放映点将免费放映百余场电影 为沪上农民工送上假日文化大餐》，《文汇报》2017 年 9 月 29 日。

筑、环卫、家政服务、物业、交通运输等企业农民工放映电影约 600 场，每场人数约 100 人，另派送惠民公益电影票 4 万张，整个活动惠及人数 10 万余人①。

海南省海口市文体局和海南精标实业有限公司通过联合开展"2018 年慰问农民工电影放映"活动和为农民工派送惠民公益电影票活动，为海口市农民工免费观看电影提供了专享渠道和便利条件，较好地满足了海口市主要行业和重点企业农民工群体观看电影的服务需求。该项活动也相应提升了城市文化部门和相关机构为农民工群体提供文化服务的责任意识和能力水平，对丰富和充实农民工的精神文化生活以及维护和保障农民工平等享受城市基本公共文化服务权益发挥了重要作用。

此外，还有很多城市通过建设城市书房的方式为城市居民和农民工等外来务工者提供公共阅读服务，特别是温州市城市书房建设成效显著，成为我国城市公共文化服务创新发展的典型示范实践样本。

案例 7-27

温州市城市书房是由政府主导，社会力量参与，依托各级公共图书馆，采用自动化设备和无线射频技术，实现一体化服务，具备 24 小时开放条件的场馆型自助公共图书馆，该项目从 2015 年至 2019 年连续五年列入温州市委、市政府"十大民生实事"，从 2014 年开始至 2019 年为止已建成 88 家城市书房；通过全面推广温州经验，至 2019 年底，浙江省建成城市书房 387 家，县（市、区）覆盖率达 100%；据不完全统计，全国已有 130 余个城市学习参照温州模式，建成 1687 家城市书房，掀起了城市特色公共阅读空间建设大潮②。

---

① 吴雨倩：《十余家影院参与放映送票活动 海口免费请农民工看电影》，《海口日报》2018 年 7 月 26 日。
② 温州市财政局：《关于〈温州市城市书房扶持补助办法〉的解读》，温州市财政局网站，http：//czj.wenzhou.gov.cn/art/2020/4/24/art_1229126795_592613.html，2020 年 4 月 24 日。

第七章 农民工文化、体育与休闲服务

城市书房是温州市著名的公共文化服务品牌,在为温州市农民工提供图书阅览服务和推动全民阅读以及助推文化温州建设等方面发挥了重要作用。在温州市城市书房的建设和管理中,温州市城市书房扶持补助专项资金发挥了极其重要的支持保障作用。为进一步提高温州市城市书房扶持补助专项资金使用效益,推动社会力量积极参与城市书房建设和管理,2020年4月,温州市财政局、温州市文化广电旅游局联合印发《温州市城市书房扶持补助办法》(温财教〔2020〕3号),明确城市书房扶持补助资金由市级财政安排,纳入年度部门预算,主要用于对城市书房建设和免费开放的补助,保障城市书房建设和服务质量。该政策明确规定了城市书房的建设补助资金与标准,明确"对符合选址条件的市区城市书房,建成并通过验收合格的,一次性给予20万元建设补助资金和配备自助借还设备以及图书防盗安全门禁系统",并对运行满一年的城市书房进行服务效能考核并予以星级评定,根据星级评定结果给予相应标准的城市书房免费开放补助资金,补助标准为:年度考核被评为五星的补助6万元,四星的补助5万元,三星的补助4万元。该政策的实施进一步加强和规范了温州市城市书房扶持补助资金的管理,确保了温州市城市书房扶持补助资金的合理使用和安全运行,提高了温州市城市书房扶持补助资金的引导功能和使用效益,进一步强化了城市书房"温州样本"的示范引领作用,对于鼓励、支持和推动社会力量积极参与温州市城市书房建设和管理,逐步提升温州市城市书房的服务质量和服务水平发挥了重要作用。

总体看,全国各地各级政府及其相关机构通过购买服务等方式为农民工群体提供了丰富多彩、卓有成效的图书、电影等文化产品服务,极大地丰富和充实了农民工的精神文化生活,较好地满足了农民工对图书阅览和电影观赏的特殊服务需求,提高了农民工的精神文化素养和思想道德素质,有效地保障了农民工的基本文化权益,促进了农民工自强不息、甘于奉献等良好品格的形成,在全社会构建了关心、关爱和服务农民工的良好氛围,增强了农民工在城市生活的幸福感和获得感,得到了广大进城农民工的普遍欢迎和高度赞誉。

值得注意的是，社会组织目前已经成为农民工文化服务的重要力量，最为典型的案例是，南京协作者社区发展中心开展了大量为农民工提供图书、电影等文化产品的社会活动，充分发挥出社会组织在供给农民工公共文化服务中的补充作用并发展成为地方政府引进社会组织服务模式的重点合作单位[①]。因此，应当进一步加大政府向社会组织购买农民工文化服务的力度，充分发挥社会组织在为农民工提供图书、电影等文化产品服务中的重要作用，促进农民工公共文化服务工作向更高标准、更好水平和更强效能方向迈进。

第四节 农民工体育健身与休闲服务

保障农民工平等享受体育健身、体育娱乐、体育比赛等休闲服务是愉悦农民工心情、提高农民工身体素质和提升农民工健康水平的关键之举，也是贯彻落实党中央、国务院关于开展全民健身运动、发展全民健身事业的重要举措。党和政府非常重视城乡公民的体育健身活动，相继出台了一系列政策制度保障城乡公民实现对体育健身产品的平等享受。2011年2月，国务院印发《全民健身计划（2011—2015年）》（国发〔2011〕5号），明确到2015年，要实现"城乡居民体育健身意识进一步增强，参加体育锻炼的人数显著增加，身体素质明显提高，形成覆盖城乡比较健全的全民健身公共服务体系"以及经常参加体育锻炼人数进一步增加、城乡居民身体素质进一步提高、体育健身设施有较大发展、全民健身活动内容更加丰富、全民健身组织网络更加健全、全民健身指导和志愿服务队伍进一步发展、科学健身指导服务不断完善、全民健身服务业发展壮大的目标任务，并提出深入开展全民健身宣传教育、大力发展城市社区体育、着力推动职工体育、广泛开展全民健身活动、组织举办全民健身运动会等12项具

---

① 叶继红：《农民工文化需求与城市公共文化服务体系构建——来自江苏的调查与思考》，《中州学刊》2015年第6期。

体工作措施。该政策的实施全面促进了全民健身社会化组织网络和全民健身公共服务体系的形成，有力地提升了全民健身服务的供给能力和工作水平，推动全民健身事业实现了健康发展、快速发展，丰富和活跃了人民群众的精神文化生活，提高了公民健身素养、身体素质和健康水平，推进了健康中国和体育强国的建设进程，也为各地各部门有效开展农民工体育健身服务活动提供了政策依据和制度支撑。

为推动体育产业加快发展，2014年10月，国务院印发《关于加快发展体育产业促进体育消费的若干意见》（国发〔2014〕46号），提出"到2025年，基本建立布局合理、功能完善、门类齐全的体育产业体系，体育产品和服务更加丰富，市场机制不断完善，消费需求愈加旺盛，对其他产业带动作用明显提升，体育产业总规模超过5万亿元，成为推动经济社会持续发展的重要力量"以及产业体系更加完善、产业环境明显优化、产业基础更加坚实的发展目标，明确"推行政社分开、政企分开、管办分离，加快推进体育行业协会与行政机关脱钩，将适合由体育社会组织提供的公共服务和解决的事项，交由体育社会组织承担"，"鼓励社会力量建设小型化、多样化的活动场馆和健身设施，政府以购买服务等方式予以支持"，"鼓励社会资本进入体育产业领域，建设体育设施，开发体育产品，提供体育服务"，明确"要安排一定比例体育彩票公益金等财政资金，通过政府购买服务等多种方式，积极支持群众健身消费，鼓励公共体育设施免费或低收费开放，引导经营主体提供公益性群众体育健身服务"。该政策的实施有力推进了我国体育产业的创新发展和快速发展，有效扩大了我国体育产业的发展领域和总体规模，促进了我国体育产业与经济社会的协调发展和融合发展，极大地改善了我国体育产品和体育服务的供给能力和供给水平，更好地满足了人民群众多元化、多方式、多样化体育服务需求，对提高人民群众身体素质和健康水平、增强我国体育产业发展活力和市场竞争力发挥了重要作用。

为推进"十三五"期间体育事业健康发展，2016年5月，国家体育总局发布施行《体育发展"十三五"规划》（体政字〔2016〕75号），提出

"坚持建设体育强国的战略定位，实施全民健身国家战略，推进健康中国建设，坚定不移走中国特色社会主义体育发展道路，创新体育发展方式，全面提升体育治理体系与治理能力现代化水平，努力将体育建设成为中华民族伟大复兴的标志性事业"，明确要"进一步健全政府购买体育服务体制机制，完善资金保障、监督管理、绩效评价等配套政策，制定政府购买体育服务指导性目录，把适合由市场和社会承担的体育服务事项，按照法定方式和程序，交由具备条件的社会组织和企事业单位承担，逐步构建多层次、多方式的体育服务供给与保障体系"，特别提出要"广泛调动社会力量，为贫困人口和农民工等弱势群体参加体育活动提供场地设施、科学指导等保障服务"。该规划的实施有力地促进了我国体育事业向协调发展、共享发展和可持续发展方向迈进，调动了社会力量参与体育事业和体育服务的积极性，在全社会营造了崇尚健康、全民健身的良好氛围，加快了我国公共体育服务体系建设和体育强国建设的发展进程，有效提升了人民群众的体育素质和健康水平，更好地满足了人民群众日益增长的多层次、多样化、高质效体育需求。

为推动健康中国建设，2016 年 6 月，国务院印发《全民健身计划（2016—2020 年）》（国发〔2016〕37 号），明确提出全民健身是实现全民健康的重要途径和手段，是全体人民增强体魄、幸福生活的基础保障，要求以增强人民体质、提高健康水平为根本目标，以满足人民群众日益增长的多元化体育健身需求为出发点和落脚点，统筹建设全民健身公共服务体系和产业链、生态圈，提升全民健身现代治理能力。该计划明确提出要推进体育社会组织改革，"按照社会组织改革发展的总体要求，加快推动体育社会组织成为政社分开、权责明确、依法自治的现代社会组织，引导体育社会组织向独立法人组织转变，推动其社会化、法治化、高效化发展，提高体育社会组织承接全民健身服务的能力和质量"，要求加大资金投入与保障，"安排一定比例的彩票公益金等财政资金，通过设立体育场地设施建设专项投资基金和政府购买服务等方式，鼓励社会力量投资建设体育场地设施，支持群众健身消费。依据政府购买服务总体要求和有关规定，制定政府购买全民健身公共服务的目录、办法及实施细则，加大对基层健身组织和健身赛事活动等的购买比重"。该计划的实施进一步健全完善了我国全民健身公共服务体系，构建了政府主导、社会参与、全民响应的全民健身新型发展格局，有效提升了全民健身社会治理能力和治理成效，推动我国全民健身事业实现了高质量发展和飞跃式发展，为全面提升我国公共体育服务能力和服务质效、更好地满足人民群众多元化的体育健身需求、不断提高人民群众身体素质和健康水平、全面加快体育强国和健康中国建设提供了有力的政策支撑和基础保障。

为推进健身休闲产业加快发展，2016年10月，国务院办公厅印发《关于加快发展健身休闲产业的指导意见》（国办发〔2016〕77号），明确"健身休闲产业是体育产业的重要组成部分，是以体育运动为载体、以参与体验为主要形式、以促进身心健康为目的，向大众提供相关产品和服务的一系列经济活动，涵盖健身服务、设施建设、器材装备制造等业态"，指出"加快发展健身休闲产业是推动体育产业向纵深发展的强劲引擎，是增强人民体质、实现全民健身和全民健康深度融合的必然要求，是建设'健康中国'的重要内容"，要求壮大体育社会组织，"推进体育类社会团体、基金会、民办非企业单位等社会组织发展，支持其加强自身建设，健全内部治理结构，增强服务功能。对在城乡社区开展健身休闲活动的社区社会组织，降低准入门槛，加强分类指导和业务指导。鼓励各类社会组织承接政府公共体育服务职能。发挥体育社会组织在营造氛围、组织活动、服务消费者等方面的积极作用"，要求进一步健全政府购买公共体育服务的体制机制，"运用彩票公益金对健身休闲相关项目给予必要资助。鼓励地方通过体育产业引导资金等渠道对健身休闲产业予以必要支持"。该政策的实施有力地促进了我国健身休闲产业的结构优化和产能提升，推动了我国健身休闲产业的快速健康发展，极大地提高了我国健身休闲产业的创新能力和质量效益，对更好地满足人民群众多样化健身休闲服务需求、促进全民健身和全民健康融合发展发挥了重要作用。

为规范和促进社会体育俱乐部有序发展，2020年6月，国家体育总局等8部门印发《关于促进和规范社会体育俱乐部发展的意见》（体规字〔2020〕2号），明确要"发挥政府主导作用，营造良好发展环境，引导社会力量积极参与，推动社会体育俱乐部更好地普及体育运动、促进体育事业发展"，要求"各级体育部门要通过购买服务、资金补贴等方式引导鼓励社会力量举办面向社会体育俱乐部的赛事活动，丰富赛事活动供给，构建社会体育俱乐部赛事活动体系"，要求"各级体育部门应当将由政府举办并适宜由社会体育俱乐部承担的体育赛事、训练、培训等服务事项纳入指导性目录，建立政府购买服务的遴选机制、监督机制、激励和约束机制等，推动社会体育俱乐部承担政府购买服务规范化、制度化、法治化"。该政策的实施为社会体育俱乐部的发展壮大营造了良好环境，形成了政府、市场、社会合力共推社会体育俱乐部健康发展的新型格局，进一步强化了社会体育俱乐部的社会责任和自律意识、服务意识，促进了社会体育俱乐部的有序化、规范化、多样化建设和发展，对促进全国竞技体育、全民健身以及体育产业的发展提高发挥了重要的支持作用，有力地推动了体育强国和健康中国的建设进程。

在上述政策指导下，很多地方政府陆续开展了卓有成效的农民工体育休闲服务实践并取得了良好的服务效果。

案例 7-28

2010年9月30日，银川市总工会和银川市体育局在银川市湖滨体育场组织举办了银川市首届"农民工休闲运动会"，本次运动会以"心系农民工，文化健康送到家"为主题，共设置七个集体项目及六个个人项目，趣味性较强、参与度较高，旨在营造全社会尊重、关爱农民工的良好氛围，让广大农民工朋友们在运动中分享健康快乐的美好心情①。

---

① 李浩：《银川市召开首届"农民工体育休闲运动会"》，温州网，http://news.66wz.com/system/2010/10/01/102097299.shtml，2010年10月1日。

第七章 农民工文化、体育与休闲服务

银川市总工会和银川市体育局高度重视进城农民工的体育健身和休闲服务，通过定期举办富有趣味性的"农民工休闲运动会"，努力丰富和活跃进城农民工的精神文化生活，为广大农民工朋友带来了尊重，带来了服务，带来了欢乐，带来了健康，使广大农民工群众深切感受到党和政府的温暖和关怀，极大地增强了农民工的获得感、归属感和幸福感，对营造关心、爱护和服务农民工的良好社会氛围，促进农民工城市融入和社会融合发挥了重要作用。

案例 7-29

2011年5月，上海市总工会、上海市体育局共同举办"闵行杯"农民工健身大赛，为农民工搭建了活跃身心、强健体魄、增进友谊的平台，大赛共设置拔河、保龄球、定点投篮、中国象棋4个项目和以大靴子、托盘子、滚轮胎、运砖块接力共同组合成的"齐心协力"趣味比赛，来自机电、地铁、医药、交通、城建等行业的近百家企事业单位的864名农民工参加大赛复赛[①]。

上海市总工会、上海市体育局把农民工体育服务纳入重要工作日程，通过举办"闵行杯"农民工健身大赛，为推进农民工体育健身提供了新的活动载体和服务路径，激发了在沪农民工参与体育健身和健康保健的积极性，为农民工创造了"活跃身心、强健体魄、增进友谊"的良好机遇和优质平台，促进了全市农民工体育休闲服务水平和农民工身心健康水平的提升，推动了农民工健身强体服务和体育休闲服务的互动融合与快速发展。

案例 7-30

2014年12月，为迎接重庆市第八个"农民工日"，重庆市体育局

---

① 钱培坚：《上海职工体育健身四季大联赛启动》，《工人日报》2011年5月5日。

为渝北区农民工赠送了一批价值10余万元的体育健身器材,并在全市农民工中组织开展武术操培训、篮球赛、健身知识讲座、体质监测、趣味体育竞赛等活动,自2007年设立"重庆农民工日"以来,重庆市体育局及区县体育部门长年开展为农民工捐赠体育器材、农民工社会指导员专场培训、送体育活动上门、体质监测等形式多样的体育服务活动,为农民工在闲暇之余开展体育健身活动,促进农民工身体健康和融入城市生活起到了积极的作用①。

为进城农民工群体提供多种类、多方式、高质量的体育健身服务是各级政府体育部门的重要职责。重庆市体育局高度重视农民工体育健身服务工作,长期坚持在"重庆农民工日"期间集中开展体育辅导培训和赠送体育器材等形式多样的农民工体育服务活动,推动形成了关心、重视和支持农民工开展体育健身和参与休闲服务的良好社会氛围,为全面提升全市农民工体育健身活动成效和体育休闲服务质量做出了突出的贡献,促进了全市农民工群体更快、更好地融入城市社会。

案例 7-31

2017年9月,山西省人民政府办公厅印发《关于扶持职业体育发展的意见》(晋政办发〔2017〕126号),明确由政府购买服务,满足人民群众对公共体育的需求,支持全省职业体育发展,每场比赛原则上按照不超过场次总票数10%的比例由政府购买门票,免费发放给青年学生、环卫工人、农民工等特殊人员,体现政府对特殊群体的关心爱护,满足人民群众对公共体育的需求。

山西省人民政府办公厅明确要求通过政府购买服务的方式为农民工、

---

① 邓红杰:《重庆向农民工赠器材送辅导开展体育活动》,国家体育总局网站,http://www.sport.gov.cn/n16/n1107/n2069668/5942084.html,2014年12月10日。

青年学生、环卫工人等特殊群体提供职业体育比赛观赛门票,体现了党和政府对发展职业体育的重视和支持,也充分体现了党和政府对农民工、青年学生、环卫工人等特殊人员的关心和爱护。该政策的实施较好地满足了农民工等特殊群体观看职业体育比赛的需求,有效推动了山西省职业体育和体育产业的健康快速发展,促进了农民工等群体体育公共服务质量和水平的提升,对推动全省农民工等特殊群体积极参与城市体育活动以及平等享受城市体育公共服务发挥了重要作用。

案例 7-32

2019年11月24日,由四川省体育局、广东省体育局、四川省人社厅、四川省政府驻广州办事处联合主办的首届川籍农民工运动会(广州)在广东省体育馆举行。来自四川省19个市(州)在粤务工人员组团参赛,共有24个代表团、689人参加比赛,比赛设置了乒乓球、集体跳绳等10个大项、13个小项的项目,每个比赛项目前八名都将获得奖金奖励,其中获得比赛前三名的,将分别授予金、银、铜牌以及四川航空公司赠送的从广东至四川的机票等奖励,此外,组委会还给每名参赛运动员发放了200元的误工补助[1]。

四川省体育局、广东省体育局、四川省人力资源和社会保障厅、四川省政府驻广州办事处联合在广州为远离家乡的川籍农民工举办运动会,是农民工体育公共服务的重大实践创新,不仅展示了川籍农民工自强不息、勇于拼搏的奋斗精神和独特风采,也为川籍农民工提供了快乐运动、相互交流、增进友谊的良好机遇和互动平台,使川籍农民工在异地他乡能够深切感受到来自家乡的关怀和温暖,极大地增强了川籍农民工的成就感、自豪感和幸福感。

---

[1] 刘春华、薛剑:《首届川籍农民工运动会在广州举行》,《四川日报》2019年11月25日。

案例 7-33

2020年1月17日，四川省乐山市人社局、总工会、体育局联合举办了2020年新春农民工体育联谊赛，来自全市各地的18支代表队150多名农民工运动员参与了乒乓球、个人跳绳、集体跳绳等5个项目的竞赛，以健康快乐的方式迎接鼠年新春的到来，通过体育联谊赛进一步丰富了农民工的体育文化生活，培养了农民工的爱国主义、集体主义和顽强拼搏的精神[1]。

四川省乐山市人力资源和社会保障局、乐山市总工会、乐山市体育局通过联合举办2020年新春农民工体育联谊赛，丰富和充实了乐山农民工的体育活动内容，调动和激发了乐山农民工参与体育运动的积极性，促进了农民工之间的交流、互动，增进了农民工之间的友谊、团结，展示了乐山农民工自强不息的崭新风貌和勇于进取的拼搏精神，极大地增强了乐山农民工对城市的亲近感和认同感，有力地促进了乐山农民工的城市融入和社会融合。

由此可见，国家在新型城镇化和城乡融合发展背景下更加重视进城农民工等外来务工人员的基本公共体育服务均等化问题，通过出台一系列推进全民健身公共服务体系建设、促进体育产业和健身休闲产业加快发展的政策措施，为构建具有中国特色的公共体育服务体系和全民健身新型发展格局提供了重要的制度保障，对提高进城农民工体育健身服务和体育休闲服务的能力、质效和水平产生了重要的影响。特别是各级政府通过购买服务等有效方式为进城农民工提供了多种多样、富有成效的体育健身和休闲服务，提升了农民工体育健身和休闲娱乐的整体水平，提高了农民工在城市就业、生活的满意度和幸福感，对提升农民工的身体素质和健康水平以及城市融入效果发挥了重要促进作用。

---

[1] 蒲晓君：《乐山市2020年新春农民工体育联谊赛开幕》，四川新闻网，http://leshan.newssc.org/system/20200117/002837654.html，2020年1月17日。

第七章 农民工文化、体育与休闲服务

但同时我们应当清醒地认识到,在全国范围内普遍存在着农民工体育健身服务供给能力不足、农民工体育休闲服务发展不均衡、农民工体育活动参与度不高和活动效果较低等突出问题,未能全面充分地满足进城农民工对公共体育服务的多元化、多样化服务需求。各地政府应高度重视并主导推进流动人口体育公共服务事业的规范和发展,应为城市流动人口建立"属地化管理,市民化服务"制度,挖掘需求、保障供给,做到标准化、精准化、均等化,尤其是体育主管部门和计划生育部门要协作共赢,要在政府购买服务趋势下大力扶持体育非营利组织[1],充分发挥体育非营利组织专业化、便捷化、高效化等优势,为农民工等流动人口提供更为全面、更为完善、更为优质的体育健身服务和体育休闲服务。

诸多学者还对改善农民工体育健身服务提出了具体的建议。丁振峰等学者认为新时期新生代农民工体育的主要发展模式有两种:"政府＜企业"模式和"民间＜个人"模式,其中,"政府＜企业"模式是指政府部门或相关机构应根据社会经济的实际情况和新生代农民工体育发展的实际需要,做好相关的制度建设和环境支持,通过具有强制性效力的政策和法规的出台,对新生代农民工体育进行宏观的组织、指导和管理,与此同时,新生代农民工所在企业应在国家体育方针指引下,把新生代农民工体育作为进行精神文明建设的一个重要手段和阵地,结合自身的实际情况组织和开展相关的农民工体育活动;"民间＜个人"模式是指企业(用人单位)和相关政府部门通过提供资金保障和制度支持,依托各类民间体育组织来开展农民工体育活动,通过民间"体育协会"或者"体育兴趣俱乐部"的形式,在新生代农民工中开展小型多样的体育活动,以满足农民工体育锻炼需求并保障其基本体育权利[2]。朱寒笑、陈小蓉认为建设农民工体育参与与健康促进社会支持系统尤为重要,应当以政府为主导与责任主体,以社区为纽带,以企事业单位为基础,以工会、农民工体育俱乐部为依托,打

---

[1] 张文:《上海市流动人口体育公共服务供给研究》,硕士学位论文,东华大学,2015年。
[2] 丁振峰、窦海波、袁晓毅、李莉:《新生代农民工体育发展模式研究》,《体育文化导刊》2015年第5期。

造农民工体育综合支持系统与社区支持网络,在具体操作上可以利用工厂、社区举办健康教育专题讲座,也可以利用体育彩票公益金建设临时或简易体育场地设施、文体活动室,同时整合社区、企业以及农民工工会、农民工体育组织等社会力量来合力解决农民工体育参与与健康促进社会支持系统严重滞后的问题,努力营造农民工体育社会支持的公共空间,让农民工体育参与成为城市全民健身队伍中最靓丽的一道风景[1]。林岚、李大威认为发展农民工体育是发展群众体育的重要环节,是建设体育强国的重要基础,提出在全民健身视域下实现农民工体育可持续发展应做好五方面工作:一是充分发挥政府部门的职能作用,通过明确、规范农民工体育法规、政策,关注、保障农民工的体育权利,维护农民工的体育基本利益;二是强化农民工的体育意识,帮助农民工树立"身体健康首位"观念,不断提高农民工的体育意识和文化修养,对农民工开展体育技能技巧培训和举办农民工体育活动;三是动用社会力量关爱农民工体育,为农民工参与体育活动提供条件,创造机会;四是统筹农民工体育发展,合理配置体育资源,保障农民工同等享受体育服务的权利;五是关注新生代农民工体育,实现新生代农民工体育意识与城市的无缝衔接[2]。上述理论探索和研究成果具有重要的学术价值,为推进农民工公共体育服务的理论创新和实践探索提供了重要的参考借鉴。

---

[1] 朱寒笑、陈小蓉:《关于构建农民工体育参与与健康促进社会支持系统的思考》,《中国体育科技》2010年第3期。

[2] 林岚、李大威:《全民健身视域下农民工体育可持续发展的研究》,《成人教育》2019年第6期。

第八章　农民工法律宣讲与法律援助服务

进入新世纪以来，国家和地方政府不断加强对农民工群体的法律保护，农民工在城镇的就业、生活环境总体上得到了较大改善，促进了农民工群体的城市融入和和谐社会的建设。但农民工在就业和生活中受到不法侵害的现象仍然时有发生，尤其是用工方拖欠或拒付农民工工资待遇、非法延长农民工工作时间、不向农民工提供规范化的安全生产和身心健康保护措施等问题较为突出，而农民工群体由于法律知识相对缺乏、法律意识相对淡薄，通常在自我权益保护中缺少足够的法律认知能力、法律救济手段和依法维权本领，在遭受用工方不法侵害时急切需要政府和相关部门以及社会各类法律服务机构给予必要的法律援助服务。因此，建立完善的农民工法律援助服务制度，为农民工提供直接、具体、周到、细致的法律服务就具有特别重要的现实意义，对于有效维护和保障农民工在经济、政治、文化等方面的合法权益，促进社会公平正义和和谐稳定具有重要作用。

第一节　农民工法律援助政策

建立和完善农民工法律援助制度，既是政治文明与法治文明的体现，也是社会文明的体现，不仅有助于实现全面依法治国战略，而且有助于农民工群体在遇到法律问题或者权利受到侵害时获得及时有效的法律帮助，有助于减少社会矛盾，有利于实现社会和谐[1]。为做好农民工等特殊公民群体的法律援助工作，国家和相关部门制定实施了诸多法律法规和政策制度以保障农民工等国家公民的合法权益。2003年7月，《法律援助条例》（国务院令第385号）公布，该条例明确"法律援助是政府的责任，县级以上人民政府应当采取积极措施推动法律援助工作，为法律援助提供财政支持，保障法律援助事业与经济、社会协调发展"，明确"国家支持和鼓励社会团体、事业单位等社会组织利用自身资源为经济困难的公民提供法律援助"。该条例的实施全面促进和规范了我国的法律援助工作，为经济困难农民工和其他经济困难公民及时有效获得法律援助服务提供了法律保障。2004年9月，劳动和社会保障部、建设部印发《建设领域农民工工资支付管理暂行办法》（劳社部发〔2004〕22号），对规范建设领域农民工工资支付行为，预防和解决建筑业企业拖欠或克扣农民工工资问题做出了严格规定，明确对企业未按照约定支付工资、支付工资低于当地最低工资标准、拖欠或克扣工资、不支付加班工资等侵害农民工工资报酬权益的行为进行严肃查处。该政策的实施对于严厉打击建筑业企业拖欠或克扣农民工工资行为、保障农民工依法及时、足额获得劳动报酬权益发挥了重要作用。

为保障农民工的劳动权益，2005年4月，劳动和社会保障部等3部门联合印发《关于加强建设等行业农民工劳动合同管理的通知》（劳社部发〔2005〕9号），明确"通过劳动合同确立用人单位与农民工的劳动关系，是维护农民工合法权益的重要措施"，要求"推动各类用人单依法与农民工签订劳动合同，提高劳动合同签订率"，明确要求用人单位在使用农民工时，"应当依法与农民工签订书面劳动合同，并向劳动保障行政部门进行用工备案"，明确用人单位与农民工签订的劳动合同应当包括劳动合同期限、工作内容和工作时间、劳动保护和劳动条件、劳动报酬、劳动纪律、违反劳动合同的责任等条款，要求"用人单位要按照安全生产有关规定，为农民工提供必要的劳动安全保护及劳动条件"，要求"在劳动合同

---

[1] 张德淼：《建立和完善农民工法律援助制度的法治意义》，《人民论坛》2019年第19期。

中要明确工资以货币形式按月支付,并约定支付的时间、标准和支付方式"。该政策的实施极大地增强了农民工用人单位和农民工群体的劳动合同意识,全面加强了建设等行业农民工劳动合同的签订、管理工作,大幅提高了农民工劳动合同的签订率,使农民工的就业环境得到进一步改善,有力维护和保障了农民工的合法劳动权益。

为规范工会法律援助工作,2008年8月,全国总工会印发《工会法律援助办法》(总工发〔2008〕52号),明确"工会建立法律援助制度,为合法权益受到侵害的职工、工会工作者和工会组织提供无偿法律服务",要求"县级以上地方工会和具备条件的地方产业工会设立法律援助机构,在同级工会领导下开展工作",明确工会法律援助的范围是:(一)劳动争议案件;(二)因劳动权益涉及的职工人身权、民主权、财产权受到侵犯的案件;(三)工会工作者因履行职责合法权益受到侵犯的案件;(四)工会组织合法权益受到侵犯的案件;(五)工会认为需要提供法律援助的其他事项"。该办法明确规定"法律援助事项结案后,工会法律援助机构应当按规定向承办人员支付法律援助办案补贴"。该政策明确工会建立法律援助制度、提供法律援助服务是政府法律援助服务的重要补充,强调维护职工合法权益是各级工会的基本职责,对工会法律援助机构和人员、范围和条件、申请和承办、资金来源和管理等工作内容进行了全面规范,为全国工会系统广泛开展职工法律援助服务工作、切实维护职工合法权益和构建和谐稳定的劳动关系提供了制度保障。

为健全完善我国法律援助制度,2015年6月,中共中央办公厅、国务院办公厅印发《关于完善法律援助制度的意见》(中办发〔2015〕37号),明确"法律援助是国家建立的保障经济困难公民和特殊案件当事人获得必要的法律咨询、代理、刑事辩护等无偿法律服务,维护当事人合法权益、维护法律正确实施、维护社会公平正义的一项重要法律制度",要求"认真组织办理困难群众就业、就学、就医、社会保障等领域涉及法律援助的案件,积极提供诉讼和非诉讼代理服务,重点做好农民工、下岗失业人员、妇女、未成年人、老年人、残疾人和军人军属等群体法律援助工作,切实维护其合法权益",明确要"加大政府购买法律援助服务力度,吸纳社会工作者参与法律援助,鼓励和支持人民团体、社会组织开展法律援助工作"。该政策对做好新时期的法律援助工作做出了全面部署,进一步健全完善了我国的法律援助制度,推动形成了多部门协同配合、联动互助的法律援助服务体系和工作机制,扩大了法律援助的范围和覆盖面,提高了法律援助专业队伍的整体素质和服务能力,提升了法律援助的服务质量和服务成效,对更好地保障和改善民生、维护社会和谐稳定、促进社会公平正义以及全面推进依法治国战略发挥了重要作用。

为维护农民工的劳动报酬权益,2016年1月,国务院办公厅印发《关于全面治理拖欠农民工工资问题的意见》(国办发〔2016〕1号),对农民工工资拖欠问题加大了治理力度,要求"以建筑市政、交通、水利等工程建设领域和劳动密集型加工制造、餐饮服务等易发生拖欠工资问题的行业为重点,健全源头预防、动态监管、失信惩戒相结合的制度保障体系,完善市场主体自律、政府依法监管、社会协同监督、司法联动惩处的工作体系。到2020年,形成制度完备、责任落实、监管有力的治理格局,使拖欠农民工工资问题得到根本遏制,努力实现基本无拖欠",要求及时处理欠薪争议案件,"畅通申请渠道,依法及时为农民工讨薪提供法律服务和法律援助"。该政策的实施推动构建了预防和解决拖欠农民工工资问题的治理格局和工作体系,健全完善了农民工工资支付监控机制和保障制度,对规范农民工工资支付行为,建立健全拖欠工资企业失信联合惩戒机制,有效解决拖欠农民工工资问题,保障农民工获得劳动报酬合法权益,维护社会公平正义和社会和谐稳定发挥了重要作用。

为充分发挥律师在法律援助中的特殊作用,2017年2月,司法部、财政部印发《关于律师开展法律援助工作的意见》(司发通〔2017〕15号),要求"充分发挥律师在法律援助工作中的作用,更好地满足人民群众法律援助需求",明确推行政府购买法律援助服务工作机制,要求"司法行政机关根据政府购买服务相关规定,向律师事务所等社会力量购买法律服务,引入优质律师资源提供法律援助",明确要积极扶持律师资源短缺地区法律援助工作,"根据律师资源分布和案件工作量等情况,采取对口支援、志愿服务、购买服务等方式提高律师资源短缺地区法律援助服务能力",明确"现有法律援助机构律师力量不足的,可以采取政府购买服务方式向律师事务所等社会力量购买法律服务"。该政策的实施创新完善了律师开展法律援助服务的体制机制,强化了律师在法律援助服务和建设社会主义法治国家中的重要作用,加强了律师开展法律援助服务的工作保障,提升了律师法律援助的服务能力、服务质效和服务水平,有效保障了农民工等困难群体的合法权益,更好地满足了农民工等困难群体对法律援助服务的现实需求。

为更好地开展农民工法律服务工作,2017年11月,中华全国总工会、司法部、中华全国律师协会印发《关于联合开展"尊法守法·携手筑梦"服务农民工公益法律服务行动的通知》(总工发〔2017〕17号),决定自2017年起联合开展"尊法守法·携手筑梦"服务农民工公益法律服务行动,要求"进一步做好新形势下为农民工法律服务工作,推动解决农民工权益维护问题,促进劳动关系和谐和社会稳定",明确要"加大为农民工公益法律服务力度,切实维护农民工合法权益","引导农民工以理性合法方式维护自身权益,督促企业经营者依法保障农民工合法权益",要求开展实地服务,"2017年组织全国100家律师协会,每家协会组织10个服务分队,每个分队由3名律师和1名工会干部组成,到农民工集中的乡镇、街道、社区及工地开展公益法律服务活动,了解农民工法律需求,宣传法律法规,提供法律咨询,调处劳动争议,代理涉法涉诉案件等",要求开展网上服务,"充分运用工会和司法行政系统的网站、手机APP、微博、微信等互联网技术平台资源,面向企业工会和农民工推出'互联网+'法律服务多项举措,更好地提供线上法律服务,切实提高对一线农民工的覆盖率和精准度"。该政策的实施推动了我国公益法律服务的改革创新和效能提升,拓展了公益法律服务的服务领域和覆盖范围,为广大律师开展农民工法律服务提供了具体渠道和服务平台,切实加强了农民工公益法律服务的工作力度,进一步提升了农民工公益法律服务的工作水平和服务成效，为有效解决农民工权益保护问题，依法保障农民工的合法权益，促进劳动关系和谐稳定以及维护社会公平正义做出了突出贡献。

为加强农民工法律援助工作，2018年6月，司法部、国务院农民工工作领导小组办公室印发《关于开展"法援惠民生·助力农民工"法律援助品牌建设工作的通知》（司发通〔2018〕64号），决定在全国开展"法援惠民生·助力农民工"法律援助品牌建设工作，要求从"防范、主动、全覆盖"着眼，"创新农民工法律援助工作，围绕服务农民工就业创业、劳动权益保障、享受基本公共服务等任务，为农民工提供精准、便捷、优质的法律援助服务"，要求"法律援助服务覆盖农民工就业各行业及维权各环节，努力实现应援尽援。提高农民工对法律援助知晓度，提升农民工对法律援助工作满意度，扩大法律援助社会影响力"，明确要"推动将农民工法律援助服务列入政府公共法律服务项目购买清单，引导和培育社会服务组织及法律援助志愿者参与农民工法律援助服务"。该政策的实施全面加强了"法援惠民生·助力农民工"法律援助服务品牌建设工作，开辟了农民工依法维权和法律援助的绿色通道，推动构建了保护农民工权益的浓厚社会氛围和良好法治环境，极大地增强了农民工依法维权意识和依法维权能力，提高了农民工法律服务的质量、效率和服务效果，提升了农民工法律援助的社会影响力和农民工满意度，有力维护和保障了农民工群体的合法权益，增强了农民工的安全感、归属感、融入感和获得感。

为充分发挥司法行政部门在根治拖欠农民工工资方面的职能作用，2019年4月，司法部印发《关于充分发挥职能作用认真做好根治拖欠农民工工资有关工作的意见》（司发〔2019〕2号），要求全力做好欠薪维权法律援助工作，明确"司法部将依托中国法律服务网开通法律援助求助网，农民工可以就讨薪问题随时随地在网上求助。各地要在'12348'公共法律服务热线电话设立根治欠薪服务专席，公共法律服务中心（站、室）根据条件设置专门窗口，确保农民工及时得到法律咨询和法律援助"。该政策的实施使司法行政部门和法律援助机构在根治拖欠农民工工资工作中的职能作用得到进一步发挥，为做好全国根治拖欠农民工工资工作营造了良好的法治环境，推动构建了预防和解决农民工欠薪问题常态化工作机制和企业失信联合惩戒制度，为维护农民工工资权益提供了坚实有力的司法保障和优质高效的法律援助服务，有力促进了全国各地根治拖欠农民工工资工作的开展。在此基础上，2019年9月，全国总工会、司法部、全国律师协会共同启动了2019年"尊法守法·携手筑梦"服务农民工公益法律服务行动，本次行动注重将公益法律服务行动与农民工工资支付专项检查行动、"法援惠民生·助力农民工"法律援助品牌建设、民营企业"法治体检"等活动统筹衔接，尤其要把"根治欠薪"作为重大政治责任，突出以被拖欠工资的农民工为重点服务对象，以及时有效化解集体性工资拖欠争议为重点工作，组织工会干部和律师志愿者贴近一线职工群众提供优质法律服务，切实维护农民工劳动报酬权益[①]。该活动的开展全面加强了农民工公共法律服务体系建设和"法援惠民生·助力农民工"法律援助品牌建设，进一步加大了农民工法律援助服务的工作力度，全面提升了农民工法律援助服务的质量和水平，对有效调处和成功化解农民工与用人单位之间的矛盾纠纷、维护和保障农民工的工资权益和其他合法权益、推动构建和谐稳定和合作共赢的劳动关系发挥了重要作用。

为进一步规范和加强全国民事行政法律援助服务工作，2019年11月，司法部发布并实施《全国民事行政法律援助服务规范（SF/T 0058—2019）》，明确民事行政法律援助是指"由司法行政机关确立的法律援助机构组织承办人员，依法为符合条件的公民无偿提供法律咨询、民事和行政案件代理等服务的法律保障制度"，明确民事行政法律援助承办机构是指"依法承办民事行政法律援助事项的法律援助机构、司法所、律师事务所、基层法律服务所或者其他社会组织"，明确民事行政法律援助承办人员是指"依法承办民事行政法律援助事项的法律援助机构工作人员、律师、基层法律服务工作者、其他社会组织工作人员和法律援助志愿者等"，明确民事行政法律援助受援人是指"已申请民事行政法律援助并提交证明文

---

① 张锐：《2019年服务农民工公益法律服务行动启动》，《工人日报》2019年9月25日。

件，经法律援助机构审查并批准，接受民事行政案件代理等服务的人员，以及免于审查获得法律咨询服务的人员"。该规范进一步明确了民事行政法律援助"公正、依法、统一、效率"的服务原则，将民事行政法律援助服务细化为"法律咨询服务"、"诉讼案件代理服务"、"非诉讼案件代理服务"三种服务类型并对相关服务的质量控制提出了基本要求。该规范的实施使我国民事行政法律援助服务的公平性、规范性、权威性、指导性和实效性得到进一步加强，有力促进了我国相关法律援助服务水平、服务质量的提高，有效提升了农民工等国家公民对民事行政法律援助的信任感和满意度，也直接推进了我国政府购买农民工法律援助服务的进一步发展。

为进一步规范农民工工资支付行为，为根治拖欠农民工工资问题提供法治保障，2019年12月，《保障农民工工资支付条例》（国令第724号）公布，明确"农民工有按时足额获得工资的权利。任何单位和个人不得拖欠农民工工资"，提出要"坚持市场主体负责、政府依法监管、社会协同监督，按照源头治理、预防为主、防治结合、标本兼治的要求，依法根治拖欠农民工工资问题"，并对农民工工资支付形式与周期、工资清偿、工程建设领域特别规定、监督检查、法律责任做出了明确具体的规定。《保障农民工工资支付条例》还明确提出"司法行政部门和法律援助机构应当将农民工列为法律援助的重点对象，并依法为请求支付工资的农民工提供便捷的法律援助"。该条例规范了农民工工资支付行为，为依法根治拖欠农民工工资问题，切实保障农民工工资权益提供了法规制度支撑。该条例同时也对司法行政系统和法律援助机构开展维护农民工工资权益的法律援助服务提出了明确具体的要求，进一步坐实了司法行政系统和法律援助机构在维护农民工工资权益和实施农民工法律援助服务方面的重要职责，强调要充分发挥公共法律服务机构的特殊职能作用，推动其积极参与有关拖欠农民工工资案件的诉讼、咨询、调解等活动，"帮助解决拖欠农民工工资问题"，保障农民工按时足额获取工资报酬。

为贯彻好、落实好《保障农民工工资支付条例》，2020年2月，司法部办公厅印发《关于学习宣传贯彻〈保障农民工工资支付条例〉进一步做好根治拖欠农民工工资工作的通知》，要求进一步提高政治站位，"切实做到守土有责、守土担责、守土尽责，保证防疫、服务两不误，为农民工群体提供便捷、高效的公共法律服务"，要求加强农民工法律服务和法律援助，"充分发挥公职律师、公司律师和党政机关、企事业单位法律顾问的作用，鼓励为疫情防控工作中涉及农民工的政策出台提供法律意见，对生产、经营与疫情防控有关的食品、医疗、建筑用品的企业和工人及时提供法律服务"，明确"要深化便民服务措施，依托司法部及地方法律服务网'农民工欠薪求助绿色通道'，做好农民工欠薪线索收集、留言咨询解答、法律援助案件办理等工作"，要求深化普法宣传工作，"以'服务大局普法行''三下乡'等活动为载体，推动宪法、法律法规走进农民工群体，开展群众性法治文化活动，进一步提高农民工法律意识。要加强对人民调解、法律援助等公共法律服务职能的宣传，引导农民工依法维权"。该政策的实施进一步明确了司法行政系统在根治拖欠农民工工资工作中的重要职责，使司法行政系统特别是全国法律援助机构在根治拖欠农民工工资工作中特殊职能作用得到更加充分的发挥，为进城农民工提供了便捷、优质、高效的法律服务和法律援助，进一步提高了农民工用人单位的守法经营意识和农民工依法维权意识，使《保障农民工工资支付条例》得到进一步贯彻落实，农民工工资支付行为得到进一步规范，有力地维护了农民工群体的劳动保障权益。

为进一步做好政府购买法律服务工作，2020年10月，司法部、财政部印发《关于建立健全政府购买法律服务机制的意见》（司发通〔2020〕72号），要求"大力推进政府购买法律服务工作，完善政府购买法律服务机制，强化政府公共法律服务职能，提高政府依法行政能力和水平，加快建设覆盖城乡、便捷高效、均等普惠的现代公共法律服务体系，增强人民群众共享全面依法治国的获得感、幸福感、安全感，为统筹推进'五位一体'总体布局、协调推进'四个全面'战略布局提供优质法律服务和有力法治保障"。该政策的实施有序推进了政府购买法律服务的法制化、规范化进程，提升了政府购买法律服务的质效和水平，对增强各级政府依法行政意识和提高各级政府依法行政能力发挥了重要作用。

以上这些法律法规、政策制度和《劳动法》、《劳动合同法》等相关法律、法规共同构建了农民工权益保护的法律法规政策体系，对维护和保障农民工的合法权益发挥了重要作用，改善了农民工的就业环境和生活条件，促进了农民工的城市就业和城市融入，推进了农民工市民化和新型城镇化发展进程。但同时我们也应当清醒地认识到，由于部分用人单位诚信度不高、一些企业主法律意识淡薄、农民工求职方式不规范、农民工依法维权意识不强以及法律法规和政策制度存在盲区等问题的存在，导致农民工合法权益受到不法侵害的现象时有发生，而目前农民工法律援助服务还存在着服务能力不强、服务质效不高等突出问题，与国家经济社会发展大局和社会主义现代化建设进程不相适应。为维护和保障农民工的合法权益，各级政府和有关部门应积极转变法律援助服务思路，通过开展政府购买农民工法律援助服务等举措创新农民工法律援助服务方式，充分发挥律师事务所、法律援助中心、律师协会等社会组织的重要作用，有针对性地为农民工提供法律知识宣讲服务和法律援助服务，为农民工依法维权和安居乐业提供优质高效的法治保障。

第二节　农民工法律宣讲服务

由于农民工群体法律意识较为缺乏，且自身依法维权能力偏低，因此通过开展农民工法律宣讲服务，加大农民工的法律知识培训力度以提高农民工的法律知识水平显得尤为重要。在新世纪到来之际，各地普遍加大了对农民工的法律宣讲和培训力度。江苏、陕西等很多地区通过印发文件的形式部署开展农民工法律宣讲服务工作。

===== 案例 8-1 =====

2007年5月，江苏省法制宣传教育协调指导办公室等14部门联合印发《关于加强农民工法制宣传教育工作的意见》（苏法宣办

〔2007〕3号），要求全面增强农民工法制宣传教育工作的针对性和实效性，依托各类农民工集宿点、民工公寓、社区教育中心、企业职工教育培训中心（学校）等载体创建"农民工法制学校"，通过举办培训班、专题辅导、讲座等形式为农民工提供广泛的学法途径；明确要充分利用媒体、"18法制广场"、宣传栏、板报、墙报、画廊等各类普法阵地，通过法制文艺、法律知识竞赛、法制辩论会等宣传形式，对农民工进行法制宣传教育。

江苏省《关于加强农民工法制宣传教育工作的意见》的实施对构建江苏省农民工法制宣传教育长效工作机制发挥了重要作用，有效调动了政府部门、社会组织、城市社区和农民工用人单位开展农民工法制宣传教育的积极性，进一步加强了全省农民工的法制宣传教育工作，增强了江苏省农民工法制宣传教育的针对性、社会性、普惠性和创造性，提升了江苏省农民工法制宣传教育的工作成效和治理效能，提高了江苏省农民工的法制意识和法律素养，在全社会营造了尊重、关心、维护农民工权益的社会环境和法治氛围，为农民工在城市依法维权和安居乐业创造了良好的法律条件，促进了"法治江苏、平安江苏、和谐江苏"的建设进程，也为江苏省各地广泛开展政府购买农民工法律宣讲服务提供了政策依据。

案例 8-2

近年来，江苏省通过明确部门职责，确保全省农民工在就业前接受不少于4学时的法制教育，就业中每年接受不少于4次6学时的法制教育；通过把每年6月18日所在周确定为"6·18农民工学法活动周"，实现省、市、县三级联动，大规模宣传农民工维权方式、方法和途径；把法制教育作为1024个省级农村劳动力转移定点培训机构的必修课内容，广泛开展农民工外出务工行前劳动保障法律法规政策的宣传、培训、教育；依托近5000处农民工集宿点、近万个企业职工教育中心，引导建立"农民工法制学校"、"新市民道德法制学校"；在

700余个农民工集中居住的城市社区开办"社区法制学堂"、"农民工之家";依托各类职业中介、劳务派遣机构建立固定的农民工法律咨询点1912个,免费发放学法资料、提供法律咨询;在全省近千所农民工子女集中就读的中小学校成立"新市民家长学校",提高作为家长的农民工的法律素质[①]。

江苏省通过开展"农民工就业前、就业中法制教育"、开展"6·18农民工学法活动周"、建立"农民工法制学校"、开办"社区法制学堂"、成立"新市民家长学校"等具体措施,健全完善了农民工法制宣传教育社会治理格局和长效工作机制,搭建了农民工法制宣传教育的规范化培训阵地和社会化服务平台,为农民工提供了大规模、广覆盖、高质效的法制宣传教育服务,使全省农民工法制宣传教育工作取得了明显的成效,有效提升了农民工的法制观念、法律素质和依法维权的能力。

案例8-3

2013年3月,陕西省司法厅印发《关于进一步加强农民工讨薪法制宣传和法律援助工作的意见》(陕司通〔2013〕43号),要求创新宣传形式,加强农民工讨薪法制宣传教育工作,明确要"采用报纸、杂志、墙报、电台、电视、网络等宣传载体,扩大农民工维权法制宣传范围,不断提高农民工讨薪法律援助工作的社会知晓率,使全社会都来关注贫困群体、关注法律援助事业,为农民工讨薪工作的顺利开展营造良好的社会环境和氛围"。

《陕西省司法厅关于进一步加强农民工讨薪法制宣传和法律援助工作的意见》的实施增强了全省各级司法行政机构维护农民工工资权益的责任意识和服务意识,进一步加强了农民工讨薪法制宣传和法律援助服务的工

---

① 李福全:《加强对农民工的法制宣传教育》,《求是》2008年第2期。

作力度，营造了关注、支持、服务农民工讨薪工作的良好社会氛围，提升了农民工讨薪法制宣传和讨薪法律援助服务的工作水平和工作成效，对有效解决农民工讨薪难问题、切实维护农民工劳动报酬合法权益、构建和谐稳定劳资关系以及促进社会公平正义发挥了重要推进作用。

此外，为提升农民工法制宣传教育的工作成效，很多地区通过开展农民工法制宣传专项教育活动的方式推动农民工法制宣传服务工作，甘肃、河南、四川、江苏、海南、广东等地在开展农民工法制宣传专项教育活动方面取得了突出的成效。

案例 8-4

2006年以来，甘肃省政府农民工工作领导小组办公室每年都以不同形式定期组织开展农民工法制宣传教育活动，改善了农民工外出务工环境，提高了农民工依法维权意识，在全社会形成了理解、关心、关爱农民的良好氛围，2019年4月13日，甘肃省政府农民工工作领导小组办公室继续举办全省农民工法制宣传教育日活动，并要求各地为农民工服务的工作部门和组织要以农民工对政策法规的需求为出发点，做好劳动合同签订、参加社会保险、工资支付、安全生产和职业健康保护、享受基本公共服务等法规政策的宣传解读，引导农民工树立遵纪守法、理性维权的观念，为加快全省全面建设小康社会进程营造良好的法治环境[①]。

为农民工群体提供法制宣传教育服务是各级政府和社会组织义不容辞的重要责任。甘肃省通过定期开展不同形式的农民工法制宣传教育活动，全面提升农民工法制宣传教育的质量和水平，促进农民工做到"学法、知法、守法、依法"，不断提高农民工的法律素养和依法维权意识，为农民

---

① 赵万山：《提高农民工法治意识促进农民工社会和谐 全省2019年农民工法制宣传教育日活动启动》，《兰州日报》2019年4月14日。

工在城镇就业和生活提供了良好的法治环境和坚实的法律保障,有效维护和保障了农民工的合法权益。

案例 8-5

2013年2月,河南省滑县司法局利用春节后农民工返城高峰期的有利契机,组织司法行政干警、法律援助人员、公证人员、法律服务工作者深入到汽车站、劳动就业服务大厅、火车票代售点等农民工聚集的场所,开展"关爱农民工,开展普法宣传,提供法律服务,维护合法权益"主题活动,为农民工赠送了《农民外出务工法律知识问答》、《公证法律知识手册》等法制宣传资料,开展了《劳动合同法》、《治安管理处罚法》等法律知识宣讲,并对农民工提出的劳动合同纠纷、工伤赔偿、拖欠农民工工资等问题进行了认真解答,受到了广大农民工的一致好评[①]。

河南省滑县司法局把为农民工提供法律宣传教育服务作为法制宣传工作的重点内容,通过发放普法宣传资料、赠送法律知识手册、开展法律知识宣讲和解答农民工法律咨询等多种方式积极开展农民工法律知识宣传教育服务活动,极大地提高了全县农民工的法制观念和法律素质,切实增强了农民工的依法维权意识和依法维权能力,对形成关心、爱护农民工的社会氛围和维护、保障农民工合法权益的法治环境发挥了重要作用。

案例 8-6

2017年2月7日—13日,江苏省开展了以"聚焦富民·法护打工路"为主题的"农民工学法活动周"系列宣传活动,在农民工输出地和输入地的火车站、汽车站以及人才市场、集市等区域,面向务工人

---

① 睢位红、黄军伟:《关爱农民工提供法律服务》,《河南法制报豫北新闻》,2013年2月21日。

第八章　农民工法律宣讲与法律援助服务

员开展义务法律咨询、法治宣讲、法律知识竞赛以及法治文艺演出等活动；活动期间，各相关部门共张贴、悬挂、播放法治宣传标语、条幅2万多条，举办农民工专场普法宣传和法律服务走访活动3500余场次，发放《法律知识100问（新市民版）》、法律援助手册以及劳动合同法、工伤保险条例等宣传资料220余万份①。

自2007年开始，江苏省长期坚持每年定期开展"农民工学法活动周"系列宣传活动，将"农民工学法活动周"打造成为江苏省农民工学法、普法的重要实践载体和农民工法制宣传教育的重要服务品牌，在全社会营造了大力开展农民工法制宣传教育服务的良好环境和深厚氛围，为全省农民工学法、知法、用法提供了方便快捷、周到细致的法律宣讲培训和义务法律咨询等服务，有效提升了全省农民工对法治的认同感、信赖感和权威感、获得感，较好地满足了农民工学习法律知识、增强法治观念、提高法律素养的服务需求，为提升农民工依法维权意识和依法维权能力、维护和保障农民工合法权益做出了突出贡献。

案例 8-7

2018年10月，成都市青白江区建设局开展法律宣传进工地活动，向农民工发放《农民工维权宣传单》、《农民工法律知识手册》等法律宣传材料，对与农民工工作、生活密切相关的法律问题进行宣传和解答，意在增强农民工依法维护自身合法权益的意识，进一步营造知法、懂法、守法、用法的法治氛围②。2018年12月，海南省儋州市司法局法律援助中心在木棠、光村镇开展以"尊法守法、携手筑梦"为主题的农民工法律援助维权法律宣传活动，以发放法治宣传资料、有

---

① 张全连、林丽、施为飞：《全省农民工学法活动周精彩纷呈》，《江苏法制报》2017年2月14日。
② 陈碧红：《法律宣传进工地　提高农民工依法维权能力》，《四川日报》2018年10月31日。

奖竞答、设立法律咨询台等形式，向农民工宣传《法律援助条例》、《劳动法》、《工伤保险条例》等与农民工息息相关的法律法规，并邀请专业律师现场解答农民工咨询的各类法律问题①。

各地政府和有关部门通过广泛开展"法律宣传进工地活动"、"法律宣传进村镇活动"，现场为农民工发放法律宣传资料并开展法律宣讲和咨询服务，能够有效满足农民工学习法律知识、提高法律素养和知晓法律援助政策、渠道的迫切需求，对于增强农民工群体的法治意识、促进农民工形成依法维权观念和提升农民工依法维权能力以及构建和谐稳定的劳动关系具有重要推进作用，得到了广大农民工的热烈欢迎和高度赞誉。

=== 案例 8-8 ===

近年来，深圳市总工会在全市范围内深入开展律师入企、律师驻点活动，安排律师定期到企业、社区、工业园区和设立的法律服务点为职工提供法律服务，2018 年，深圳市总工会派出了由 189 名律师组成的工会律师团队，为 65 家企业工会提供"律师入企"服务，覆盖职工近 20 万人，同时，部署实施"律师驻点"工作，截至 2018 年 10 月，全市 48 个法律服务点共为职工提供法律咨询 1533 宗，涉及职工 2015 人②。

我国各级工会组织普遍拥有优秀的工会律师团队，在为农民工提供法律知识宣讲等法律服务方面具有明显的优势，很多工会律师团队已经发展成为农民工等职工群众合法权益的捍卫者和"保护神"。工会组织通过开展"律师进企业活动"、"律师进社区活动"、"律师进园区活动"和实施

---

① 符武月、朱建花：《市司法局法律援助中心开展农民工维权法治宣传活动》，儋州市人民政府网站，https://www.danzhou.gov.cn/danzhou/ywdt/jrdz/201812/t20181203_1792158.html，2018 年 12 月 3 日。

② 刘友婷、杜南星：《深圳市总工会开展服务农民工法治宣传行动》，中工网，http://acftu.workercn.cn/29724/201811/22/181122150223778.shtml，2018 年 11 月 22 日。

"律师驻点"服务工作,推动工会律师团队深入到农民工等职工群众中间近距离开展法制宣传教育活动,面对面为农民工群众宣讲法律知识、宣传法援政策、提供法律咨询、开展法律援助,有利于提升农民工法治宣传教育和公益法律服务的成效,有利于增强农民工法治观念和依法维权意识,有利于更好地维护和保障农民工等职工群众的合法权益。

案例 8-9

2018年,广东省韶关市被司法部和国务院农村工作领导小组办公室确定为全国农民工法律援助品牌建设示范点。该市重点开展了五项农民工法律宣传工作,一是组织开展"善美之城·法治韶关"主题法治宣传系列活动,把农民工法律援助工作列入送法进企业、进乡村、进社区活动内容,通过举办法治讲堂、开展法律咨询、发放法治宣传资料等形式,对涉及企业用人、安全生产、劳动维权等方面的法律法规及法律援助工作进行宣传;二是与韶关市广播电视台合作,在每天的12点半和18点15分两次播放农民工法律援助宣传公益广告,告知农民工劳动维权程序,引导广大农民工运用公共法律服务平台,下载使用"广东掌上12348"或使用"12348"电话热线,通过网络或电话服务的方式提出咨询或申请法律援助;三是与中国邮政集团公司合作,利用该公司资源投放微信支付或支付宝支付窗口广告,宣传"法援惠民生.助力农民工"法律援助;四是印制"法援惠民生.助力农民工"法律援助宣传单张《告劳动维权农民工书》,详细介绍劳动维权程序以及咨询、申请法律援助的方法和途径;五是在市司法局网站和微信公众号"韶司在线"发布《告劳动维权农民工书》等宣传资料,并及时刊发农民工法律援助的工作动态信息[①]。

[①] 韶关市司法局:《我市加强农民工法律援助宣传营造关爱尊重善待农民工的良好氛围》,韶关市人民政府网站,https://www.sg.gov.cn/xw/ztjj/kpxc/zcfg/content/post_1429583.html,2018年12月24日。

广东省韶关市司法行政部门通过联合广播电视、中国邮政等企事业单位，携手共筑优质便捷的农民工法律援助宣传平台，形成联动机制和工作合力共同推进农民工法律宣传和法律援助工作。该市通过实地宣传、广播电视广告、电话热线、网络服务等有效途径，综合运用线上线下多种宣传方式努力提升农民工法律宣传服务的覆盖率和知晓率，全面加强了对农民工的法律宣传和法律咨询等工作，在全社会营造了关心、关爱、尊重、服务农民工的良好氛围，有效提高了韶关市农民工法律宣传服务和法律援助服务的质效和水平，整体提升了农民工的法律知识水平、依法维权意识和依法维权能力，为维护和保障农民工合法权益提供了坚实有力的法制保障，也为全国农民工法律援助品牌建设提供了鲜活生动的典范案例。

总体来看，通过政府司法行政部门直接提供农民工法律宣讲服务和政府购买农民工法律宣讲服务等多种方式，全国各地方政府、司法行政部门、工会、共青团、妇联、法律援助机构以及相关社会组织联合构建了农民工法制宣传教育联动服务体系和长效工作机制，针对农民工群体开展了数量众多、形式多样、规模宏大、效果显著的法律宣讲和培训服务活动，这些法律宣讲和培训服务活动贴近农民工工作和生活实际，聚集农民工权益保障，主题鲜明，内容丰富，简明易懂，务实管用，具有较强的针对性、社会性和实效性，在全社会营造了关心、维护农民工权益的舆论环境和法治氛围，不仅整体增强了农民工学法、守法、用法意识，还有效提高了农民工的法律素养和法律知识水平，进一步增强了农民工依法维权观念和依法维权能力，对促进社会公平正义和构建和谐稳定的劳动关系发挥了重要作用。特别是通过广泛开展农民工法律宣讲服务活动，不仅使农民工群体的法律意识和依法维权意识明显提升，而且大幅提高了农民工用人单位依法用工和依法保障农民工合法权益的意识，在社会上营造了理解、尊重、关心、爱护、帮助农民工的良好氛围，极大地改善了农民工的就业环境和劳动条件，促进了农民工合法权益的保障、维护和农民工社会地位的提升。

第三节 农民工法律援助服务

在全面开展农民工法律宣讲培训服务的基础上，各地政府和相关组织有针对性地积极开展农民工法律援助服务。全国各地为农民工提供的法律援助服务聚焦于维护农民工的劳动、文化、健康等基本权益，通过逐步扩大农民工法律援助的覆盖面，不断提高农民工法律服务的质量水平，努力增强农民工群众的安全感、获得感、融入感和幸福感。目前，我国针对农民工的法律援助服务方式多种多样，其中比较有代表性的法律援助服务方式主要表现为政府司法行政部门或法律援助机构直接为农民工提供法律援助服务，或者以政府购买服务方式聘请律师为农民工提供法律援助服务。江苏、山东、福建、湖南、广西、四川等很多地区坚持以关爱农民工、服务农民工为中心的工作导向，抓住农民工最为关心的现实利益问题，把农民工列为各地法律援助服务的重点对象，通过政府联合工会及其他各种社会组织的方式，为维护和保障农民工合法权益开展了大量的法律援助服务实践。

案例 8-10

2006 年 7 月，西安市法律援助中心出台农民工法律援助 10 条具体措施，分别是：1. 设立农民工法律援助热线电话，为农民工提供免费法律咨询；2. 开通农民工法律援助"绿色通道"，对农民工法律援助申请优先审查和受理；3. 设立"农民工法律援助接待岗"，抽调熟悉农民工相关业务知识人员专门负责接待农民工的法律援助申请和法律咨询；4. 对农民工索要劳动报酬和工伤损害赔偿的法律援助申请不再审查其经济困难条件；5. 对外地农民工在西安市申请法律援助，确因特殊情况当时难以提供身份证明，其他手续均符合受理条件的，可先予受理，后再补办相关手续；6. 农民工法律援助申请的审查和受理时间最长不得超过 3 个工作日；7. 对农民工数量多、矛盾激化、有可能影响社会稳定的案件，法律援助机构应及时介入，并尽快向上级主管部门汇报；8. 对公安、法院、劳动等部门办理有关农民工案件，法律援助中心应予以积极配合；9. 认真做好农民工法律援助案件的跟踪监督工作，严禁法律援助办案人员向农民工收取任何费用；10. 加大法律援助宣传力度，引导农民工通过合法途径解决问题①。

陕西省西安市法律援助中心通过实施《农民工法律援助十条措施》，筑起农民工法律援助"绿色通道"，为西安市农民工提供了及时免费、全面周到、优质高效的法律援助服务，全面提升了农民工法律援助服务的质量、效率和水平，使法律援助服务在保障农民工合法权益、维护社会和谐稳定和促进社会公平正义等方面的特殊作用得到充分发挥，增强了农民工的归属感、获得感和安全感，促进了农民工的城市就业和城市融入。

===== 案例8-11 =====

2006年8月，江苏省司法厅印发《关于加强农民工法律服务和法律援助工作的意见》（苏司通〔2006〕85号），要求全省司法行政机关和各级法律援助机构要"加大法律援助工作力度，有效保障农民工的合法权益"，明确"要争取各级地方财政增加农民工法律援助经费的投入，并积极倡导有关部门和企业通过建立法律援助专项资金，保证对农民工法律援助'应援尽援'"。

对农民工开展法律服务和法律援助是各级司法行政机关的重要职能。江苏省司法厅《关于加强农民工法律服务和法律援助工作的意见》的实施使全省司法行政机关树立了关爱农民工、服务农民工的大局意识和全局观念，增强了全省司法行政机关做好农民工法律服务和法律援助工作的责任

---

① 王彬：《西安市出台法律援助农民工十条措施》，《农技服务》2006年第9期。

感、使命感和紧迫感,促进了全省农民工法律服务和法律援助工作的全面展开,为全省农民工提供了形式多样、方便快捷、优质高效的法律服务和法律援助,极大地提高了农民工的法律素养和依法维权能力,有效改善了江苏农民工的就业条件和生活环境,有力保障了农民工在劳动、文化、健康等方面的合法权益,为构建和谐稳定的劳动关系、促进社会公平正义以及推动城乡经济社会实现统筹协调发展作出了积极贡献。

案例 8-12

2012年,山东省寿光市总工会以"购买服务"方式向社会选聘了100名劳动争议调解员和法律服务者,为职工开展四项服务:一是畅通职工诉求渠道,开通24小时职工维权热线,在报纸上设立"职工信箱",在电台、电视台开设"关注农民工"栏目;二是开展帮办服务,代理参加劳动争议案件的仲裁及诉讼、代理参与非诉案件的调解、代写法律文书、代理参与因劳动争议引发的其他诉讼活动;三是预约服务,对职工提出的具体法律需求,预约相关法律专家,经法律服务中心"把脉"后,及时为职工提供法律知识;四是开展普惠服务,开辟法律援助绿色通道,降低援助门槛,扩大受援面[①]。

山东省寿光市总工会在为农民工等职工群众开展各种服务时努力做到与时俱进,创新发展,不断提高服务质量和服务水平,特别是通过为职工购买法律服务,在法律咨询服务、帮办服务、预约服务、普惠服务等方面均取得了重大突破,为包括农民工在内的广大职工群众提供了全方位、深层次、高质效的法律援助服务。通过购买服务模式运用专业化组织与人员为职工提供专业化的法律服务和法律援助,为职工架起了法律服务和法律援助的绿色通道,全面提升了寿光市工会组织法律服务和法律援助的工作成效。工会组织购买专业化社会服务,可以加强工会组织维护职工权益的

---

① 彭兴田、张春晓:《工会"购买服务"惠及职工》,《大众日报》2012年6月16日。

能力，能够有效地涵盖和满足职工群众的迫切需求①，对畅通农民工依法维权诉求渠道、提升农民工法律援助治理效能以及推动农民工在城市实现更好就业和更好生活发挥了重要保障作用。

案例 8-13

2015年1月，福建省晋江市总工会以购买服务方式建立晋江市职工法律服务中心，聘请专业律师为农民工等外来务工人员提供法律咨询、代写法律文书，参与协商、仲裁、诉讼等"一条龙"式法律援助服务，做到了"职工维权、工会来'买单'"②。

福建省晋江市总工会积极创新农民工法律援助服务模式，通过购买服务方式成立的晋江市职工法律服务中心，聘请专业律师为农民工提供专业化的法律援助服务，所需费用则全部由工会组织承担，这一举措有效减轻了农民工的"维权压力"和"维权成本"，提升了晋江市农民工法律援助的社会化、专业化、实效化水平，全面提高了晋江市农民工法律援助服务的质量和效率，对营造良好的农民工用工环境、构筑和谐稳定的劳动关系、维护农民工的合法权益以及推进农民工城市融入发挥了重要保障作用。

案例 8-14

2016年，湖南省株洲市积极推进政府购买法律援助服务试点工作，并继续积极争取中央专项彩票公益金法律援助项目对株洲市法援工作的支持，为更多农民工、残疾人等特殊群体免费打官司，维护其合法权益，仅在2015年，全市就有178件案件获得中央专项彩票公益

---

① 钱桂林：《为职工"购买服务"值得称道》，《工会博览》2012年第7期。
② 李亮、徐希君：《福建晋江市总工会为农民工维权提供法律援助服务》，中工网．http：//acftu.workercn.cn/29724/201602/25/160225180640736.shtml，2016年2月25日。

金法律援助项目资金及人力支持,一批农民工、残疾人、老年人等共计 267 名受援人成功挽回经济损失 1836.55 万元①。

湖南省株洲市不断创新农民工等特殊群体法律援助的服务机制和服务模式,通过积极开展政府购买法律援助服务试点工作,并积极争取中央专项彩票公益金法律援助项目对株洲市法援服务的支持,构建了服务农民工等特殊群体的法律援助"绿色通道"和社会化服务机制,为农民工等特殊群体提供免费、及时、高效的专业化法律援助服务,有力地维护了农民工等特殊群体的合法权益,为农民工等特殊群体的稳定就业、环境改善和城市融入提供了坚实的法律保障。

案例 8-15

2019 年,四川省自贡市司法局明确提出要创新开展"法律援助维权农民工"行动,通过完善维权联动机制、畅通维权绿色通道、加强法律服务帮助、发挥公证职能作用等举措,切实加强农民工法律援助维权服务工作;明确要将农民工维权服务列入各级政府购买法律服务范围,组建农民工维权律师团队,为符合法律援助条件的农民工提供案件代理、指定辩护等法律援助专业服务②。

四川省自贡市司法行政部门不断创新农民工法律援助服务方式,通过"完善维权联动机制",合力打造农民工法律援助社会化服务体系;通过"畅通维权绿色通道",为农民工获取法律援助提供方便快捷的"一站式"服务途径;通过"加强法律服务帮助",充分发挥法律服务志愿者、职业

---

① 胡文洁、陈立:《推进政府购买法律援助服务试点 帮请不起律师者免费打官司》,株洲新闻网,https://www.zznews.gov.cn/news/2016/0220/203083.shtml,2016 年 2 月 20 日。
② 自贡市司法局:《服务保障农民工 司法行政在行动》,自贡市司法局—自贡市政府网站集约化平台,http://www.zg.gov.cn/web/zgssfj/dep_gzdt/-/articles/9819103.shtml,2019 年 1 月 11 日。

法律工作者等人员在农民工法律援助服务中的重要作用，为农民工群体免费提供更多更好的法律援助专业服务；通过"发挥公证职能作用"，为开展农民工法律援助提供优质高效的公证服务，努力减轻农民工开具各种公证证明的负担。特别是通过实施政府购买农民工维权法律服务，进一步加强了农民工法律援助服务队伍的专业化、社会化建设，极大地提升了自贡市农民工法律援助服务的质效和水平，有力地维护了全市农民工的切身利益。

案例 8-16

2017年，柳州市出台《柳州市关于贯彻落实完善法律援助制度实施意见工作方案》，明确要重点做好农民工等群体法律援助工作。为实现法律援助与农民工劳动仲裁的无缝对接，柳州市成立了劳动人事争议仲裁院法律援助工作站，柳州市法律援助中心以政府购买法律服务形式，安排7名法律援助志愿律师驻站工作，指导劳动者申请法律援助，承担法律援助的初审职责，向符合条件的劳动者提供法律援助代理服务，极大地满足了农民工的法律需求[①]。

广西壮族自治区柳州市司法行政部门高度重视农民工的法律援助服务工作，把农民工确定为司法行政部门法律援助的重点服务对象，充分利用和发挥司法行政部门的职能优势，通过实施政府购买农民工法律服务、组建"劳动人事争议仲裁院法律援助工作站"、开通农民工法律服务"绿色通道"等多种举措，积极、主动为农民工提供"精准法援"服务，不断提升农民工法律援助服务水平和服务成效，较好地满足了农民工对法律援助的服务需求，有力地保障了柳州市农民工的合法权益。

---

① 李家健、傅永新：《"精准法援"服务农民工》，广西壮族自治区人民政府门户网站，http://www.gxzf.gov.cn/sytt/20181126-723358.shtml，2018年11月26日。

第八章　农民工法律宣讲与法律援助服务

案例 8–17

辽宁省各级司法行政机关和法律援助机构精心组织，积极行动，综合运用多种形式深入开展农民工法律援助工作，截至 2019 年 2 月，全省已有 11 个城市在劳动争议仲裁机构设立 46 家农民工法律援助工作站，为农民工提供咨询、调解和法律援助服务，实现涉农民工法律援助案件的提前介入，把劳动关系的建立、运行、监督、调处全程纳入法制轨道，2018 年全省共计办理农民工法律援助案件 1.7139 万件，近两万名农民工得到法律援助，接受农民工咨询 2.5 万余人次[1]。

辽宁省各级司法行政部门不断加大农民工法律援助的服务力度，通过在劳动争议仲裁机构组建"农民工法律援助工作站"的方式，推动农民工法律援助和农民工劳动争议仲裁实现无缝衔接，直接为农民工提供方便快捷、周到细致、优质高效的法律援助服务，使司法行政部门的职能作用和服务优势得到充分发挥，在全社会营造了尊重、关心、关爱、帮助和服务农民工的良好氛围，为全省构建和谐劳动关系和维护农民工合法权益做出了重要贡献。

案例 8–18

四川省司法厅通过制定实施《四川省省外法律援助工作站（点）管理办法》，在驻外办事处、商会等建立工作站，为川籍农民工提供法律咨询、法律服务指引和法律援助，截至 2019 年 12 月，四川省司法厅已推动在北京、上海、深圳等地建立 27 个驻外省法律援助工作

---

[1] 侯永锋、刘乐：《全省 11 个市设立农民工法律服务站 46 家 去年近两万名农民工获得法律援助》，《辽宁日报》2019 年 2 月 21 日。

站，接待咨询 7514 人次，办案 640 件①。

四川省司法厅联合四川省各驻外办事处、商会等机构，在北京、上海、深圳等地建立省外法律援助工作站（点），为川籍外出农民工就地就近提供优质高效的法律咨询、法律援助等多项法律服务，具有重要的实践意义和引领作用，有利于扩大农民工法律援助的覆盖面，有利于加大为外出农民工提供法律援助的服务力度，有利于及时、快速地疏导、化解涉及外出农民工的各种矛盾纠纷，有利于提升对外出务工农民工开展法律援助的服务效果，对有效保障外出农民工的合法权益具有重要作用，是我国农民工法律援助服务的重大理论创新和实践创新。

此外，很多地区创新性地运用政府购买法律服务等措施成立各类"农民工法律援助服务团队"，不断提升农民工法律援助服务力度和工作成效。

案例 8-19

2014 年 7 月，浙江省台州市创建了劳动保障司法联动法律援助维权岗，并成立"台州市农民工法律援助律师团"，为农民工提供团队式法律维权服务，至 2015 年 11 月共提供法律咨询 2600 多人次，协助处置欠薪重大事件 17 起②。

浙江省台州市"农民工法律援助律师团"的设立，为台州市农民工能够得到更多更好的法律援助服务提供了更为稳固的维权救助平台，进一步畅通了台州市农民工的法律援助渠道和依法维权路径，增强了台州市农民工法律援助服务的供给能力和服务效力，极大地提升了台州市农民工法律援助的专业化、社会化水平，促进了台州市农民工法律援助服务质量和服

---

① 徐隽：《四川省司法行政系统连续 8 年开展帮助农民工讨薪专项行动 让农民工享有更多法律援助》，《人民日报》2019 年 12 月 12 日。
② 朱小兵：《今年前 10 月我市处理欠薪投诉案件 2078 件》，《台州日报》2015 年 11 月 27 日。

务效率的提升，较好地维护了台州市农民工群体的合法权益。

案例 8-20

2019年10月，四川省仪陇县司法局、仪陇县农民工服务中心印发《关于成立仪陇县农民工维权公益法律服务团的通知》（仪司法〔2019〕36号），决定组建仪陇县"农民工维权公益法律服务团"，明确了3项工作职责：（一）为农民工提供专业法律咨询，引导有需求的农民工申请法律援助；（二）接受县法律援助中心指派，为农民工提供代书、调解、诉讼等法律援助服务；（三）通过多种形式，宣传《劳动法》《劳动合同法》《工伤保险条例》等劳动用工法律法规，提高农民工运用法律手段维护自身合法权益的能力。该文件要求参团律师要提高政治站位，切实增强责任感和使命感，以积极的姿态和饱满的热情为农民工提供优质高效的法律服务。

地方政府司法行政部门成立"农民工维权公益法律服务团"，能够充分发挥地区律师团队的专业优势和职能作用，有利于增强农民工法律援助的服务合力，有利于为农民工提供精准、优质、高效的法律援助服务，对维护和保障农民工权益具有重要作用。四川省仪陇县司法局、仪陇县农民工服务中心通过成立"农民工维权公益法律服务团"，进一步提升了农民工法律援助的服务能力，全面加大了农民工法律援助的服务力度，为全县农民工提供了专业化、多形式和卓有成效的法律援助服务，提高了仪陇县农民工法律援助的工作水平和服务质量，有力地维护了仪陇县农民工的合法权益。

案例 8-21

2020年4月，山东省滨州市法律援助中心建立了"农民工法律援助服务团"，共有18家市直律师事务所、101名执业三年以上擅长承办农民工工资、工伤及劳务纠纷案件的专业律师入选；滨州市"农民工法律援助服务团"的成立将使农民工法律援助服务更加优质、高效、便捷，在滨州市积极营造和谐稳定的农民工用工环境，使法律援助机构在推进全面依法治市、服务保障和改善民生中的职能作用得到充分发挥①。

山东省滨州市法律援助中心坚持把维护农民工合法权益作为法律援助的工作重心，通过优选百名律师建立了具有较高专业水平的"农民工法律援助服务团"，为进一步做好全市农民工法律援助服务工作搭建了更为便捷、更为专业、更为高效的服务平台，创设了高水平、高质效的农民工法律援助新型服务模式，有效地满足了农民工对职业化法律援助服务的迫切需求，更好地维护和保障了滨州市农民工的合法权益，为促进全市农民工安居乐业和推进"富强滨州""法治滨州"建设做出了重要贡献。

案例8-22

2021年1月，眉山市司法局在全市范围内优选43名政治素质好、业务能力强的律师，组建了眉山市农民工法律援助律师服务团，主要工作任务是围绕农民工依法维权提供法律咨询、案件代理，参与重大疑难农民工法律援助案件分析研究和调查处置，参与突发性和群体性事件的处置，开展跨地区法律援助协作，为省外眉山籍农民工维权提供法律服务②。

四川省眉山市司法局依据眉山市农民工法律援助服务实际情况，积极探索新形势下农民工法律援助高效模式，通过组建"农民工法律援助律师

---

① 张学瑞、韩英选、宋晓博：《滨州百名律师入选"农民工法律援助服务团"》，大众网，http：//binzhou.dzwww.com/bzhxw/202004/t20200429_5655546.html，2020年4月29日。
② 曾涛：《眉山市司法局组建农民工法律援助律师服务团》，四川法制网，http：//www.scfz.org/sifa/36/27179.html，2021年1月23日。

服务团",有针对性地加强农民工法律援助服务体系建设和长效机制建设,不断提高农民工的法律援助的服务能力,进一步提升了眉山市农民工法律援助服务质效和工作水平,为保障全市农民工的合法权益、维护社会公平正义、促进社会和谐稳定做出了积极的贡献。

总体而言,各地通过建立"农民工法律援助服务团"的方式为农民工开展"团队式"法律援助服务,全面提升了农民工法律援助服务的质量、效率和水平,有效维护和保障了农民工群体的合法权益。

特别需要指出的是,长期以来,在开展农民工法律援助服务方面,全国司法行政系统特别是全国各类法律援助机构勇于担当,主动作为,甘于奉献,通过政府购买农民工法律援助服务、法律援助机构直接办理法律援助案件等措施,为全国各地农民工开展了大规模、多形式、高质量、高效率的法律援助服务活动,为争取和维护农民工的合法权益做出了重要的贡献。据统计,仅在2019年,全国法律援助机构办结法律援助案件127万余件,受援人近200万人次,其中,办理农民工法律援助案件49万余件,农民工受援人达51万余人次[①]。同时,作为政府对农民工法律援助的重要补充,全国总工会系统也充分发挥其机构体系健全完善、服务平台优质高效和法律人才素质较高、法援服务能力较强等自身优势,通过组建农民工法律援助律师团队和购买农民工法律援助服务等举措,积极主动投身于农民工法律援助服务之中,为维护和保障农民工合法权益、推动构建和谐稳定的劳动关系做出了重大贡献。仅2017年起开展"尊法守法·携手筑梦"服务农民工公益法律服务行动两年多时间中,全国各级工会联合司法行政部门和律师协会共组织8492名专业律师,组成2682支服务分队,在全国316个地市、2004个县(区)开展公益法律服务活动,其中,实地普法宣传1.4万场(次),现场发放法律宣传资料404.8万份,现场宣讲惠及农民工199.8万人,现场法律咨询59.2万人次,现场受理劳动争议案件3万件,办理法律援助案件30442件,援助农民工6.7万人,帮助挽回经济损

---

① 靳昊:《司法部推出10项惠民举措》,《光明日报》2020年5月14日。

失 7.4 亿元①。

此外，随着农民工法律援助服务的实践不断走向深入，引起了一些学者和相关研究者的高度关注，通过一些实地调查和学术研究对农民工法律援助服务进行理论探讨和经验总结，其研究成果对于建立健全政府购买农民工法律援助服务制度体系和改进完善政府购买农民工法律援助服务具有重要的启示和借鉴意义。例如，孙雁对农民工法律援助经费保障问题进行了专题研究，认为目前农民工的法律援助案件人数多、影响大、维权难，而农民工法律援助案件办案补贴较少，远远不能补偿律师办案付出的物力和精力，影响了律师办案的积极性，提出政府应加大农民工法律援助经费保障力度，要为农民工法律援助提供必要的经费支持，可以通过建立农民工法律援助专项基金并单独纳入财政预算的方式，为农民工法律援助服务提供经费保障，同时要提高农民工法律援助办案补贴标准，调动农民工法援律师的办案积极性②。该研究细致阐述了政府提供和扩大农民工法律援助经费保障对于调动农民工法援律师办案积极性以及提升农民工法律援助案件办案效果的必要性和重要作用，对政府实施和扩展购买农民工法律援助服务具有重要的启示意义和推进作用。

王文波对农民工法律援助保障机制问题进行专题研究，认为在农民工法律援助服务中存在着农民工法律援助办案经费紧张、经费保障能力不均衡、法律援助人力资源不足、法律援助宣传力度不够、农民工法律援助"知晓率"较低以及经费保障机制不健全等问题，提出要建立农民工法律援助经费以及相关工作人才保障制度，真正实现农民工法律援助保障制度的综合性优化，确保农民工法律援助整体管控体系和社会支持体系的完整度③。该研究成果显示出目前我国农民工法律援助服务中突出存在着"人力不足"和"财力不足"两项短板，这是造成我国农民工法律援助服务还

---

① 卢越：《尊法守法，携手筑梦 公益法律服务共援助农民工6.7万人》，《工人日报》2019年12月12日。
② 孙雁：《完善农民工法律援助工作的对策探索》，《产业与科技论坛》2018年第6期。
③ 王文波：《关于农民工法律援助问题探究》，《法制与社会》2017年第16期。

存在力度不足、质量不佳、效果不明显等现象的主要原因，因此国家必须在"增加财力"和"增加人力"两个方面下功夫，建立起健全完善的农民工法律援助经费保障机制和农民工法律援助人才保障机制，才能有效推进农民工法律援助服务向高效率、高质量、高成效方向发展，这也为我国制定和实施政府购买农民工法律援助服务制度提供了重要的参考资料和决策依据。

徐梅、彭博文发现农民工法律援助的机构建设与跨界协作不够充分，农民工法律援助协作机制尚未健全，导致农民工法律援助一体化运作障碍重重，严重影响对农民工法律援助的执行成效，不利于保障农民工的合法权益，提出政府需要设立针对农民工法律援助的专门执行机构，并通过完善农民工法律援助专项经费保障机制等措施保障法律援助维权工作的顺利运行，积极探索对农民工普法教育的新思路、新方式和新举措，从而构建具有针对性和实效性的农民工法律援助宣传培训新机制，在全社会营造尊重、关爱、服务农民工的良好氛围，通过认真落实农民工法律援助的各项法律、法规，依法保障农民工的各项权益落实到位[①]。该研究关于组建农民工法律援助专门执行机构和完善农民工法律援助专项经费保障机制的思路对于实施政府购买农民工法律援助服务具有重要的启迪作用，对促进政府购买农民工法律援助服务理论研究的深入开展和实践探索的进一步加强发挥了重要作用。

李林、王宗旗认为目前农民工法律援助实践中存在着立法不完善、机制欠缺与运行不顺畅、重点不突出、覆盖面偏窄、宣传培训不力一些问题，提出要加强立法保障，制定专门保护农民工合法权益的法律，完善运行机制，为农民工提供标准化、精准化、便捷化的法律援助服务，推进法律实施，从根本上为农民工维护合法权益提供法治保障，强化宣传培训，提高农民工依法维权、运用法律援助制度维权的法治意识，在农民工维权

---

① 徐梅、彭博文：《农民工法律援助存在的问题及解决对策》，《人民论坛》2013年第14期。

方面努力形成办事依法、遇事找法、解决问题用法、化解矛盾靠法的良好法治环境[①]。该研究针对农民工法律援助服务实施过程中存在的具体问题提出了较好的解决对策，其中关于全面加强农民工法律援助律师队伍建设、建立农民工法律援助专项经费以及为农民工提供标准化、精准化、便捷化的法律援助服务的观点为实施政府购买农民工法律援助服务提供了重要的理论支撑和实践依据。

随着网络信息时代的到来，农民工尤其是新生代农民工常常会通过网络特别是农民工信息服务平台来发布求职信息、寻求就业岗位、建立劳动关系、共享网络资源、获取信息服务，特别是受到不法侵害的农民工通过网络平台寻找解决劳动争议纠纷和保障合法劳动权益的法律援助服务已经成为农民工自我救助的有效途径，因此，建立独具特色、内容丰富、功能完善、服务优质的农民工网站平台已经成为极为重要的农民工服务事项。杨玫对农民工网站信息服务现状进行了专题研究，发现现阶段农民工网站信息服务平台内容建设普遍呈现同质化现象，缺乏特色，形式单一，以信息发布服务为主，而其帮助、导航、检索、咨询、互动等服务功能明显不足，更加需要得到改进和优化，强调农民工网站平台需要在后期发展中加强与政府机构、信息服务机构、社会组织的充分合作，有针对性地通过一系列技术手段对网络上政府信息和社会信息资源进行搜索、筛选、整理和开发，使之有序化、深层化、精细化，更好地满足农民工多样化、个体化、动态化的信息需求[②]。由此可见，政府和有关部门应高度重视农民工网站平台的建设，要充分发挥农民工网站平台在促进农民工就业、改善农民工生活、维护农民工权益和农民工群体市民化过程中特有的重要影响和积极作用，通过丰富为农民工服务的各种内容，完善和优化农民工网站平台的服务功能，全面提升农民工网站平台的服务力和影响力，为广大农民工提供包括法律援助服务在内的多样化信息服务，使农民工网站平台成为

---

① 李林、王宗旗：《完善农民工法律援助工作的对策探索》，《人民论坛》2019年第19期。
② 杨玫：《农民工网站信息服务现状的调查研究》，《图书馆学研究》2013年第20期。

服务农民工群体的"主阵地"和"好帮手"。

第四节　农民工计生法律政策宣传和技术服务

农民工在流入务工地后需要流入地政府提供均等化的计划生育服务，然而很多农民工在务工历程中却由于高流动性、无序性、边缘化、地方福利排斥以及就业自由性、不规范性等原因，未能均等享受甚至是难以充分接触到城市计生公共服务，农民工在异地务工中面临的计生设施不足、计生机制分割、计生服务缺失等问题比较普遍，导致农民工计划生育公共服务的供给与国家计生法律政策出现了明显的偏离。因此，流入地计生部门为农民工等流动人口提供均等化的计生法律宣传、咨询和技术服务就显得十分重要，对广大农民工实现均等享受城市计划生育服务具有重要保障作用。长期以来，党和国家为保障在城市务工农民工群体能够均享城市计生公共服务，制定和实施了许多保障农民工等流动人口分享城市计生服务的相关政策。2003年12月，财政部等5部门印发《关于将农民工管理等有关经费纳入财政预算支出范围有关问题的通知》（财预〔2003〕561号），明确建立农民工管理和服务工作的经费保障机制，要求"地方各级财政部门要将涉及农民工的治安管理、计划生育、劳动就业、子女教育等有关经费，纳入正常的财政预算支出范围"，要求"各地人口与计划生育部门要从国家社会经济发展的大局出发，坚持改革创新，更新管理与服务理念，按照'以现居住地管理为主'的原则和'同管理，同服务，同考核'工作要求，积极探索建立统一、协调、规范的工作机制，切实做好流动人口计划生育管理与服务工作。要按照精干、高效的原则建立流动人口计划生育工作队伍，加强部门预算管理，优化支出结构，确保法律法规规定的免费避孕节育技术服务等支出项目所必需的经费，为流动人口提供方便、快捷的计划生育技术服务"。该政策的实施推动建立了农民工计划生育管理服务经费保障机制，提高了进城农民工计划生育管理和服务经费的供给水平，全面加强和改善了进城农民工的计划生育服务和管理工作，对推进农民工计划生育实现输入地属地管理和均等享受输入地计划生育技术服务发挥了重要作用。

为改善农民工计划生育的管理和服务，2006年1月，国务院印发《关于解决农民工问题的若干意见》（国发〔2006〕5号），要求进一步搞好农民工计划生育管理和服务，明确"实行以输入地为主、输出地和输入地协调配合的管理服务体制"，要求"输入地政府要把农民工计划生育管理和服务经费纳入地方财政预算，提供国家规定的计划生育、生殖健康等免费服务项目和药具。用人单位要依法履行农民工计划生育相关管理服务责任"。该政策的实施对加强农民工计划生育管理服务体制机制建设和经费保障机制建设以及进一步提升农民工计划生育管理服务工作水平和工作成效发挥了重要作用。为有效保障流动人口分享计划生育服务，2009年6月，国家人口计生委印发《全国流动人口计划生育服务管理工作规范》（国人口发〔2009〕49号），明确"树立以人为本理念，坚持服务管理并重、寓管理于服务之中，实行流动人口与户籍人口同等对待，做到同宣传、同服务、同管理"，要求保障"流动人口享有现居住地的计划生育服务设施、文化产品等服务资源，逐步实现流动人口计划生育、优生优育和生殖健康基本公共服务均等化"，要求"按照便民维权的原则，简化办事程序，提高办事效率，落实便民服务措施，切实保障流动人口实行计划生育的合法权益"，要求"探索建立促进流动人口基本公共服务均等化保障机制，实现流动人口免费计划生育技术服务基本覆盖"。该规范的实施加强了农民工等流动人口计划生育管理与服务的规范化、制度化建设，推动建立了农民工等流动人口计划生育服务的新体制、新机制，提高了农民工等流动人口计划生育服务与管理的质效与水平，促进了农民工等流动人口计划生育基本公共服务均等化水平的提升，切实维护了农民工等流动人口均等享受计划生育服务、优生优育服务和生殖健康服务的合法权益。

为推进基本公共服务体系建设，2012年7月，国务院印发《国家基本公共服务体系"十二五"规划》（国发〔2012〕29号），明确"国家建立人口和计划生育基本服务制度，为城乡居民提供计划生育、优生优育、生殖健康以及人口和计划生育信息等服务",要求"坚持计划生育基本国策,以计划生育服务和计划生育利益导向为重点,完善人口和计划生育服务体系,保障城乡育龄人群身心健康,促进人口长期均衡发展",明确要"加强流动人口计划生育服务管理,建立流动人口现居住地计划生育技术服务保障机制",提出要"创新基本公共服务供给模式,引入竞争机制,积极采取购买服务等方式,形成多元参与、公平竞争的格局,不断提高基本公共服务的质量和效率",明确"在坚持政府负责的前提下,充分发挥市场机制作用,推动基本公共服务提供主体和提供方式多元化,加快建立政府主导、社会参与、公办民办并举的基本公共服务供给模式"。该规划的实施建立和完善了农民工等流动人口在现居住地分享计划生育技术服务的供给制度、服务体系和保障机制,促进了政府购买农民工等流动人口计划生育基本公共服务的开展和提高,有效提升了农民工等流动人口计划生育服务、优生优育服务和生殖健康服务的质效水平和均等化程度。

为加强流动人口基本公共卫生计生服务均等化建设,2014年10月,国家卫生和计划生育委员会等5部门联合印发《关于做好流动人口基本公共卫生计生服务的指导意见》(国卫流管发〔2014〕82号),要求推进流动人口基本公共卫生计生服务均等化,明确"到2020年基本建立起'政策统筹、保障有力、信息共享、科学评估'的流动人口基本公共卫生计生服务均等化运行机制;完善覆盖流动人口、方便可及的卫生计生服务网络体系,基层服务能力和水平明显提升",要求"流动人口计划生育技术指导咨询服务覆盖率达到95%,流动人口育龄妇女避孕节育免费服务目标人群覆盖率达到100%",要求"各地要充分发挥计划生育协会等群团组织和社会组织在流动人口服务管理中的社会协同作用。创新服务模式,有序推进政府购买卫生计生服务,基本形成高效配置卫生计生公共服务资源的服务体系和供给体系,为流动人口提供更加便捷、优质、高效的基本公共卫生和计生服务"。该政策的实施有力推动了政府购买流动人口基本公共卫生计生服务的开展,全面推进了农民工等流动人口卫生计生服务体系和保障机制的健全完善,加快了农民工等流动人口基本公共卫生计生服务均等化、普惠化建设进程,有力提升了农民工等流动人口基本公共卫生计生服务的质量和水平,促进了农民工等流动人口基本公共卫生计生服务覆盖率和服务效能的提升。

在上述政策的指导下,很多农民工等流动人口较多的地区通过政府购买计生服务等方式开展流动人口计生宣传服务和流动人口计生项目服务并取得了较大的成绩,特别是上海、湖北、北京、浙江、甘肃等地对于农民工等流动人口的计划生育服务具有明显特色。

案例 8-23

2005 年以来,上海市宝山区人口计生委建立了"政府承担、定项委托、合同管理、评估兑现"政府购买流动人口计生服务机制,每年投入近 30 万元,组建具有年轻化、知识化特征的流动人口计划生育专管员队伍,使其成为流动人口计划生育服务管理的生力军;通过政府购买服务的方式,确定宝山区妇幼保健所为全区唯一的孕情环情检查点,推行定点孕检集中式管理模式,为农民工等流动人口提供了高质量的孕检服务[1]。

上海市宝山区人口计生委是我国地方政府计划生育机构开展政府购买流动人口计划生育服务实践活动时间较早、效果较为明显的单位之一,其建立的以"政府承担、定项委托、合同管理、评估兑现"为核心内容的政府购买流动人口计生服务机制,以及通过政府购买服务方式为全区流动人口提供均等化计划生育服务的做法,扩展了宝山区计划生育管理和服务对农民工等流动人口的覆盖面和受益面,提升了全区计划生育管理和服务的质效和水平,为全国各地计划生育管理和服务机构开展政府购买农民工等流动人员计划生育服务提供了有益的启示和宝贵的借鉴。

---

[1] 王建:《上海市宝山区政府为流动人口"购买服务"》,《人口与计划生育》2009 年第 4 期。

第八章 农民工法律宣讲与法律援助服务

案例 8-24

为保障流动人口计划生育合法权益,上海市人口计生委实施了"五项工程":一是"惠民工程",每年为约 15 万人次来沪流动人员提供免费的基本项目计划生育技术服务;二是"易得工程",设置了 1.8 万余个安全套免费发放网点、3781 个"24 小时自取箱柜"、1000 台自动售套机,为流动人口获取避孕药具提供方便快捷的服务;三是"人口开端工程",将社区 0—3 岁科学育儿指导服务覆盖到流动人口家庭;四是"甜蜜工程",在婚姻登记处设立人口计生咨询服务点,为两地婚姻流动人口提供婚育政策、优生优育咨询指导服务;五是"爱心工程",通过发行人口专题福利彩票,开展"生育关怀"、"关爱女童"行动,向流动人口计划生育困难家庭伸出援助之手[①]。

通过实施"五项工程",上海市人口计生委针对农民工等流动人口开展的婚育政策和优生优育咨询指导服务、免费基本项目计划生育技术服务、免费计划生育药品发放服务等计划生育服务得到有效展开,为来沪农民工等流动人口解决了计划生育服务、优生优育服务、生殖健康服务等方面存在的实际困难和突出问题,有力地提升了上海市流动人口计划生育服务的质量和水平,较好地维护了来沪农民工等流动人口的计划生育合法权益。

案例 8-25

2012 年春节期间,湖北省人口计生系统利用春节前后农民工集中返乡的有利契机,在全省广泛开展了"国策情暖农民工"系列服务宣传活动,累计为湖北返乡流动人口提供计划生育免费技术服务 160 万

---

① 仇逸:《上海:"五项工程"维护流动人口计划生育合法权益》,中央政府门户网站,http://www.gov.cn/govweb/fwxx/sh/2008-01/23/content_866116.htm,2008 年 1 月 23 日。

人次、发放宣传资料 500 万份①。

由此可见，充分利用农民工春节期间集中返乡的时机大力开展面对农民工的计划生育法律宣传、咨询和计划生育免费技术服务等工作，能够取得服务方式人性化、服务覆盖最大化、服务效率最高化、服务质量最优化的突出效果，对提升农民工计划生育基本公共服务的服务能力和服务水平、切实维护和保障农民工计划生育合法权益具有重要的推进作用。

案例 8-26

2013 年，北京市昌平区人口计生委推出了政府购买公共服务新项目，由昌平区人口计生委与北京杰奥律师事务所签订法律咨询服务协议，为 30 家驻地企业的流动人口开展社会化、专业化的人口计生法律咨询服务，服务内容包括：一是律师事务所每季度走访一次企业，了解企业有关宣传人口计生政策、法规等方面的需求；二是指导企业将人口计生政策、要求纳入劳动合同或企业管理制度；三是就企业职工计划生育服务项目、内容及流程等提供相关法律咨询；四是将人口计生相关内容纳入企业管理培训项目；五是提供免费法律咨询服务②。

北京市昌平区人口计生委形成了比较成熟的政府购买流动人口计划生育法律咨询服务的运行机制，其通过购买计生法律咨询服务的做法使昌平区流动人口计划生育法律咨询服务工作呈现出社会化、专业化、高效化、优质化的发展趋势，为有效解决我国农民工等流动人员的计划生育法律咨询服务问题提供了一条方便快捷、富有成效的可行路径，有效推动了我国政府购买农民工计划生育公共服务的改革完善和规范发展，对于更好地满

---

① 杨麟、向秀芳：《计生服务农民工 160 万人次》，湖北日报网，http：//news.cnhubei.com/hbrb/hbrbsglk/hbrb11/201202/t1966174.shtml，2012 年 2 月 9 日。

② 王宁：《"为流动人口购买法律服务"有感》，《中国人口报》2013 年 4 月 5 日。

第八章 农民工法律宣讲与法律援助服务

足农民工等流动人口在计划生育法律咨询指导服务和计划生育法律技术服务等方面的需求具有典型示范意义。

此外,江苏省太仓市等地区通过大力培育、扶持计划生育服务专业化社会组织并与其进行深度合作的方式,直接向社会组织购买为农民工等流动人口提供计划生育服务项目,使政府购买流动人口计划生育服务呈现出购买项目种类较多、购买机制较为完善、购买服务效果较好的良好态势。

案例 8-27

2014年6月,江苏省太仓市人口计生委通过政府购买流动人口计生服务项目创新计生服务新方式,与流动人口服务社会组织——太仓市皖江红新市民服务中心签署《政府购买流动人口计划生育自治互助服务项目协议书》(2014年6月—2015年6月),以向皖江红新市民服务中心购买服务的方式开展流动人口计划生育自治互助服务,购买的流动人口计生服务内容主要为5类:一是开展生殖健康、科学育儿讲座等宣传类服务,二是开展流动人口基础信息比对、重点人员信息采集等信息类服务,三是开展生殖健康服务与孕环情监测的组织发动等组织动员类服务,四是对新生育和新落实措施对象开展随访类服务并提供必要的计划生育服务,五是开展提供违法生育行为线索等管理协助类服务[1]。

江苏省太仓市人口计生委通过购买优质社会组织的服务项目,积极拓展计划生育服务对农民工等流动人口的覆盖面和受益面,为农民工等流动人口提供了专业化、优质化、均等化的计划生育自治互助服务,极大地提高了太仓市农民工等流动人口计划生育服务的质效和水平,有效保障了农民工等流动人口在流入地平等享受计划生育服务的权益,全面提升了农民

---

[1] 徐水源:《太仓市推进政府购买流动人口卫生计生服务的调研与思考》,《人口与计划生育》2016年第6期。

工等流动人口对流入地计划生育服务的满意度和获得感,为全国各地开展政府购买农民工计划生育公共服务提供了成功的实践案例,有力促进了农民工计划生育"管理属地化、供给多元化、服务均等化"发展进程。

有些地方人口计生机构注重发挥农民工等新市民活动载体和社会网络的作用,通过构建与农民工等新市民活动网络紧密联系、互融互助的计生协会组织服务网络,为农民工等新市民提供优质完善的计划生育法律咨询服务和计划生育免费技术服务。

案例 8-28

杭州市下城区卫生计生部门注重制定流动人口育龄人群的培训计划,对流动人口夫妇集中或上门进行孕前、孕期、育婴指导,确保有服务需求的流动人口都能得到免费的指导服务;充分发挥计生协等社会组织的协同作用,通过构建商圈联合计生协、新市民之家联合计生协等协会组织服务网络,让协会组织覆盖更多流动人口,实行特色服务项目化、沟通交流定期化,实现精英资源全整合、宣传教育全方位、优质服务全覆盖,全面满足外来流动人员的不同需求[①]。

"农民工商圈""新市民之家""同乡会"等社会组织在为农民工提供各种服务中发挥着重要的作用,是满足农民工等新市民群体就业和生活需求的重要服务主体,也是推动农民工等流动人口实现交流合作、互融互助的重要联谊平台。通过发挥计生协会与农民工商圈、新市民之家、"同乡会"等社会组织的聚合效应和协同作用,可以更加准确、更加有效地了解农民工等新市民群体对于计划生育服务的各种需求,可以有针对性地为农民工等新市民群体提供更为专业、更为优质的计划生育法律咨询服务和计划生育技术服务,推进农民工等新市民群体实现计划生育服务的全覆盖和均等化,促进农民工等新市民群体计划生育法律服务和计划生育技术服务

---

① 陆志瑛:《优化升级流动人口卫生计生服务》,《中国人口报》2017年6月9日。

第八章 农民工法律宣讲与法律援助服务

登上新台阶，更好地维护和保障农民工等新市民群体计划生育的合法权益。

为创新和改善流动人口计划生育服务模式，甘肃省玉门市等地还通过在电视台开办计划生育专题栏目、聘请计划生育服务志愿者、开展农民工健康知识大讲堂等方式开展农民工等流动人口的卫生计生服务活动，使农民工计划生育法律咨询服务和计划生育技术服务的质量和水平得到显著提升。

案例 8-29

甘肃省玉门市积极探索流动人口管理新机制，不断转变管理服务理念，在玉门电视台创办"健康有约"栏目，全方位展示流动人口卫生计生工作；在玉关路社区建立了"流动人口健康指导志愿者"微信群，聘请了13名善于沟通、热心公益的流动人口担任健康指导志愿者，在群内定期培训交流，让流动人口面对面传播健康知识；开展"人口流动、健康同行"进校园、进企业、进社区健康知识大讲堂活动，为流动人口发放了印有健康常识内容的宣传手册；投资6万元在玉关路社区建立流动人口服务管理办公室、医务室，方便了流动人口管理和健康诊疗服务的需求[①]。

实践证明，电视、广播、报纸、网站等新闻媒介是现阶段农民工获取计划生育政策法规和服务信息的重要途径，也是新时期做好农民工等流动人口计划生育法律宣传和咨询服务的重要阵地，因此，全面加强电视、广播、报纸、网站等新闻媒介针对农民工等流动人口计划生育公共服务的宣传工作十分重要，对于进一步提升农民工等流动人口计划生育法律宣传影响力和法律咨询服务成效具有极其重要的意义，对推动农民工等流动人口

[①] 吴玉祥：《多措并举打造流动人口卫生计生服务管理新亮点》，《人口与计划生育》2018年第2期。

均等享受城市计划生育公共服务具有重要保障作用。全国各地应通过政府购买服务等方式进一步加大新闻媒介对农民工等流动人员计划生育服务的宣传力度，大力开展计划生育健康知识讲座和计划生育健康知识"进园区"、"进企业"、"进社区"、"进家庭"活动，不断提升农民工等流动人员计划生育法律服务和计划生育技术服务的质量和水平。

总之，为农民工等流动人口提供方便、快捷、高效的计划生育法律宣传、咨询服务和计划生育技术服务极其重要，不仅关系到农民工等流动人口自身的健康发展与安居乐业，而且关系到城乡所有人口的身心健康和发展进步，更加关系到未来整个国家劳动力的持续供给与稳定就业，是加强国家计划生育服务管理、提升全国计划生育整体水平的重要基础。因此，通过购买计生法律宣传、咨询和技术服务等新的手段，构建配置高效、覆盖广泛的农民工等流动人口计划生育社会化服务体系，为广大农民工均享城市计划生育服务提供重要保障，能够有效满足我国进城农民工对于计划生育服务的多样化客观需求，更好地维护和保障进城农民工等流动人口在计划生育服务方面的合法权益，对于提升农民工等流动人口的计划生育服务能力和服务水平，确保农民工群体实现平等享受城镇计划生育公共服务，推进流动人口基本公共计划生育服务均等化建设，持续提高农民工等流动人口的获得感和满意度，以及促进农民工市民化和城乡融合发展均具有不可替代的重要作用。

第九章 农民工社会工作服务

社会工作是持守利他主义的助人观念，以科学的知识为基础，用科学的方法助人的服务活动①。近年来，社会工作在我国经济社会发展中的推进作用越来越突出，特别是在解决农民工城镇就业与生活等问题、促进农民工城市融入和社会融合、推进农民工市民化发展进程等方面发挥着特别重要的作用。社会工作服务农民工不仅是深化解决农民工问题的需要，同时也是推动社会工作人才队伍建设的重要动力，政府通过借助与应用社会工作，将社会政策转化为农民工所需要的培训就业、社会保障、家庭生活、精神健康、子女教育、社会交往等实际服务，切实帮助农民工克服在城市就业和生活中的各种困难，共同促进农民工的权利保护、能力提升和社会融入②。因此，积极推进社会工作融入农民工公共服务工作体系，已经成为加强和改善农民工公共服务的重要内容和关键环节。

第一节 农民工社会工作服务政策

目前，社会工作已将农民工城市融入纳入服务范畴，借助于社会工作的个案工作、小组工作、社区工作、社会行政等专业方法，从微观、中

---

① 王思斌主编：《社会工作导论》，高等教育出版社2004年版。
② 关信平：《社会工作介入农民工服务：需要、内容及主要领域》，《学习与实践》2010年第4期。

观、宏观不同层面参与介入，推动农民工实现更深层次的城市融入①。随着农民工服务体系的逐步完善和农民工服务工作的逐步加强，社会工作在农民工城市转移服务和城市融入服务中的促进作用必将更加突出。社会工作介入农民工服务的主要作用在于能够回应和解决农民工个性化需求和问题，能够增强其家庭功能，引导农民工有序搭建各种互助网络，助力农民工参与社区公共事务和实现社区融入，促进实现"人的城镇化"②。党和政府非常重视社会工作在国家经济社会发展中的特殊作用，2011年9月，中共中央组织部等18部门联合印发《关于加强社会工作专业人才队伍建设的意见》（中组发〔2011〕25号），明确要"建设一支高素质的社会工作专业人才队伍，为构建社会主义和谐社会和巩固党的执政基础提供有力的人才支撑"，要求"适应政府职能转变、建设服务型政府的要求，按照培育发展和管理监督并重原则，完善培育扶持和依法管理政策，积极发展民办社会工作服务机构"，"通过政府购买服务等方式，引导和鼓励公益慈善类社会组织和民办非企业单位吸纳社会工作专业人才"，明确要加大社会工作专业人才队伍建设投入，"研究制定政府购买社会工作服务政策，引入竞争机制，规范购买程序，完善购买方式，建立综合绩效评价体系"。该政策的实施进一步健全完善了我国社会工作政策体系、体制机制和新型发展格局，推动构建了具有中国特色的社会工作专业人才培养体系和培育机制，加快推进了我国大规模、高素质社会工作专业人才队伍的建设，为建设社会主义和谐社会和促进经济社会协同发展提供了充实的社会工作人才保障，较好地满足了人民群众对社会工作服务的广泛需求，使社会工作专业人才在推进社会建设、创新社会管理、应对社会风险、化解社会矛盾、促进社会和谐、推动社会发展和助力民生改善等方面的基础性作用得到充分发挥。

---

① 姚青云：《社会工作介入农民工城市融入的研究——以 a 社工机构的农民工志愿者培育服务项目为例》，《社会与公益》2019 年第 5 期。

② 卢磊、黄小娟：《社会工作介入农民工服务的基本议题——一个本土社会工作发展领域》，《社会福利（理论版）》2019 年第 4 期。

为推进社会工作专业人才队伍建设，2012年2月，中共中央组织部等19部门联合印发《社会工作专业人才队伍建设中长期规划（2011—2020年）》（中组发〔2012〕7号），明确到2020年，"社会工作专业人才总量增加到145万人，其中中级社会工作专业人才达到20万人、高级社会工作专业人才达到3万人"，要求"制定政府购买社会工作服务政策，将民办社会工作服务机构纳入政府支持范围，建立并逐步完善政府与民办社会工作服务机构的合作机制"，明确要"通过政府购买服务支持，整合现有资源或新建等方式逐步建立50个国家级民办社会工作服务机构孵化基地，重点扶持和发展为老年人、妇女、儿童、青少年、残疾人、失业人员、低保对象、扶贫对象、受灾群众、进城务工人员、药物滥用人员、艾滋病患者等特殊群体提供服务的民办社会工作服务机构。到2020年，培育发展8万家民办社会工作服务机构"。该规划的实施进一步建立健全了我国社会工作专业人才的管理体制机制以及培养政策、评价政策、使用政策和激励保障政策，全面推进了我国社会工作专业人才队伍的建设，有效提高了我国社会工作专业人才的思想政治素质和专业实务能力，为加强和创新社会管理、防范和化解社会矛盾、推进经济社会协同发展提供了坚实的社会工作人才支撑，极大地提升了我国社会工作的服务能力、服务水平和服务效能，为有效满足广大人民群众对于社会工作的服务需求、促进社会和谐稳定和健康发展做出了突出的贡献。

为促进政府购买社会工作服务的开展，2012年11月，民政部、财政部印发《关于政府购买社会工作服务的指导意见》（民发〔2012〕196号），要求从人民群众最基本、最紧迫的需求出发设计、实施社会工作服务项目，用人民群众社会服务需求是否得到有效满足作为检验政府购买社会工作服务的重要标准；要求按照"受益广泛、群众急需、服务专业"原则，重点围绕城市流动人口、农村留守人员、困难群体、特殊人群和受灾群众的个性化、多样化社会服务需求，组织开展政府购买社会工作服务；要求各级财政要将政府购买社会工作服务经费列入财政预算，逐步加大财政投入力度，扩大政府购买社会工作服务范围和规模，带动建立多元化社会工作服务投入机制。该政策的实施进一步健全完善了政府购买社会工作服务的政策制度，创新完善了政府购买社会工作服务的体制机制，极大地增强了政府购买社会工作服务的针对性、精准性和实效性，促进了我国民办社会工作服务机构的发展提高，推进了我国社会工作专业人才队伍的规范化建设，提升了我国社会工作的服务能力和服务水平，对拓宽社会工作服务领域、创新社会管理服务方式、提高社会工作服务质效、推进服务型政府建设、推动社会事业健康发展以及有效满足公民对社会工作服务的专业化、多样化服务需求发挥了重要作用。

为提高社会工作的专业化、职业化水平，2016年10月，民政部等12部门联合印发《关于加强社会工作专业岗位开发与人才激励保障的意见》（民发〔2016〕186号），明确要"建立健全社会工作专业人才激励保障制度，切实保障社会工作专业人才薪酬待遇水平，拓宽职业发展空间"，要求"积极探索采取政府购买服务方式提供社会工作服务，逐步实现政府提供社会工作服务从'养人'向'办事'转变。支持引导相关事业单位在承接实施政府购买社会服务中吸纳和使用社会工作专业人才"，明确要"鼓励有条件的街道和乡镇依托现有资源支持发展民办社会工作服务机构，使用社会工作专业人才，通过政府购买服务等方式延伸基层社会治理与专业服务臂力"。该政策的实施全面加大了我国社会工作专业岗位的开发力度，加强了我国社会工作人才激励保障制度的建设，提高了社会工作领域专业人才和工作人员的薪酬待遇水平，进一步拓宽了社会工作者的社会服务领域和职业发展空间，初步解除了社会工作者在职业社会地位和职业发展空间等方面的后顾之忧，为提升我国社会工作专业人才队伍建设水平和我国社会工作的专业化、职业化、社会化发展水平提供了重要的制度保障，对创新社会治理方式、激发社会组织活力、满足公民服务需求、构建和谐社会关系和促进社会全面发展等方面发挥了重要的推动作用。

为充分发挥社会工作专业人才在农村留守儿童关爱保护中的重要作用，2017年7月，民政部等5部门联合印发《关于在农村留守儿童关爱保护中发挥社会工作专业人才作用的指导意见》（民发〔2017〕126号），明确社会工作专业人才在农村留守儿童关爱保护中的主要任务有三项：一是协助做好救助保护工作，二是配合开展家庭教育指导，三是积极开展社会关爱服务。该政策要求以留守儿童关爱保护为重点，加大农村地区社会工作专业人才培养使用力度，要求各地民政部门要推动未成年人保护机构、儿童福利机构、救助管理机构通过开发设置岗位、购买服务等方式配备使用社会工作专业人才，要求"各地各有关部门要推动将由政府提供且适宜社会承担的农村留守儿童关爱保护工作纳入政府购买服务指导性目录"，"通过政府购买服务方式支持社会工作服务机构协助开展信息收集、监护情况调查评估等农村留守儿童关爱保护工作"。该政策的实施进一步强化了政府购买社会工作服务在农村留守儿童关爱保护工作中的重要作用，使社会工作专业人才在满足留守儿童社会服务需求方面的专业优势与职能作用得到充分发挥，进一步健全完善了我国农村留守儿童的关爱保护体系，促进了我国农村留守儿童关爱保护工作的开展，较好地解决了农村留守儿童在生活、学习和成长过程中出现的各种困难和问题，有效提升了农村留守儿童关爱保护的工作成效，保障了我国农村留守儿童的全面发展和健康成长。

为鼓励和引导社会力量广泛参与留守儿童和困境儿童关爱服务工作，2019年4月，民政部等10部门联合印发《关于进一步健全农村留守儿童和困境儿童关爱服务体系的意见》（民发〔2019〕34号），要求"各地民政部门及未成年人救助保护机构要通过政府委托、项目合作、重点推介、孵化扶持等多种方式，积极培育儿童服务类的社会工作服务机构、公益慈善组织和志愿服务组织。要支持相关社会组织加强专业化、精细化、精准化服务能力建设，提高关爱保护服务水平，为开展农村留守儿童、困境儿童等工作提供支持和服务"，要求"各地要将农村留守儿童关爱保护和困境儿童保障纳入政府购买服务指导性目录，并结合实际需要做好资金保障，重点购买走访核查、热线运行、监护评估、精准帮扶、政策宣传、业务培训、家庭探访督导检查等关爱服务。要加大政府购买心理服务类社会组织力度，有针对性地为精神关怀缺失、遭受家庭创伤等儿童提供人际调适、精神慰藉、心理疏导等专业性关爱服务，促进身心健康"，明确要"支持社会工作者、法律工作者、心理咨询工作者等专业人员，针对农村留守儿童和困境儿童不同特点，提供心理疏导、亲情关爱、权益维护等服务。动员引导广大社会工作者、志愿者等力量深入贫困地区、深入贫困服务对象提供关爱服务"。该政策的实施进一步推进了儿童服务类社会工作服务机构等社会组织的培育孵化工作，促进了政府购买农村留守儿童关爱保护服务和困境儿童保障服务的开展，强化了农村留守儿童和困境儿童关爱、保护服务体系的建设，提升了未成年人救助保护机构和儿童福利机构的服务能力和服务水平，对发动、鼓励、引导和支持社会各方积极参与农村留守儿童和困境儿童救助帮扶活动、做好对农村留守儿童和困境儿童的关爱帮扶服务发挥了重要作用。

为提高中央财政支持社会组织参与社会服务项目的效益，2019年4月，民政部办公厅印发《2019年中央财政支持社会组织参与社会服务项目实施方案》（民办函〔2019〕41号），要求做好中央财政支持社会组织参与社会服务项目管理工作，明确"项目资金由中央财政专项安排，用于支持社会组织参与社会服务"，明确中央财政资助项目分为4个类型，即发展示范项目（A类）、承接社会服务试点项目（B类）、社会工作服务示范项目（C类）和人员培训示范项目（D类），其中，社会工作服务示范项目（C类）主要内容为"拟资助社会组织开展社会工作服务活动，即以社会救助对象、城市流动人口、农村留守人员、老年人、儿童青少年、残疾人、社区矫正人员、优抚对象和受灾群众等特殊群体为重点服务对象，针对需求提供包括矛盾调处、人文关怀、心理疏导、行为矫治、关系调适等在内的社会工作专业服务项目。每个项目的资金不超过80万元"。该政策的实施加强了中央财政支持社会工作服务示范项目资金的监管和考评，提高了社会工作服务示范项目资金的使用效率和使用效益，提升了社会工作服务示范项目的服务质量、服务水平和社会效益，扩大了社会工作服务示范项目的社会影响力和示范效应。

总而言之，党和政府通过加强社会工作服务机构建设和社会工作专业人才队伍建设,大力推进政府购买农民工社会工作服务,为在城市务工的农民工群体解决了很多就业和生活中的具体困难和实际问题。目前,进城农民工作为城市贫弱群体的重要组成人群,他们在城市务工历程中仍然存在着职业培训质效不佳、社会保障程度较低、社会福利缺失严重、社会融入相对困难、人文关怀明显不足、心理健康服务缺乏等突出问题。在新型城镇化和农民工市民化快速发展的背景下,仅仅依靠政府制定、实施农民工政策和供给农民工服务难以快捷、有效、全面地解决农民工面临的多种多样的困难和问题,特别是农民工群体作为城市"边缘人"普遍存在的角色问题、压力问题、心理问题、情感问题、权益问题和社会适应性不强等问题,更加需要通过专业化的社会工作理论、知识、制度、方式、方法和服务才能得到妥善解决。同时,农民工同其他社会群体一样对社会工作的服务需求越来越大,期待着在市民化过程中构建社会工作广泛参与的农民工问题社会治理新型格局,通过社会工作为农民工带来更周到、更细致、更全面、更优质的社会化服务。具体看,在城市化进程中,社会工作承担着推动农民工融入城乡社区生活的服务提供者、推动社会管理服务改革的服务创新者、推动农民工参与社会建设的能力建设者、推动农民工对社会重建信任的资源协调者、促进城乡群体互相接纳和谐发展的教育倡导者、促进社会群体相互支持的资源整合者、促进农民工社会工作发展的研究者、促进公民社会发展的组织建设者等多重角色,发挥着减少城乡差异造成的负面影响、促进农民工融入城乡生活、建设城乡公益文化、推动城市化和谐发展等功能[①]。因此,健全完善政府购买社会工作服务制度体系和运行机制、推动社会工作更快更好发展对做好农民工公共服务具有特别重要的意义,对妥善解决我国农民工就业、生活和发展问题、促进农民工市民化具有重要的推动作用。应大力培育社会工作服务机构,为开展政府购买农民工社会工作服务提供更为优质的平台,应进一步加强社会工作专业

---

① 李真、李涛、刘倩、卢金艳、杨玳瑁:《社会工作服务农民工的功能与角色》,《广东工业大学学报(社会科学版)》2013年第3期。

人才队伍建设，为开展政府购买农民工社会工作服务提供强有力的人才支撑。通过加大政府购买社会工作服务的力度，充分发挥社会工作者的专业化、职业化作用，为农民工提供精准便捷、优质高效的社会化服务，以更好地满足农民工群体的社会服务需求，促进农民工市民化和新型城镇化建设健康快速发展。

第二节 农民工社会工作服务

近年来，我国各级政府积极开展政府购买农民工社会工作服务的制度创新和实践探索，通过创新、完善政府购买农民工社会工作服务的体制机制，建立了独具特色的政府购买农民工社会工作服务政策制度体系和富有成效的农民工社会工作服务供给体系，为农民工群体提供了人文关怀、情感疏导、民生改善、社会融合、资源协调、矛盾化解等多种专业化、个性化的社会工作服务，有效地满足了农民工群体多样化、多层次的社会服务需求，对拓宽农民工服务领域、提高农民工服务质量、提升农民工服务效能和促进农民工更好地融入城市发挥了重要作用。由于社会工作具有较强的综合性、专业性、基础性、实用性和利他性等特点，各地政府在构建农民工公共服务体系时主动将社会工作服务有机嵌入体系之内，创造性地运用社会工作的服务理念、服务方式和服务方法，不断强化农民工公共服务的公益导向、服务意识和服务效果，不仅提升了农民工公共服务的供给能力和整体水平，而且促进了农民工等流动人口的权益保障和社会融合，为推进政府购买农民工社会工作服务深入开展和促进农民工公共服务事业健康发展提供了重要保障。广东、江西、青海、重庆、福建、湖南、北京等地开展的政府购买农民工社会工作服务成效较为突出。

案例 9-1

2012 年 9 月，广东启创社会工作服务中心成功获得 3 年 1650 万元的政府购买服务经费投入，在海珠区开设 18 个"青年地带"社工

第九章 农民工社会工作服务

站为特殊困难青少年提供专业社会服务,其中在外来工最为聚集的凤阳街专项开展农民工子女关爱服务,通过"雁家零距离"、"绿雁子"、"雁导羊城游"等活动关注农民工子女安全保护、社区适应等问题[1]。

通过政府购买服务方式推动社会工作服务机构为农民工随迁子女提供专业化的关爱服务,对有效满足农民工随迁子女的差异化、多样化社会服务需求具有重要作用。广东启创社会工作服务中心专项开展的农民工随迁子女关爱服务活动,为农民工随迁子女提供了个性化、专业化、精准化、深层次的社会工作服务,有效延伸和提升了政府购买农民工子女关爱服务项目的社会效益,极大地增强了政府购买农民工子女工作服务的社会影响力和示范效应,为政府通过购买社会工作服务的方式为农民工子女提供高质效的关爱、帮扶服务开启了有益的尝试。

案例9-2

2016年6月,江西省以政府购买服务的方式,通过招投标程序向省内外社会组织购买了24个社会工作服务岗位,通过"集中采购、分驻服务",为农村留守儿童提供专业社工关爱服务,并承担对基层未成年人保护专干进行培训的任务,以破解基层关爱留守儿童工作专业人才不足的困境[2]。

通过政府购买服务的方式为农村留守儿童提供专业化的社会工作服务,能够较好地满足农村留守儿童对关爱、保护等社会服务的多样化需求,对促进农村留守儿童实现全面发展和健康成长具有积极作用。江西省

---

[1] 曾妮、邓莉、姜文明:《全省最大青少年社工服务团队入驻海珠 1650万元 政府购买3年社工服务》,《南方日报》2012年9月21日。
[2] 袁慧晶:《江西:探索政府购买服务关爱留守儿童》,中国社会科学网,http://www.cssn.cn/ddzg/ddzg_ldjs/df/201611/t20161120_3282566.shtml?COLLCC=2004420286&,2016年11月20日。

通过政府向社会组织购买社会工作服务岗位的方式,充实和加强农村留守儿童关爱保护工作力量,初步缓解了基层组织开展农村留守儿童关爱保护服务普遍缺乏专业人才的困境和压力,为有效开展农村留守儿童关爱保护工作提供了重要的专业人才保障,使社会工作专业人才在农村留守儿童关爱保护中的重要作用得到充分发挥,极大地提升了全省农村留守儿童关爱保护工作的质量和成效。

案例 9-3

近年来,湖南省攸县民政部门积极采用政府购买服务方式与社工组织合作开展儿童助力计划,通过引入专业社工为农村留守儿童和困境儿童提供关爱保护服务,为农村留守儿童和困境儿童的健康成长保驾护航,社工在为孩子们提供经济、生活及学习等方面帮扶的同时,还承担起对基层未成年人保护专干进行培训的任务,并深入到各小学、村(居委会)开展心理建设、问题预防、社会融入等社会服务[①]。

湖南省攸县民政部门从农村留守儿童和困境儿童关爱保护工作实际需要出发,通过实施政府购买社会工作服务的方式,联合社会工作组织和专业社工人员共同助力农村留守儿童和困境儿童健康成长。通过政府购买社会工作服务,进一步加强和改善了专业社工对农村留守儿童和困境儿童的关爱、保护等服务工作,为各地社会工作专业人才积极参与和广泛开展农村留守儿童和困境儿童的关爱保护提供了成功的经验模式。同时,通过加大对基层未成年人保护专干的业务培训,不断提升基层未成年人保护专干的业务水平和工作能力,不断壮大全县农村社会工作服务专业力量,为做好农村留守儿童和困境儿童的关爱保护工作提供了坚实的专业人才保障,对满足全县农村留守儿童和困境儿童的社会服务需求,提升全县农村留守

---

① 李益民、郑唯薇:《政府购买服务 关爱留守儿童》,《湖南日报》2020年2月14日。

儿童和困境儿童的关护服务成效发挥了重要作用。

案例 9-4

2017年7月，西宁市正式启动由中央财政支持社会组织参与的社会服务项目——西宁友成公益联合援助中心随迁农民工子女关爱示范项目，该项目旨在通过社会工作专业实务方法的介入，整合团委、教育局、社区、学校、家庭等资源，对西宁市四区城乡结合部8所小学随迁农民工子女开展社会融入、学业发展、心理疏导、文化教育等专业化服务，通过探索本土化社会工作服务模式，助力少数民族地区社会工作发展[①]。

青海省西宁市西宁友成公益联合援助中心随迁农民工子女关爱示范项目是2017年中央财政支持社会组织参与社会服务项目。在中央财政专项资金的支持下，西宁友成公益联合援助中心积极探索社会工作服务的新模式、新办法，创造性地为农民工随迁子女提供了心理疏导、精神关爱、关系调适、社会融合、危机干预等多方位、宽领域的社会工作服务并取得了突出的成效，极大地增强了农民工随迁子女的自我发展能力、社会交往能力和社会适应能力。从西宁友成公益联合援助中心随迁农民工子女关爱示范项目实践效果看，中央财政专项资金支持的社会工作服务项目普遍呈现资金雄厚、运作规范、效果显著、影响广泛等特点，其项目拓展对于提升我国社会工作的服务能力和服务水平具有特别重要的促进作用和示范效应。

此外，全国各地农村基层乡镇政府通过购买社会工作服务为农民工及其家庭留守人员提供专业化社工服务的数量逐步增多，如，重庆市九龙坡区乡镇政府和街道办事处通过建立完善政府购买农民工社会工作服务的政

[①] 孙睿：《西宁市启动随迁农民工子女关爱示范项目》，中国新闻网，http://www.chinanews.com/sh/2017/07-18/8281108.shtml，2017年7月18日。

策制度，促进了全区政府购买农民工社会工作服务的开展，使全区农民工社会工作服务的质量和水平得到快速提升。

案例 9-5

2018年10月，重庆市九龙坡区民政局《关于2018年政府购买社会工作服务项目的公告》显示，2018年九龙坡区共有87个政府购买社会工作服务项目，其中乡镇政府和街道办事处购买农民工相关社会工作服务项目明显增加，如，中梁山街道办事处购买康苑社区社会工作室服务项目为276名社区新市民提供能力提升、就业帮扶、家庭服务、社区融入、合法权益维护等社工服务，白市驿镇政府购买松岭社区农村留守人员社会工作服务项目为115名农村留守儿童开展生活照顾、教育辅导等关爱保护服务，铜罐驿镇政府购买农村留守人员社会工作服务项目为100名农村留守开展儿童生活照顾、教育辅导、关爱保护等社工专业服务，华岩镇政府购买民安华福社区社会工作室服务项目为850名农民工提供能力提升、就业创业帮扶、合法权益维护等社会工作服务[①]。

由此可见，乡镇政府和街道办事处通过政府购买农民工社会工作服务的办法，由社会工作机构为农民工直接提供职业培训、就业援助、创业帮扶和权益保障等社会化服务，以及由社会工作机构为农村留守儿童直接提供生活照料、学业辅导、关系调适、行为矫治等关爱保护服务，可以有效克服乡镇政府和街道办事处普遍存在的专业人才缺乏、专业服务能力不足和社会化服务质效不高等实际困难，从而为乡镇政府和街道办事处提升农民工与农村留守儿童服务水平开辟了一条操作简便、卓有成效的服务捷径。

---

① 《九龙坡区民政局关于2018年政府购买社会工作服务项目的公告》，重庆市九龙坡区人民政府网站，http://cqjlp.gov.cn/zwgk_251/zfxxgkml/gggs/202002/t20200220_5357630.html，2018年10月11日。

案例9-6

2018年7月，厦门市湖里区金山街道办事处发布2018年下半年拟政府购买社会工作服务项目公告，其中为流动儿童购买社会工作服务的社工项目有2个，分别是"咱厝后坑·共筑未来"流动儿童社区融入社工服务项目（项目经费18万元）和"共童成长"高林社区流动儿童亲子教育社工服务项目（项目经费26万元），期望通过购买社会工作服务项目，不断完善社工主导、社区助力、幼儿园配合"三位一体"的服务平台，通过链接社区内外相关优质社会资源，更加注重父母亲在项目当中的广泛参与，以不断改善流动儿童家庭的亲子教育状况，建立服务对象与社区多元群体的有效联结，促进其社区融入与城市融入，为流动儿童营造快乐、健康的成长环境[①]。

高度重视和妥善解决进城农民工等外来人员流动儿童的生活、学习、健康和成长问题，是城市街道办事处和社区组织义不容辞的重要责任。与乡镇政府面临的困境一样，城市街道办事处和社区组织也大多存在着专业人才匮乏、为农民工流动儿童服务力不从心等具体问题。福建省厦门市湖里区金山街道办事处通过购买社会工作为农民工等外来人口流动儿童提供社区融入和亲子教育等社会工作服务，有效提升了流动儿童的自信力、交往力和社会融入，促进了流动儿童的情感交流、城市融入和快乐、健康成长。因此，通过实施政府购买农民工流动儿童社会工作服务的办法，由专业化的社会工作机构和社会工作者来有效解决农民工流动儿童的生活、学习、健康和成长问题，是推进农民工流动儿童实现社区融入和健康成长的重要现实路径。

还有很多地方政府通过直接给予经费补贴的方式组建农村留守儿童社

---

① 金山街道办事处：《金山街道关于2018年下半年拟政府购买社会工作服务项目相关事宜的公告》，厦门市湖里区人民政府网站，http://www.huli.gov.cn/zwgk/tzgg/201807/t20180720_174720.htm，2018年7月20日。

会工作服务站,聘请专业化社会工作者为农村留守儿童提供直接、具体的社会工作服务。

案例 9-7

2018年8月,长沙市民政局等6部门联合印发通知,要求各区县(市)以政府购买服务的方式,在全市170个乡镇(街道)全部建立社会工作服务站,开展农村留守儿童关爱保护等4个领域的社会工作服务,每个站点配备2—4名驻站专业社工,其购买服务所需经费列入财政预算,并从市县两级福彩公益金中安排资金,按8万元/个对乡镇(街道)社工站运行经费给予适当补助①。

通过政府购买社会工作服务的办法,在乡镇、街道设置专业化的社会工作服务站,并将农村留守儿童关爱、保护工作纳入社工站主要服务领域,有利于方便、快捷、周到、细致地为农民工留守儿童开展关爱、疏导、保护、帮助等多项社会工作服务,能够充分发挥社会工作专业人才在农村留守儿童关爱保护服务中的特殊作用,有利于综合提升农村留守儿童关爱、保护的服务成效,是现阶段政府购买农民工社会工作服务的有效实践路径。

还有地方政府积极探索将社会工作服务嵌入农民工子弟学校的教学、教育和社会化成长进程,取得了促进农民工随迁子女健康成长和社会融入的显著成效。

案例 9-8

深圳市龙岗区YC小学创办于1998年,是一所以招生外来务工人员子女为主的全日制民办打工子弟学校,2011年9月,龙岗区ZC社

---

① 张沁、谭香华、张晓熠:《长沙乡镇街道将全部建立社工站》,《潇湘晨报》2018年8月4日。

工机构在深圳市龙岗区总工会和深圳市龙岗区民政局的大力支持下,通过招投标方式获得了龙岗区 H 社区"关爱来深建设者子女公益项目——DFC 社工服务项目",该项目通过为深圳市龙岗区 YC 小学提供专业化社会工作服务,促进打工子弟学校学生心理健康、学业提升、行为改良、社区认同和健康成长[①]。

因此,加强中小学校与社会工作机构的衔接与融合,支持社会工作专业人才为包括农民工随迁子女在内的中小学生提供更加直接、更加精准、更加完善的社会工作服务,是未来社会工作服务的重要发展方向和重要服务路径。

需要特别注意的是,在政府为农民工及其子女提供的情感慰藉、心理健康、压力疏导、危机干预、社区融入、社会适应等互动效应明显的服务项目中,通过政府购买服务方式联合社会工作机构为农民工及其子女提供更加专业化、精准化、个性化的社会工作服务,会强力增加上述服务的友好感、亲近感、信任感和认同感,将更加易于农民工群体消除抵触情绪并展开心扉来接受和分享服务,能够直接提升农民工社会化服务的质量和效率,增强农民工在城市就业和生活的归属感、成就感、获得感和融入感。综合来看,政府购买农民工社会工作服务是对基础性农民工公共服务的内容扩充、制度创新、技术提升与质量升华,是转变政府职能、推进服务型政府建设的内在要求,是改善社会服务方式、完善社会服务体系的重要手段,对于建立农民工群体服务需求与政府公共服务供应之间的均衡互应机制和良好契合关系具有锦上添花、事半功倍的突出效果。因而,全方位加大政府购买农民工社会工作服务的力度,加快推进政府购买农民工社会工作服务健康发展,不断提高农民工社会工作服务的质量和水平,应当是未来政府购买服务的优先选项和工作重心。应通过健全完善政府购买农民工

---

① 张军:《社会工作在外来工子弟学校推广的模式探索》,硕士学位论文,中国社会科学院,2012 年。

社会工作服务的政策制度和运行机制，不断加强政府购买农民工社会工作服务相关保障工作，逐步拓宽社会工作服务农民工的领域范围，逐步创新社会工作服务农民工的方式方法，逐步畅通社会工作服务农民工的"绿色通道"，切实改善社会工作服务农民工的质效和水平，发挥好社会工作服务农民工的特殊职能作用，促进农民工群体更好地适应城市社会和融入城市社会。

第三节 企业社会工作介入农民工服务

满足农民工的服务需求不仅是政府的责任，也是企业和社会的责任[①]。现阶段，农民工是我国绝大多数企业劳动力的主体部分，受政策制度、文化教育、职业技能、务工条件和社会环境等多种因素的影响，他们在企业务工历程中难以避免地会产生劳资关系不睦、企业融入障碍、精神生活匮乏、心理压力增大、社会关系紧张、城市融入困难等多种问题，因此通过企业社会工作介入农民工公共服务，对于"面对面"地解决农民工群体在工作、生活中出现的各种问题会更有针对性、更有效率、更有作用、更有成效。企业社会工作介入农民工服务涉及农民工政治、经济、文化、健康等诸多方面的具体权益，王红艺在相关研究中将目前企业社会工作介入农民工服务归纳为七个方面的具体服务内容：一是生活服务，帮助农民工解决生活中面临的诸如经济困难、住房困难、子女入学入托困难等实际生活困难；二是教育与培训服务，组织和开展针对农民工的文化教育与技能培训，提高农民工的文化素养和技术水平；三是维权服务，帮助农民工增强权利和义务意识，并就农民工经常遇到的诸如劳动合同、劳动保护、社会保障等法律问题向他们提供知识普及、咨询及维权服务；四是心理辅导和情感支持服务，为农民工提供心理上、情感上的支持以及心理辅导与咨询

---

① 徐道稳：《从农民工的服务需求看企业社会工作发展》，《信访与社会矛盾问题研究》2017年第2期。

服务，促进农民工的自身心理调适，使其形成健康、积极的心理状态；五是员工关系和劳资关系协调服务，通过开展各种文化娱乐活动，增进企业农民工之间、农民工与城镇职工之间、农民工与企业管理者之间的良性互动；六是休闲娱乐服务，为农民工提供更好的业余文化生活和娱乐健身条件，协助企业举办文娱活动、运动会、眷属联谊、社区服务、公益活动、知识讲座等各种团体活动；七是社会融入服务，帮助农民工了解城市社会，学习城市生活知识，增加社会交往，解决长期生活在城市中的实际困难，使其更好地融入城市社会[1]。上述七个方面的服务内容基本涵盖了现阶段农民工对于企业社会工作服务的基本需求，是企业农民工社会工作服务的努力方向和服务重点。当然，随着企业农民工社会工作服务理论创新与实践探索的进一步深入，企业社会工作介入农民工服务的范围必将进一步扩大，在推进农民工子女在流入地接受社会化教育、保障农民工在务工地享有充分的民主政治权利、改善农民工社会形象和提高农民工社会地位、提升农民工城镇社会保险参与率和推进农民工市民化等方面必将发挥更大的作用，促进农民工及其家庭更好地融入企业、融入社区、融入社会、融入城市。

很多社会工作服务机构将服务园区、服务企业、服务职工作为组织发展的立足点和发展宗旨，特别是一些社工机构明确将企业农民工服务纳入社会工作的主要服务领域和重要发展方向，积极参与企业为农民工服务的各种活动，使社会工作服务组织的运行和发展与企业为农民工提供的各种服务活动紧密衔接、相互融合，构建服务合力共同推进企业农民工服务事业的发展提高。

===== 案例9-9 =====

2008年12月，全国首家立足于工业园区的民办企业社工机构——珠海市协作者社会工作教育推广中心正式成立，其运作特点

---

[1] 王红艺：《企业社会工作介入农民工服务探析》，《青海社会科学》2012年第1期。

是由政府购买服务、企业提供资源、社会组织专业运作,三方协作为工业园区企业和居民提供宣传普及社会工作知识、丰富园区农民工文化生活、提供信息服务与生活知识、缓解释放员工心理压力、为园区儿童开展课业辅导、开展园区公益活动等社会工作服务,被誉为内地社会工作发展的第四种模式"珠海模式",为进一步探索政府、企业、社工机构三方合作的本土企业社会工作发展经验提供了宝贵借鉴[①]。

"政府购买服务、企业提供资源、社会组织专业运作"是社会工作"珠海模式"的基本内涵,也是珠海协作者社会工作得以高效介入企业农民工服务的机制保障和重要路径。政府通过购买社会工作服务的方式,鼓励、支持和帮助立足于服务园区和企业农民工的社会工作服务机构不断发展提高,有利于提升社会工作机构的服务能力和服务水平,有利于增强社会工作服务农民工的积极性、创新性、针对性和实效性,能够确保社会工作服务机构为农民工提供精准化、高效化、专业化的社会工作服务,对推动企业健康发展和促进农民工企业融入具有重要作用。

此外,在企业社会工作服务农民工方面,广东省深圳市起步早、规模大、效果好,为全国各地开展企业社会工作介入农民工服务提供了成功的经验借鉴。

===== **案例 9–10** =====

深圳市于 2010 年开始探索企业购买社会工作服务模式,通过引入专业社会工作力量解决企业中人际冲突、劳动冲突及员工生产生活适应性不良等问题,初步构建了"政府—企业—社会组织"的协同合作、劳资共同参与、平等协商的新型劳资互动模式,截至 2016 年 11

---

① 陈雪娇:《珠海协作者:内地社会工作发展的第四种模式》,《社会与公益》2013 年第 5 期。

月,深圳市共有 23 家社工服务机构开展企业社会工作服务,累计 1448 名企业社工共开展服务近 35 万人次,在全国形成了引领示范效应①。

由此可见,通过企业购买社会工作服务模式开展农民工等企业员工的社会工作服务,是新形势下完善社会工作服务制度、创新社会工作服务方式、拓展社会工作服务领域、提升社会工作服务效能、推进社会工作全面发展的重要举措,特别是企业购买社会工作服务模式具有服务内容精准、服务覆盖率高、服务效果明显等基本特点,对强化农民工等务工人员合法权益的维护工作、更好地满足农民工群体对社会工作服务的多元化、多样化、复杂化需求以及提升企业的社会效益和社会形象都具有重要的保障作用。

案例 9-11

2011 年 3 月,东莞市正式出台了购买企业社工服务的相关文件,分别向东莞市正阳社会工作服务中心、东莞市鹏星社会工作服务社和东莞市乐雅社会工作服务中心三家社工机构购买企业社工 16 名,派驻到五家企业,由此,由政府独立出资购买的企业社会工作试点服务正式开始;2012 年 3 月,东莞龙昌实业、徐福记和立亚达三家企业分别通过 1∶1 的方式购买企业社会工作服务;2012 年 8 月,清远市迪米格企业慕名向正阳社工服务中心购买企业社工 2 名;至此,东莞市企业社工工作开始由原来的政府独立购买向政府、企业 1∶1 购买过渡②。

---

① 深圳市民政局:《深圳市社会工作十年发展报告》,民政部网站,http://mzzt.mca.gov.cn/article/sggzzsn/jlcl/201611/20161100887275.shtml,2016 年 11 月 7 日。
② 王会贤:《企业社工的东莞之路》,《公益时报》2014 年 8 月 5 日。

东莞市企业社工工作由原来的政府独立购买转向政府、企业1∶1购买，构建了东莞市通过政府购买企业社工服务与企业单独购买企业社工服务两种购买模式，联合打造了企业社会工作服务"二元"供给的新型格局，有效提升了企业社会工作的服务水平和服务成效，为农民工等外来务工人员及其家庭和随迁子女提供了精准化、专业化、多样化的社会工作服务，极大地丰富了企业的人文关怀内涵和员工的业余文化生活，有效缓解了外来农民工等人员的紧张情绪和心理压力，较好地地满足了企业员工深层次、多样化的社会服务需求，促进了员工的权益维护、企业融入和企业经济效益、社会效益的提升。

案例 9-12

2017年4月，中南社工服务社与横岗街道旭程电子（深圳）有限公司达成协议，由中南社工为该企业员工开展康乐活动、员工培训、园区党建、志愿活动、劳资纠纷调解等服务；中南社工进驻企业之后，为企业量身打造了"积分银行"——企业文化营造社工服务项目，该项目以企业为平台，社工服务为主导，积分银行制度为依托，通过综合评定员工当月工作表现、参与公司活动情况、参加义工服务情况、个人学习情况、个人生活卫生与素质等各方面因素，由员工自主申报本月积分，并规定积分是评定先进、晋级、加薪和公司期权、股权分配的重要参考依据，与员工的福利待遇和荣誉表彰挂钩；通过开展"积分银行"——企业文化营造社工服务项目，不仅向员工宣扬了社会的正能量，而且在解决管理难题、激发员工工作活力、提高工作效率、提升管理水平等方面都起到显著作用[1]。

企业购买社会工作服务项目是企业有效开展社会工作服务的重要路

---

[1] 吴佳熙：《深圳中南企业社工服务助力企业文化建设》，社工中国网，http：//practice.swchina.org/socialwork/qy/2017/0525/29098.shtml，2017年5月25日。

径，是企业社会工作的重大制度创新和重大实践创新。社会工作服务组织与企业协作开展企业社会工作服务，能够有效提升企业社会工作服务的效率、质量和服务水平，有利于更好地满足企业员工对精神文化、心理健康、职业提升、社会支持等社会服务的多元化、多样化、专业化需求，有利于更好地维护和保障企业员工的合法权益，对改善企业管理和运营模式、建立稳定和谐的劳资关系、提高企业文化建设水平、提升企业生产经营活力和促进企业健康发展均具有重要的保障作用。

综上，企业社会工作介入农民工服务非常重要，是新时代农民工社会服务的重要供给方式。企业社会工作能够顺应企业从传统机制向现代机制的转型的需要，是应对新形势下企业各种新显矛盾的有力方式，是推动企业和谐发展的有力助手，是创新企业管理模式的有效方式，是建设特色企业文化的主要力量，是培养企业社会责任感的重要推手[①]。从企业社会工作的功能来看，企业社会工作是介入农民工问题的有效方法，其以社会公平为基础，谋求人的发展和社会的进步，在促进农民工发展方面呈现出两个积极功能，一是通过建立农民工与企业的有效沟通网络增加其适应能力，二是通过对农民工的教育与培训提高其发展潜能[②]。因此，必须高度重视和切实发挥企业社会工作的重要作用，全面加强企业社会工作服务机构建设和企业社会工作专业人才队伍建设，推动社会工作更好地介入到企业农民工服务中，不断为农民工等企业员工提供精准化、专业化的社会工作服务，这是确保企业发展壮大和保障农民工基本权益的重要手段。而要做好企业社会工作，就必须发挥好政府的主导作用，通过资金配套政策鼓励大中型企业设置社会工作岗位、购买社会工作服务，同时要充分发挥民办社工机构的主体作用，发挥枢纽型社会组织的独特作用，发挥企业行业

---

① 刘敦：《企业社会工作在企业发展过程中的作用》，中国社会科学网，http：//www.cssn.cn/shx/shx_bjtj/201411/t20141110_1395396_1.shtml，2014年11月10日。

② 马亚静、潘素芳、刘梦：《私营企业农民工问题与企业社会工作》，《中国劳动关系学院学报》2006年第6期。

组织的推动作用,鼓励中小企业联合购买社会工作服务[①]。

总之,各级政府应积极出台和不断完善企业社会工作介入农民工服务的相关政策制度,强力推进企业社会工作服务机构建设和企业社会工作专业人才队伍建设,充分调动和发挥社会工作服务组织和农民工所在企业两个主体的积极性,构建二者之间相互支持、相互促进,相互配合、相互协作,健全完善、科学高效的融合型体制机制,加快推进企业社会工作服务向普及化、规范化、专业化方向健康发展,逐步提升企业社会工作介入农民工服务的质量、水平和服务成效,为维护和保障农民工等企业职工的合法权益、构建和谐稳定的劳动关系、促进农民工融入企业和推进企业健康发展做出新贡献。

[①] 徐道稳:《从农民工的服务需求看企业社会工作发展》,《信访与社会矛盾问题研究》2017年第2期。

第十章　政府购买农民工公共服务的治理效能及改进空间

长期以来，中国通过构建政府购买农民工公共服务政策体系和体制机制，有效提升了农民工公共服务的供给质效和服务水平，较好满足了农民工群体多元化、多层次、多种类的公共服务需求，在促进农民工社会融入及市民化进程中取得了显著成绩。但作为政府解决农民工问题的全新手段，政府购买农民工公共服务在制度设计和实践应用上还处于探索阶段，在体制机制建设中表现出一些问题与不足。本章基于以上文献、政策与实践探索的综合分析，深入考察政府购买农民工公共服务在农民工生活、工作、社会参与等方面所取得的治理效能，并针对尚存的阶段性问题提出农民工政策的改进建议。

第一节　政府购买农民工公共服务的治理效能

中国政府在全面深化城乡改革、力推城乡融合发展的攻坚时期，非常重视农民工流动迁移等问题的治理工作，通过构建多元主体共同参与的农民工公共服务供给体系，竭力从制度层面更好地保障农民工从乡村到城市的各种权益。在此过程中，各地政府不断创新公共服务供给模式，通过购买、委托、补贴、租赁等多种形式，初步建立了政府购买农民工公共服务政策体系和体制机制，直接促成了农民工政策的深度转型及其治理效能的充分发挥，其治理效能主要表现在以下四个方面。

一 服务理念上：从被动承接到主动服务

改革开放初期，农民工为了谋取更高的经济收入开始进军城市。他们作为城市建设的重要劳动力资源，其身份通常被定位成农村外来务工人员，加上其短暂的客居方式及在城乡循环间表现出的"候鸟式"流动轨迹，导致政府对农民工的管理较为严格而服务较为薄弱，政策实践更多倾向于保障农民工的经济利益而忽略其作为国家公民的政治权利和社会权益。在此阶段，农民工政策以调控和管理为主，为农民工主动服务的思想和理念尚未形成，导致为农民工提供公共服务的成效很不明显，主要存在两方面原因：一方面，政府服务农民工的政策制度和实践项目数量较少，且农民工公共服务的效率、质量和水平均呈现较低标准，不能充分满足农民工多样化的服务需求；另一方面，农民工自身对政府提供的公共服务认知度较低，政府公共服务的覆盖率和农民工的参与率不高，公共服务项目对农民工的影响力十分有限，不能深刻体现和有效保障农民工作为城市建设者应当享有的基本权益。基于这些原因，这一时期的农民工无法和城镇职工一样均等享受城镇职工基本公共服务待遇，农民工公共服务在整体上未能全方位进入到城镇"公共服务圈"。

进入新世纪以来，随着农民工进城规模的迅猛增加和随迁人员比例的逐步提高，农民工在国家经济建设和社会发展中的生力军作用愈发明显，其社会地位和社会贡献也越发突出。在此背景下，维护和保障农民工在城市就业、生活中的各种权益逐步成为政府公共服务的全新领域。针对农民工公共服务供给种类偏少、服务效果不佳等现实问题，政府通过出台多项农民工政策制度，逐步引导农民工有序流动并规范农民工公共服务供给。这一时期，政府相继出台了《国务院办公厅关于做好农民进城务工就业管理和服务工作的通知》（国办发〔2003〕1号）、《国务院办公厅关于进一步做好改善农民进城就业环境工作的通知》（国办发〔2004〕92号）、《国务院关于解决农民工问题的若干意见》（国发〔2006〕5号）等农民工政

第十章 政府购买农民工公共服务的治理效能及改进空间

策制度，在保障农民工工资支付、规范农民工劳动管理、做好农民工职业培训和就业服务、建立农民工权益保障机制等方面做出了创新性部署。基于这些政策创新，这一阶段的农民工政策理念发生了深刻的转变，逐步由注重对农民工的调控与管理转向为农民工服务和维护农民工合法权益，使得农民工公共服务的实践探索获得了服务理念的有力支撑，政府为农民工服务的政策制度体系、运行机制和公共服务平台陆续建立，农民工分享城市公共服务的领域和范围得到有效拓展。

党的十八大以来，在以习近平总书记为核心的党中央坚强领导下，中国进入到社会治理新时期，农民工问题逐步从依靠政府单独管理向政府联合社会力量共同治理进行转型。在这一阶段，政府不断探索和创新农民工公共服务高效供给方式，将政府购买农民工公共服务作为城市公共服务机制改革的重要举措逐步推广，通过开展政府购买农民工公共服务，主动推进农民工公共服务均等化建设。从实践效果来看，政府购买农民工公共服务推动了政府职能转变和治理效能提升，加快了服务型政府的建设进程，同时基于对各类社会组织的发展支持，打造了政府联合社会协同供给农民工公共服务的良好治理格局。目前，政府购买农民工公共服务的政策体系和体制机制逐步建立，各类社会力量为农民工提供公共服务的效率和水平持续攀升，农民工分享城市公共服务的状况得到较大改善。由此可见，中国通过健全完善政府购买农民工公共服务的制度建设和机制建设，深刻折射出其通过"政社合作"解决农民工问题的坚定信念，所开创的农民工公共服务供给新模式，以更高效、更优质、更便捷的社会化服务推动了农民工和城市公民的"同城同待遇"，促进了农民工政策理念的优化和升华，促使其从"被动承接"向"主动介入"转变和发展，实现了农民工服务从"政府本位"向"社会本位"的历史性跨越。更加值得肯定的是，对于农民工群体自身而言，政府购买农民工公共服务给予了其社会参与的更多机会，提升了其对政府和相关社会组织的满意度，促成了农民工与各类社会主体间相互协作、共享共赢、共同提高的良性互动局面，为进一步建立具有支持性、开放性、包容性公平性和发展性的农民工公共服务社会化政策体系树立了价值导向。

二 服务内容上：从基本保障到全面支持

政府为农民工提供公共服务是其应当承担的责任和义务，农民工接受和均享公共服务是其作为公民应当享有的基本权利和应有待遇。但相对城市居民而言，农民工享有公共服务的实际情况并不理想，他们在过去未能被纳入城市公共服务体系，在职业技能培训、社会保险、住房保障、文化服务、法律援助、医疗保障、随迁子女义务教育等很多方面难以享受均等化的城市公共服务，其结果严重挫伤了农民工及其家庭向城市转移和融入城市的积极性。具体来看，从改革开放初期到 21 世纪初的二十年间，第一代农民工陆续从农村转移并开始进行城市务工。在这一阶段，政府在对农民工进行总量调控和直接管理的同时，协同企业为农民工提供了一定程度的保护性待遇，主要包括签订和执行劳动合同、提供劳动保护及劳动保险、进行政治思想教育和技术培训、妥善解决食宿以及其他生活问题、保障享有伤病和抚恤待遇等。但从这些待遇的具体内容来看，其大多是为保障农民工的劳动力再生产而设置的，配置宗旨以促进生产和发展经济为首要目的，与生产经营和经济发展关系不大的服务项目基本没有提供。也就是说，农民工群体大多享受不到城镇职工特有的福利住房、公费医疗、幼儿入托、子女教育、冬季取暖补贴、退休待遇、粮食补贴、交通补贴等福利，他们实际上成为漂泊在城市社会中的"客居者"。

新世纪伊始，针对农民工公共服务边缘化等问题，政府相继出台了一系列鼓励和支持农民工在城镇就业、生活与发展的政策制度。例如，2004 年 12 月，国务院办公厅印发《关于进一步做好改善农民进城就业环境工作的通知》（国办发〔2004〕92 号），提出推进大中城市户籍制度改革、研究进城就业农民工住房问题、完善农民工职业介绍服务、加强农民工就业培训、做好农民工工伤保险工作、开展城乡一体化劳动力市场试点工作等措施，为开展农民工公共服务工作提供了具体方案。2006 年 1 月，国务院发布《关于解决农民工问题的若干意见》（国发〔2006〕5 号），明确提

第十章 政府购买农民工公共服务的治理效能及改进空间

出要转变政府职能,加强和改善对农民工的公共服务和社会管理,为农民工生活与劳动创造良好环境和有利条件,要求建立惠及农民工的城乡公共服务体制和制度,把农民工纳入城市公共服务体系,保障农民工子女平等接受义务教育,搞好农民工计划生育管理和服务,多渠道改善农民工居住条件,对全面解决农民工在城市的就业和生活问题提出了涉及面极广、导向性极强的政策举措。总体来看,这些政策制度的实施对于建立和完善农民工公共服务体制机制发挥了重要作用,有序扩大了农民工公共服务的覆盖面和供给规模,有效提升了农民工公共服务的覆盖率和质效水平,使农民工的就业环境、生活条件和社会地位有了较大改善。但与此同时,由于这一阶段农民工公共服务的改革创新尚处于起步探索阶段,在实践运行过程中陆续显露出一些突出问题,主要表现为农民工公共服务政策制度凸显原则性、方向性、指导性,而相对缺乏具体的实施细则和实施办法,导致由政府直接提供的农民工公共服务仍旧处于种类较少、效率不高、质量不佳的不良境地,直接影响和制约了农民工公共服务的实践效果,也严重削弱了农民工享受公共服务的积极性与满意度。

党的十八大以来,农民工政策逐步从基本保护向全面支持进行转型,拓展和完善农民工公共服务成为政府和社会共同推进的重大民生项目。2012年11月,党的十八大报告提出要"加快改革户籍制度,有序推进农业转移人口市民化,努力实现城镇基本公共服务常住人口全覆盖",为加强和改进农民工公共服务工作提供了国家层面的指导方针。此后,农民工公共服务理论创新和实践探索同步进入社会治理新时期。在新的历史阶段,政府通过制定和实施向社会组织购买农民工公共服务的政策制度,将农民工的职业技能培训、就业创业、社会保险、医疗卫生、保障性住房、随迁子女义务教育、文化体育、法律援助、社会工作等服务相继纳入购买范畴,整体提升了农民工的专业知识水平、职业技能素质、就业创业本领以及应对各种风险挑战的能力水平,初步改善了农民工群体的生活环境和居住条件,使得农民工享受城市公共服务的范围逐步扩大,有力地推进农民工公共服务均等化建设的发展进程。在此背景下,关心爱护农民工的社会氛围正在形成，农民工公共服务也从注重为农民工流动性就业和寄居式生活提供基础性保障逐步向支持和促进农民工城市融入和市民化的方向转变，其服务内容的重大变迁折射和反映出"以人为核心的城镇化"的本质要求。同时，政府购买服务在农民工需求与社会组织供应之间搭起了一座互利共赢的桥梁，提升了农民工政策效能并推动农民工政策共同体实现良性成长，其所铸造的政府购买农民工公共服务政策宝库为解决新时期农民工问题注入了核心砝码和强大动能。

三 服务机制上：从政府管理到社会治理

政府购买农民工公共服务作为调整和重构政府与社会组织关系的新型工具，实际上也成为政府联合社会共同治理农民工问题的重要手段。从农民工身份视角观察，农民工群体在40多年的务工历程中大体经历了"外来务工人员"——"城市建设者"——"市民化主体人员"（新市民）三种身份的转变。与此相对应，在政府管理视角下，中国政府为农民工群体供给服务也呈现出三个阶段的历史发展脉络，即首先由单一的调控与管理主体转换为单一的公共服务供给主体，然后再由单一的公共服务供给主体发展成为多元的公共服务供给主体。随着服务型政府理念的形成，多元治理供给公共服务变得越来越重要①，特别是通过政府购买农民工公共服务，推动政府、社会联合构筑多元参与、协商共治的农民工公共服务治理格局，使农民工服务实现了从政府管理到社会治理的历史性转变②。

具体来看，在农民工公共服务机制转变上，其主要的制度创设和方式转变聚焦在三个方面。其一，构建了农民工公共服务的社会协商机制。农民工公共服务开始由政府单独掌控、直接管理逐步转化为政府与社会组织密切协商、协同治理，即政府通过职能转变和简政放权等措施，积极培育

---

① 管兵、夏瑛：《政府购买服务的制度选择及治理效果：项目制、单位制、混合制》，《管理世界》2016年第8期。
② 孙健、田明：《购买服务视角下农民工政策发展及其治理效能》，《天津行政学院学报》2020年第5期。

第十章 政府购买农民工公共服务的治理效能及改进空间

和吸纳社会力量参与农民工公共服务供给，逐步建立起以维权为宗旨、以服务为导向、以支持为内容、以购买为手段、以质效为目标的农民工公共服务社会协商机制。其二，改善了农民工公共服务的评估评价和监督管理。通过政府购买农民工公共服务体系建设，建立健全了由购买主体、服务对象及独立第三方监督评审专业机构组成的综合性评估评价和监督管理机制，能够及时发现政府购买农民工公共服务存在的各种问题和风险隐患，通过修正和改进制度运行过程中的缺点与不足，提升政府购买农民工公共服务供给模式的运行效率、服务质量和治理效能。其三，提升了农民工公共服务的专业化、社会化水平。通过实施政府购买农民工公共服务，能够及时广泛地将各类社会力量纳入农民工公共服务供给体系，从而创建政府与社会齐心合力、协同解决农民工公共服务问题的有效路径，实现政府管理监督职能和社会组织服务职能的紧密耦合，促成农民工公共服务从政府单独管理到多主体社会治理的根本性转变。

由此可见，社会组织正在逐步渗透和融入农民工公共服务体系，成为推动农民工城市融入和市民化的重要力量。政府正是通过购买服务方式实现与社会力量的密切合作，在农民工问题综合治理方面发挥出巨大的耦合功效。第一，全方位推进了政府机构改革和职能转变。政府购买农民工公共服务有力促进了政府职能转变与简政放权，加快了"服务型"政府的建设进程，减轻了政府直接供给农民工公共服务的压力和负担，同时提升了政府管理社会服务的业务能力和监督水平，对构建和形成"小政府、大社会"的治理格局起到了显著的推动作用。第二，推动了农民工社会组织的建设和发展。通过政府购买农民工公共服务，增强了服务农民工社会组织的自身造血功能和自我发展能力，在全国造就了一大批专业高强、诚实守信、运作规范、服务优质的品牌社会组织，使农民工公共服务的供给能力、总体质量、运行效率和服务效能得到明显提升。第三，促生了"五位一体"农民工问题治理新模式。政府购买农民工公共服务改变了以往政府垄断经营、单独供给农民工公共服务的陈旧方式，通过构建"政府—市场—社会组织—农民工群体—社会评价监督机构"的"五位一体"供给服务体系，使得多方力量紧紧围绕"提供优质高效农民工公共服务"这个目标，最终凝聚成一个联系紧密、相互依托、分工明确、职责清晰、共利共赢的命运共同体，在持续互动、逐步磨合、适时革新和共同提高的良性循环中发挥出了各自最大的能量和作用。此外，基于"政社合作"的治理功效，农民工群体在政府购买服务体系中的地位和作用也得到明显彰显，其逐渐从政府供给公共服务的被动接受者转变为政府购买公共服务的主动参与者和主要评判者。

四 服务范围上：从少数受益到大众获益

公共服务的基本属性集中表现在"公共性"和"公益性"，因此政府在为公民提供公共服务时应尽最大可能地实现"帕累托改进"，努力创建公平与质量、效率相统一的公共服务"理想化"供给模式。事实上，在农民工规模逐步增加的情况下，政府购买农民工公共服务便体现出了"帕累托改进"的思想内涵，初步实现了在不影响城市居民公共服务质量的基础上，逐步提升农民工公共服务的供给能力和供给质量。

从1984年到1988年，中国农业生产效率的提高和农资价格的上涨，对农民外出产生了巨大的"推力"，而乡镇企业的快速发展和城市的放开搞活，则产生了很大程度的"拉力"，在"推拉"力量的作用下，农村劳动力转移数量迅速增加，每年转移数量都在450万人以上[1]。从历史发展视角来看，这一时期的农民工总量不大，对国家建设和社会发展做出的贡献尚不显著，农民工的社会地位和身份认知过于"异化"，政府为农民工提供的公共服务严重不足，其覆盖面和覆盖率均呈现较低水平。实际上，政府在这一阶段坚守的是以"城市建设为中心"和"以城市居民为中心"的管理理念和服务原则，所界定的城市基本公共服务的范围、标准局限于城市户籍人口，而涉及农民工公共服务的范围十分狭窄且标准较低，导致出现了城市居民与外来农民工等人员之间的"新二元结构"，引发了城市

---

[1] 李中建：《我国农民工政策变迁：脉络、挑战与展望》，《经济学家》2011年第12期。

第十章 政府购买农民工公共服务的治理效能及改进空间

居民与外来农民工之间在公共服务享有方面上的"新二元矛盾"。此后，"新二元结构"又强化了农民工在城市公共服务配置中的差异性。一是以城乡户籍制度为标准的绝对性差异，例如农民工不能参加城镇职工社会保险、没有城市保障性住房使用权、不能享受城市职工的政策性补贴等。二是对农民工禀赋与子女教育的相对限制，例如农民工不能免费参加城市职业技能培训机构的培训、随迁子女义务教育学位数量有限且教育水平参差不齐、随迁子女就读城市学校需要交纳借读费用等。农民工公共服务差异性严重影响了其在城市的就业生活状况，在很大程度上制约了农民工的社会融入和国家城镇化的发展进程。

为了彻底解决农民工公共服务差异化问题，政府通过积极倡导和大力推行政府购买公共服务方式，促进农民工公共服务由注重短期的基础性、维持性服务向保障长期的支持性、优质性服务发展转变。农民工公共服务实现了规模和范围的双扩展，并在农民工问题治理上取得了多方面效能。第一，打破了城乡二元体制的束缚。通过实施政府购买农民工公共服务，基本保障了农民工与城市居民平等享受城市公共服务，农民工在国家政策制度层面与城市居民没有明显的公共服务差别，其在城市的发展路径、发展空间和发展前景也基本没有了制度性障碍，能够充分利用政策红利创造和实现安居乐业的美好梦想。第二，整体改善了农民工群体的城市就业与生活状况。从政府购买农民工公共服务实践效果来看，通过扩大社会组织为农民工服务的范围和规模，普遍改善了农民工随迁子女接受义务教育条件，以及医疗保障、文化体育等方面的服务质量，农民工及其家庭成员在城市的生活质量有了明显提高，对城市的亲近感、归属感显著增强。第三，提高了社会公众参与解决农民工问题的积极性和责任心。通过政府购买农民工公共服务，有效激发了社会公众参与农民工公共服务的热情，增强了城市居民对农民工群体的理解、包容和接纳意识，使更多公众组织参与到农民工服务之中，推动全社会形成了关心、爱护、包容、支持、吸纳农民工及其家庭的良好氛围。

总体而言，在社会治理新阶段，政府购买农民工公共服务的规模范围持续扩展，促使政府与社会力量携手并力、共同建起解决农民工公共服务问题的社会治理体系。与此同时，随着农民工规模的持续增加，政府对农民工的管理方法和服务方式不断改善和优化，农民工公共服务的供给质量和服务成效已经发生了更为彻底的改变。纵观农民工公共服务发展历程，从最初对较少规模农民工实施最为基本的工作保护和生活保障，逐步发展到对亿万农民工及其家庭实现城市基本公共服务的全覆盖，中国受益农民工的规模越来越大，农民工享受城市基本公共服务的范围也越来越广泛。从中可见，农民工公共服务供给结构的积极转型，不仅实现了供给主体由单一管理服务主体向多元治理服务主体的重大转变，也促使农民工公共服务的基本功能实现了由为农民工"输血"转向为农民工"造血"的根本性转变。这些转变提升了农民工对城市公共服务的认知效果和依赖程度，客观上吸引了更多的农民工争相参与和均等享受城市基本公共服务，深刻揭示出农民工公共服务已经实现了从"少数受益"到"大众获益"的历史性变迁。

第二节 政府购买农民工公共服务的尚存问题

政府购买农民工公共服务在服务理念、服务方法、服务机制、服务范围等诸多层面上取得了显著治理成效。但政府购买农民工公共服务毕竟是一个新生事物，其作为政府解决农民工问题的全新手段，在制度设计和实践应用上还处于起步探索阶段，目前的体制机制建设还存在着不完善、不健全、不到位等缺陷和不足，主要表现为农民工公共服务购买方向精准化不足、供给结构亟待优化、购买范围和购买种类急需扩展、购买资金投入与总体购买规模相对偏小，以及缺少科学健全和系统完善的绩效评价和监督管理机制等具体问题，严重制约着农民工享有城市公共服务的均等性及其在城市稳定就业和长期定居的积极性。

一 服务供给种类有限,购买规模相对偏小

政府购买农民工公共服务存在的首要问题为服务种类有限、范围不广,且部分服务项目存在覆盖盲区。由于农民工具有高流动性、高分散性的特殊属性,一些地方政府在购买农民工公共服务中会产生"推辞心理",使得很多农民工公共服务领域产生了无人问津的管控缝隙。相对于农民工对城市基本公共服务的绝对需求程度,政府购买农民工公共服务明显呈现出购买种类有限与规模相对偏小的不良状态。

针对政府购买公共服务的具体领域,2014年12月,财政部、民政部、国家工商总局联合印发《政府购买服务管理办法(暂行)》(财综〔2014〕96号),明确"除法律法规另有规定外,下列服务应当纳入政府购买服务指导性目录①",为各地政府开展政府购买农民工公共服务提供了明确且具操作性的政策指南。此后,2017年1月,国务院印发《"十三五"推进基本公共服务均等化规划》(国发〔2017〕9号),推出了"公共教育、劳动就业创业、社会保险、医疗卫生、社会服务、住房保障、公共文化体育、残疾人服务等八个领域的81个项目"的"十三五"国家基本公共服务清单,并对政府提供基本公共服务的具体标准、实施机制和责任分工进行了明确具体的规定。同时,该规划还明确要求促进公共服务对城镇常住人口

---

① 政策内容包括六个方面:(一)基本公共服务。公共教育、劳动就业、人才服务、社会保险、社会救助、养老服务、儿童福利服务、残疾人服务、优抚安置、医疗卫生、人口和计划生育、住房保障、公共文化、公共体育、公共安全、公共交通运输、三农服务、环境治理、城市维护等领域适宜由社会力量承担的服务事项。(二)社会管理性服务。社区建设、社会组织建设与管理、社会工作服务、法律援助、扶贫济困、防灾救灾、人民调解、社区矫正、流动人口管理、安置帮教、志愿服务运营管理、公共公益宣传等领域适宜由社会力量承担的服务事项。(三)行业管理与协调性服务。行业职业资格和水平测试管理、行业规范、行业投诉等领域适宜由社会力量承担的服务事项。(四)技术性服务。科研和技术推广、行业规划、行业调查、行业统计分析、检验检疫检测、监测服务、会计审计服务等领域适宜由社会力量承担的服务事项。(五)政府履职所需辅助性事项。法律服务、课题研究、政策(立法)调研草拟论证、战略和政策研究、综合性规划编制、标准评价指标制定、社会调查、会议经贸活动和展览服务、监督检查、评估、绩效评价、工程服务、项目评审、财务审计、咨询、技术业务培训、信息化建设与管理、后勤管理等领域中适宜由社会力量承担的服务事项。(六)其他适宜由社会力量承担的服务事项。

全覆盖，提出"为农民工提供新市民培训服务，提高农民工综合素质和融入城市的能力"，强调要推进政府购买公共服务，明确提出"能由政府购买服务提供的，政府不再直接承办，交由具备条件、信誉良好的社会组织、机构、事业单位和企业等承担"，对全国各地广泛开展政府购买农民工公共服务起到了精准性的推动作用。

然而，从具体实践效果来看，虽然各地通过政府购买农民工公共服务方式为农民工提供了国家规定的义务教育、劳动就业、社会保险、医疗卫生、住房保障等基本领域的公共服务，但在服务供给过程中所表现出的政策落实不彻底、不到位、不均衡和缺乏实践创新等问题却十分突出，主要表现在政府购买服务种类不多、范围狭窄、规模较小等现实问题，导致很多服务项目未能有效惠及农民工及其家庭。实际上，现阶段政府购买农民工公共服务项目大多集中在农民工子女义务教育学位、劳动权益保护法律援助、职业技能培训等方面，而对于农民工迫切需要的创新创业培训、职业推介、心理健康、住房保障、文化体育等服务项目，政府购买服务的规模始终不大，相关服务对农民工的覆盖率始终不高。即使是政府购买比重较多的农民工职业技能培训服务，也呈现出规模严重不足的被动局面。中国社会科学院的一项研究成果显示，通过分析国家人口计生委2010年5月的流动人口动态监测数据发现，全国参加政府组织培训的农民工比例仅为11.6%，而未接受培训的农民工比例高达82.1%，即绝大部分农民工没有接受过政府组织的培训[①]。2018年4月，国家统计局发布的《2017年农民工监测调查报告》更加清楚地表明，2017年全国接受过农业或非农职业技能培训的农民工只占到农民工总数的32.9%，其中接受非农职业技能培训的占30.6%，接受农业技能培训的占9.5%，农业和非农职业技能培训都参加过的占7.1%，农民工接受职业技能培训的比例仍旧处于较低水平。除此之外，政府购买农民工职业中介服务也存在明显不足，未能充分发挥

---

① 张翼、周小刚：《农民工社会保障和就业培训状况调查研究》，《调研世界》2013年第2期。

第十章　政府购买农民工公共服务的治理效能及改进空间

职业中介机构在推进农民工就业方面的特殊职能作用。同时，很多城市职业介绍机构针对农民工的就业服务严重缺位，存在着设施和服务手段落后、从业人员素质和责任心不强、没有形成完善的农民工职业介绍网络等突出问题[1]，这些问题迫使现阶段农民工求职仍然依靠"亲缘"、"地缘"、"业缘"等基础关系或进行自我寻找，导致农民工的就业质量和在城市的稳定性、安全性明显不佳，对农民工的城市融入和市民化产生了极其不利的影响。

更为突出的问题是，各地政府购买农民工公共服务常热衷于为农民工提供看得见、摸得着、见效快、出政绩的物质性内容，极度缺乏以非物质需求为核心的服务内容，物质服务和精神服务呈现出"一手硬一手软"的不利发展态势。但实际上，满足农民工的自我情感认知、家庭亲情交流、心理健康疏导、城市社区互动等精神层面需求，对促进其全面发展与持久性的城市融入具有关键作用。由此可见，政府购买农民工公共服务在内容和规模方面依然存在着很多不足之处，集中表现在事前缺乏对农民工公共服务需求的调研、征询、分析和认定，在事中缺乏对农民工服务项目的跟踪观察、规范监管和动态调整，在事后缺乏对农民工服务满意度的调查和农民工反馈意见的征集梳理，因而造成了政府对农民工公共服务需求的精确性、真实性、多样性把握不准等一系列问题。而农民工作为政府购买服务的直接服务对象，在整个服务供给过程中也明显缺位，他们通常处于无权选择、被动接受、无法反馈的服从地位，致使很多服务供给内容出现了与农民工需求和意愿相背离的"错位"现象，导致很多农民工在公共服务覆盖面、参与率、可及性、均等化、满意度等方面都出现了不良状态，成了阻碍农民工城市融入及其市民化的突出问题，亟待得到政府和社会的联合治理。

---

[1] 刘建花：《农民工就业：职业介绍机构的缺位与对策——以济南为个案》，《山东省农业管理干部学院学报》2008年第1期。

二 社会组织发展缓慢,承接主体量少力微

2013年3月,第十二届全国人民代表大会第一次会议审议通过的《国务院机构改革和职能转变方案》,提出要"改革社会组织管理制度。加快形成政社分开、权责明确、依法自治的现代社会组织体制。逐步推进行业协会商会与行政机关脱钩,强化行业自律,使其真正成为提供服务、反映诉求、规范行为的主体",并明确了"重点培育、优先发展行业协会商会类、科技类、公益慈善类、城乡社区服务类社会组织。成立这些社会组织,直接向民政部门依法申请登记,不再需要业务主管单位审查同意"。通过该方案的全面实施,推动了广东、四川、江苏、福建、北京等多个地区开始开展或试行社会组织直接登记制度,极大地促进了全国范围内各类社会组织的建设和发展。虽然近年来的探索式发展使社会组织建设取得了一些成效,但从现阶段实际情况来看,其发展水平并未达到理想化状态。总体看,中国社会组织仍然存在着组织制度化水平不高、组织绩效低下等发展性问题[1],而且一些社会组织还陷入了资金缺乏、运转不畅、难以为继的困难境地。在存在发展困境的社会组织中,那些服务各类贫弱群体的社会组织更是雪上加霜,始终面临着自身发展乏力和服务作用羸弱的双重压力。在这当中,又以服务对象为农民工或涉及农民工领域的社会组织最为突出,其在发展过程中存在着明显的制约因素,集中体现在两个方面:一方面,服务农民工的社会组织数量极为有限,导致社会力量在农民工问题治理中的参与程度和倡导能力相对不足,作用发挥十分微弱;另一方面,一些公共机构和部分社会公众服务农民工的意识相对薄弱,导致其对服务农民工的社会组织也普遍存在着认可度低和支持不力等不良状态,也直接影响和制约了服务农民工社会组织的可持续发展和规范健康发展。

实际上,服务农民工社会组织数量匮乏及其不良发展状态的背后更多

---

[1] 丁惠平:《依附、发轫与同构:当代中国社会组织发展历程》,《学习与探索》2019年第10期。

第十章 政府购买农民工公共服务的治理效能及改进空间

是体制机制方面的原因。中国对社会组织长期实行业务主管部门批准成立和登记管理机构负责登记注册的双重管理体制，社会组织组建审批和注册登记的门槛较高，致使正式登记注册的社会组织总量较少、比重较小。通过中国社会组织公共服务平台"全国社会组织信息查询大数据"显示，2019 年全国社会组织登记注册数量为 837579 个，其中，社会团体登记注册数量为 357638 个，民办非企业单位登记注册数量为 472328 个，基金会登记注册数量为 7613 个。按照《中华人民共和国 2019 年国民经济和社会发展统计公报》中公布的 2019 年末大陆总人口 140005 万人计算，全国每万人拥有社会组织数量为 6 个。而在其他发展中国家，每万人拥有社会组织的数量一般超过 10 个，例如巴西每万人拥有 13 个社会组织，阿根廷每万人拥有 25 个社会组织，远远高于我国万人拥有社会组织的数量[①]。由此可见，中国每万人拥有社会组织的数量处于十分明显的低位，客观呈现出社会组织种类不全、比重较少、规模偏小的不良状态。在此背景下，服务农民工的社会组织受到了社会组织数量不足、发展缓慢的影响和束缚，导致能够专门服务农民工或者参与农民工问题治理的社会组织更是少之又少。

更为严峻的现实是，为数不多的农民工社会组织在运营中还存在着绩效不尽人意、发展难以为继等各类突出问题。由于中国社会组织大多是白手起家，其生存和发展基础相对薄弱，且普遍缺乏维持和发展资金，难以获得全方位、立体式的政策支持和社会扶助，这些客观原因成为制约其发展的主要瓶颈。对于服务农民工的社会组织而言，它们更加缺乏足够的资金来源和稳健的经费保障，在自身运转和项目开展等方面呈现出困难重重的不良状态，其生存力、运行力和服务力明显不足，集中表现为组织制度建设不够健全、组织管理运转不够规范、组织活力和创新能力明显缺乏、服务供给质量效率效果不佳、社会公信力和社会影响力不强、农民工认知

[①] 季建辉：《政府购买公共服务的现存问题与完善建议》，《经济研究参考》2018 年第 35 期。

度与认可度偏低等具体问题。此外，在以服务农民工社会组织为承接主体的政府购买公共服务实践中，政府的主导性、倾向性和权威性过于明显，而服务农民工的社会组织在与政府合作供给农民工服务过程中大多处于服从、附和与被动跟进的弱势地位，更加削弱了服务农民工的社会组织的参与能力、创新能力、服务能力和发展能力。事实上，这些突出问题能够折射出中国公共服务采购合作机制方面存在的一个结构性因素，即购买者政府往往权威过大，成为规则的唯一制订者和评判者，社会组织和企业处于相对不平等地位，这可能会引发有法不依、潜规则盛行而导致买卖双方互不信任等更深层次问题[1]。

无论是服务农民工社会组织自身发展遭遇的各种瓶颈问题，还是政府强势主导和独自主张的购买农民工服务的制度设计问题，实质上都在一定程度上削弱或剥夺了作为服务承接主体，即服务农民工社会组织应有的话语权、自主权、规划权、创新力和能动性，这对农民工公共服务质效、水平的快速提升，以及彻底形成农民工公共服务的社会治理模式造成了较大的阻碍。此外，由于现阶段农民工社会组织量小力微、功能脆弱，部分地方政府对于承接农民工公共服务的社会组织缺乏合作共赢的信心，导致政府向社会组织购买农民工公共服务的种类和规模比较有限，致使服务农民工社会组织呈现出活力不足、效能不佳的维持状态，远远不能满足农民工的多样化、均等化服务需要。同时，政府与社会组织之间的信任缺失又增加了购买服务的交易成本，不利于提高服务质量，也不利于资源的有效配置[2]。因此，部分地区甚至不得不延续政府直接提供农民工公共服务的传统模式，严重影响了社会组织参与农民工公共服务的机会路径和实践效能。针对目前农民工公共服务制度设计而言，中国政府需要重新审视政府购买农民工公共服务的重要意义并加强政府购买农民工公共服务的改革力

---

[1] 葛道顺：《我国公共服务采购：从行政驱动到依法治理》，《国家行政学院学报》2017年第3期。

[2] 孙荣、汤金金：《政府购买公共服务：中国的理解与实践》，《情报杂志》2017年第10期。

度，通过主动扩展政府购买服务领域与调整优化政府购买服务模式，全面激发服务农民工社会组织的发展活力，切实推动服务农民工社会组织实现深度发展和高质量发展，并全面提升其在农民工公共服务供给中的参与程度与服务效能，以更好地满足农民工群体对公共服务的多样化、均等化需求。

三 服务质量有待提高，服务效率有待提升

随着政府改革的不断深化和政府职能的进一步转变，政府购买农民工公共服务所展现出的制度优势和治理效能越来越明显，在满足农民工公共服务需求方面的作用也越来越突出。但作为政府体制机制改革衍生的一个新生事物，政府购买农民工公共服务在各地的实践探索并不是一帆风顺的，在服务质量和供给效率上仍旧存在着一些不足之处，主要表现在购买方式、服务期限、服务目标等具体制度的设计上还缺乏充分完善的科学性、合理性和操作性，导致在政策落实和实践执行过程中出现了"失衡"和"错位"现象。

第一，政府购买农民工公共服务的采购方式失衡。2013年9月，国务院办公厅发布《关于政府向社会力量购买服务的指导意见》（国办发〔2013〕96号）提出"公开择优，以事定费"的基本原则，要求"按照公开、公平、公正原则，坚持费随事转，通过竞争择优的方式选择承接政府购买服务的社会力量，确保具备条件的社会力量平等参与竞争"，明确"购买工作应按照政府采购法的有关规定，采用公开招标、邀请招标、竞争性谈判、单一来源、询价等方式确定承接主体，严禁转包行为"。该政策已经明确地将"公开择优"、"竞争择优"确定为政府购买公共服务的首要原则和重点要求。但从政府购买农民工公共服务的实践来看，各地采用邀请招标、竞争性谈判、单一来源采购等购买方式的比重较大，而采用公开招标购买方式的比重则明显不足。事实上，缺乏公开招标等市场竞争机制的政府购买行为制约了农民工公共服务的资源优化、规范运营和作用发挥，不利于服务农民工社会组织的能力建设、功能完善和发展壮大，对政

府购买农民工公共服务的创新发展和质效提升有着明显的阻碍作用。

第二，政府购买农民工公共服务合同履行期限太短。2020年1月，财政部发布《政府购买服务管理办法》（财政部令第102号），规定"政府购买服务合同履行期限一般不超过1年；在预算保障的前提下，对于购买内容相对固定、连续性强、经费来源稳定、价格变化幅度小的政府购买服务项目，可以签订履行期限不超过3年的政府购买服务合同"。但在具体实践过程中，各地政府购买农民工公共服务的合同履行期限普遍较短，基本上为一年一签或一事一签，签订2至3年履行期限的政府购买服务合同数量不多，比重较小。政府购买服务合同履行期限太短十分不利于相关社会组织的整体筹划与长远布局，从而导致很多服务农民工社会组织的服务行为通常存在短期化、表面化、一般化、利益化等现象，在一定程度上限制了政府购买农民工公共服务的实践创新以及质效和水平的提升。

第三，政府购买农民工服务过程中存在目标偏离与供求错位现象。一些地方政府只以完成上级政府部署的购买服务任务和政府绩效考核为目标，强行对农民工公共服务实行无差别的统一供给，在执行过程中未能充分考虑农民工群体内部多层次、多样化的服务需求，没有充分提供差异化且可自主选择的服务产品，难以实现公共服务资源在供给农民工服务中的优化配置。在此情况下，很多农民工只能被动和无奈地接受政府购买的公共服务，导致产生了购买服务目标偏移和供需错位等更深层次的问题，即造成了严重的、无效能的公共服务浪费和公共资源损耗，这些问题严重制约了政府购买农民工公共服务的治理效能和作用发挥，对农民工参与和享受政府购买服务的热情和积极性也产生了极其不利的影响。

综合来看，现阶段中国政府购买农民工公共服务项目的规模普遍不大，服务农民工各类社会组织的承接能力也相对有限，难以达到政府购买服务规定的公开招标条件标准，因而还未能形成健全完善的政府购买农民工公共服务的市场竞争机制，导致一些地方政府不得不长期采用单一来源方式购买农民工公共服务。特别是一些地方政府在购买农民工公共服务时热衷于坚持自上而下的"命令式购买"或"想象式服务"，未能充分地进行调研、征询和论证是否符合农民工的现实需求和发展需要，导致在服务结构上表现出同一性、单一性和失衡性，在服务周期上表现出阶段性、间断性和短暂性，在服务效能上表现出低质性、低效性和低专业性，其潜藏风险对于农民工公共服务的稳定提升和持续改善具有一定阻碍作用。

四 绩效评价亟需改善，监督管理亟待加强

政府购买公共服务中潜藏的风险性问题不可忽视。因此，政府亟需强化对政府购买农民工公共服务全过程的规范约束和考核监督，即通过对政府购买农民工公共服务的绩效评价和全程监管，促成农民工公共服务供给体系的规范运行和健康发展。但从政府购买农民工公共服务的具体情况来看，各地针对政府购买农民工公共服务绩效评价的制度建设和机制建设明显滞后，特别是相关的权威性、指导性政策法规数量较少、内容笼统，导致政府购买农民工公共服务绩效评价出现了路径不畅，效果不佳的不良状况。同时，各地政府涉及政府购买农民工公共服务监督管理的程序设计与具体措施更是凤毛麟角、无章可循，致使政府购买农民工公共服务监督管理的规范性、有效性明显不足。总体看，政府购买农民工公共服务的全程性约束机制尚不完备，目前存在着一些亟待改善之处。

第一，缺乏科学客观、健全完善的政府购买农民工公共服务绩效评价指标体系。目前各地所使用的相关绩效评价指标体系饱含主观成分和传统意识，过于突出政府政绩，导致靶心指向不准，对政府购买农民工公共服务的项目种类、购买规模、资金数量、购买价格、成本总量以及比较效益关心较多，而对农民工公共服务本身的服务内容、服务质量、服务效率以及对于农民工的作用效能则关心不够。此外，绩效评价指标体系所涵盖的评估评价指标不同程度地存在着"重购买行为、轻服务效果"、"重购买形式、轻服务内容"、"重购买规矩、轻服务创新"等具体问题，未能全过程、全方位、全面貌地反映政府购买农民工公共服务的真实绩效、整体效应和社会反响，在指标选取设计方面需要得到进一步完善提高。

第二，缺乏农民工参与机制和反馈机制构建。作为政府购买农民工公

共服务的直接服务对象，农民工应当成为政府购买农民工公共服务绩效评价和监督管理的重要角色和主要评判者。实际上，政府购买农民工公共服务针对性强不强，农民工需要不需要，服务质量和服务效果好不好，农民工最有发言权。但在现行的政府购买农民工公共服务制度设计和实务操作中，普遍缺乏农民工的参与，农民工满意度的反馈渠道相对滞塞，加之一些部门对农民工的反馈意见重视度较差、吸纳度较低，农民工的很多切身体会与改进建议难以得到真正落实。

第三，缺乏独立的第三方机构参与绩效评价。扎实开展政府购买农民工公共服务第三方绩效评价具有重要作用。第三方评价能够激发政府行政理念的变化，实现政府绩效考评制度的灵魂创新，推动政府管理转向政府治理，并最终转向广大公民和社会组织积极参与的公共治理[1]。但政府购买农民工公共服务的绩效评价普遍缺乏第三方独立机构参与，特别是独立第三方开展的绩效评价项目覆盖面较小，导致很多地区仍然沿袭着政府组织审计、财政、监察、民政等相关部门开展内部评价和内部考核的传统方式，由于分工不明、职责不清、责任分化，加之相关人员缺乏专业性知识和专业化技能，引发了绩效评价考核走程序、走过场的形式主义现象，其购买服务绩效评价考核的真实效用明显不高。

事实上，有很多政府购买公共服务呈现出"重投入，轻管理；重资金，轻绩效"的现象，往往难以对服务合同的执行情况进行有效的评估和监管，同时对社会组织生产和提供公共服务的过程普遍缺乏科学系统的评价体系和强有力的监督体系[2]。对于政府购买农民工公共服务而言，在运行过程中缺乏专业有效的监管评价机制，不仅造成了政府公信力下降、执行力受损，以及服务力、影响力弱化等不良后果，还引发了部分承接主体对公共服务事项采取敷衍塞责、应付差事、得过且过的负面态度，极易导

---

[1] 包国宪：《绩效评价：推动地方政府职能转变的科学工具——甘肃省政府绩效评价活动的实践与理论思考》，《中国行政管理》2005 年第 7 期。

[2] 金碧华：《困境与抉择：政府向社会组织购买公共服务的评估监管制度》，《特区实践与理论》2016 年第 5 期。

致出现农民工公共服务质量、效率和水平全面降低的恶性结局。对此，中国政府在面对购买农民工公共服务考核监督力度不足、评价监管效果不理想等潜在问题时，应当积极制定和健全完善相关政策制度和法律法规并实现有效介入，通过调动多方力量开展共建式、嵌入式合作治理，构筑协同共进的专业型、融合型政府购买农民工公共服务评价监督治理体系，以充分保障政府购买农民工公共服务体制机制的良性运行与健康发展。

第三节　政府购买农民工公共服务的改革展望

在推进社会治理现代化背景下，政府购买公共服务促进了政府职能转变、简政放权，推动了社会领域的深度改革与可持续发展，对加快服务型政府建设和构建社会治理格局起到了关键性作用。政府购买农民工公共服务正是在这种背景下孕育、产生并逐步发展起来的，其通过社会资源的优化配置和耦合作用，有效创新和改善了农民工公共服务保障机制和供给模式，在提升农民工公共服务质效和治理农民工问题中取得了诸多成效。但作为政府改革创新的一个新生事物，政府购买农民工公共服务在制度设计和实践应用上还处于起步探索阶段，亟需总结经验，改革创新，完善提高。对此，各级政府需要在政府购买农民工公共服务方面进行更为全面的政策制度创设和更为彻底的体制机制改革，通过加强与服务农民工社会力量的紧密联系和精诚合作，构建健全完善、优质高效的农民工公共服务供给体系，全力突破政府购买农民工公共服务在制度运行和实践探索中的各种困局，推动政府购买农民工公共服务规范、健康发展。

一　加强政府购买农民工公共服务的理论研究

长期以来，我国政府购买公共服务的制度设计和资源配置始终未能重点关注农民工群体，且从当前各地实践情况来看，开展政府购买农民工公共服务的成效不甚理想，农民工在城镇社会保险、城镇住房保障、心理健康服务等领域的供给质量、效率和水平仍处于较低程度，明显制约了新型城镇化和农民工市民化进程。对此,各级政府应高度重视农民工公共服务在推进经济建设和社会发展中的重要作用,并逐步在政府购买公共服务制度设计与实践探索中开启广泛性、公平性、包容性、成长性发展模式,将农民工公共服务作为关键领域和重要内容纳入政府购买公共服务体系之中,着力构建一个种类齐全、运行规范、优质高效、动态调适的政府购买农民工公共服务供给体系,以确保农民工公共服务运行质量和服务效能持续改善和逐步提高。在此基础上,学界及社会相关部门、研究机构应进一步加强对农民工公共服务,特别是政府购买农民工公共服务的研究工作,通过全方位探索和发掘成功模式和优化路径,科学构建指导各地具体实践的理论框架及可持续性发展方针。

第一,加强和夯实政府购买农民工公共服务的理论研究。改革开放以来,学界针对农民工群体的理论研究规模宏大、成果丰硕,为党和政府制定农民工政策提供了重要的学理支撑。但需要注意的是,以往研究仍存在着一些薄弱环节,即理论研究的重心常常局限在农民工的流动人口属性上,而从国家公民角色和社会治理主体角色着手的理论探索明显不足。对此,政府购买农民工公共服务研究恰好弥补了农民工理论研究在这一方面的不足,其研究视域已经将农民工定位为城市"新市民"并在此基础上初步构建了政府购买农民工公共服务的基本理论。但目前看,政府购买农民工公共服务的理论建树和理论效能明显不足,对政府购买农民工公共服务的指导引领较为乏力。政府购买农民工公共服务作为整个公共服务体系的重要领域和组成部分,应当在现有公共服务研究成果基础上进行更为深入的理论探讨,并通过构建具有中国特色和创新性、针对性、指导性、实践性的政府购买农民工公共服务基础理论,大力推动政府购买农民工公共服务实现全面发动、四面开花、竞争择优、规范发展的良好局面,科学推进农民工公共服务实现增项扩面、提档升级、优质高效和良性发展。

第二,研究重心应当从"保护"向"支持"进行转变。中国特色社会主义进入新时代,新型城镇化战略正在深入推进,对政府改善和提高公共服务提出了更高要求,也为社会科学工作者开展公共服务理论创新提供了

第十章　政府购买农民工公共服务的治理效能及改进空间

新的历史机遇。在此背景下，政界与学界要切实提高对农民工公共服务历史地位和重要作用的认识，要积极顺应农民工公共服务从"保护"到"支持"的需求变化，聚焦农民工公共服务保障机制和支持体系的理论构建，为推动形成农民工公共服务多元主体供给格局提供充实的学理依据和决策支持。尤其要重点关注作为新型治理工具的政府购买农民工公共服务的进展情况，深入探究并系统构建政府购买农民工公共服务理论体系，为全面推进政府购买农民工公共服务的制度创设和均等化建设提供科学引导和理论支撑。同时，应将农民工公共服务统一纳入到城市公共服务保障体系，并从学理层面进行更为深入的一体化研究，精准阐明政府购买农民工公共服务在健全完善城市公共服务制度改革以及支持农民工公共服务均等化和推进农民工市民化等方面的必要性、重要性和迫切性。基于此，学界在开展政府购买农民工公共服务相关政策的具体研究时，应积极将研究重点从对农民工的基础性"保护"向全面性"支持"进行转变，从而实现更为深入、更为广泛且更具长远指导效力的理论构建。

第三，全方位应用政府购买农民工公共服务研究成果，大力推动农民工公共服务均等化。实现公共服务均等化是政府购买农民工公共服务的主要目标，但现阶段，一些地方政府仍然持守"以城市为中心"和"以城市居民为中心"的供给方针来制定和实施公共服务政策，导致农民工公共服务均等化建设进展缓慢，农民工享受城市基本公共服务始终处于较低程度和缺项状态。对此，应在政府购买农民工公共服务政策创设和实践探索中积极应用优秀研究成果，通过加强和改善政府购买农民工公共服务的制度设计和实践执行，全面提升政府购买农民工公共服务的政策权威、实践质量和治理效能。同时，学界要号召各方力量携手并力共同建设全国一体化的农民工公共服务供给网络，打造政府购买农民工公共服务"全国一盘棋"的战略协作格局，以弥补部分地区社会组织发展缓慢、农民工服务承接主体缺乏、农民工公共服务空白等实际不足。最终，通过科学构建新时代农民工公共服务新型治理格局，推动各地在"十四五"期间基本实现政府购买农民工公共服务的平衡发展和共同提高。

二 积极培育和大力扶持服务农民工社会组织

社会组织是政府购买公共服务的重要承接主体。政府向社会组织购买农民工公共服务，不仅能够有效缓解政府直接供给农民工公共服务的各种压力，而且能够推动多种社会力量共同参与农民工问题的综合治理，对创新和优化农民工公共服务供给方式和促进农民工公共服务高效化、优质化具有积极作用。而社会组织作为服务提供者，不仅能为农民工提供必要的公共服务，还可以把农民工的服务需要反映给政府，从而改善公共政策与公共服务的针对性和有效性[①]。目前，政府对社会组织的重视程度和培育力度、支持力度还远远不够，二者在供给农民工公共服务中的互动力和信任度、契合度明显不足，协同共治农民工问题的互助功能和耦合效用未能得到充分发挥。对此，在创建社会治理格局之际，政府要从扩大开放性、提升专业性、增强协同性和增加包容性入手，全面加强供给侧结构性改革，通过加大政府向社会组织购买农民工公共服务的力度，积极培育和大力扶持服务农民工社会组织，竭力构建更加稳健、更加和谐、更加健康的新型政社合作关系，共同促进农民工公共服务质量与水平的不断攀升。

第一，加强对服务农民工社会组织的政策扶持。健全完善的政策制度是社会组织发展壮大的前提基础和基本保障。政府要构建以综合性政策和整体性规划为引领、各类专项政策为重点、具体性政策为支撑，涵盖宏观层面的发展定位和整体设计、中观层面各类政策的衔接配套、微观层面的专项政策与具体措施的现代社会组织发展政策体系[②]，引导和促进社会组织规范健康有序发展。基于此，各级政府应积极为服务农民工社会组织创造良好的政策环境和制度保障，扩大其生长空间、服务领域并促进其组织

[①] 岳经纶主编：《农民工公共服务：国际经验·本土实践·政策建议》，中山大学出版社2012年版。

[②] 张振：《新时代我国社会组织发展取得十大新成就——访〈中国社会组织报告〉(2018)蓝皮书执行主编、中国社会科学院研究生院社会组织与公共治理研究中心执行主任、教授蔡礼强》，中国社会科学网，http：//ex.cssn.cn/glx/glx_yc/201805/t20180517_4255817_2.shtml，2018年5月17日。

机能的整体改善和良性发展。一方面，进一步改革创新与动态完善社会组织登记注册工作，即鉴于服务农民工社会组织起步晚、资金少、基础弱、不规范等现实不足，有关部门要适当降低其登记注册的准入门槛，实施更加人性化、便利化、宽泛化、简约化的登记制度。另一方面，逐步加大向社会组织购买农民工公共服务的力度，不断扩大政府购买农民工公共服务的范围、种类和规模，切实增强政府和服务农民工社会组织的互动合作，做到凡是涉及农民工服务事项，尽可能纳入政府购买农民工公共服务指导目录，凡适合社会组织提供的农民工服务，尽可能交由符合条件的社会组织来承接供给责任，使服务农民工社会组织获得充足的政策红利和强劲的发展动力。总之，通过创新和完善社会组织发展政策、扩大政府购买社会组织服务规模、增大社会组织建设发展资金等政策措施，将显著增强服务农民工社会组织的造血本领和成长动能，对推动服务农民工社会组织规范健康发展具有重要保障作用。

第二，加强服务农民工社会组织的服务能力建设。社会组织服务能力是其生存和发展的关键性要素与生命力所在，是其有效参与社会治理和充分发挥职能作用的根本性保障。社会组织发展应注重质量提升，通过外部环境支持和自身能力建设，从追求数量增长的高速度发展阶段向追求质量和效益的高质量发展阶段转型，在使命愿景指引下不断提升自身专业能力，真正发挥在服务国家、服务社会、服务群众、服务行业中的积极作用，真正成长为治理体系中的重要力量[1]。对此，政府应制定好和落实好服务农民工社会组织的发展规划，通过全面加强服务农民工社会组织的制度化、法制化、规范化、现代化建设，推进服务农民工社会组织服务机制全面优化和服务能力全面提升。一方面，要切实加强服务农民工社会组织的人才队伍建设，健全完善服务农民工社会组织的人才政策制度，通过开展孵化培育、专业培训、学习交流、职称评定、改善待遇、表彰奖励等举措，培养和造就大批具有专业知识、服务理念、责任意识和奉献精神的高

---

[1] 李佳婧：《社会组织发展：从数量扩张转向高质量发展》，《学习时报》2020年8月5日。

素质专业人才，为服务农民工社会组织精准高效供给农民工公共服务提供有力的人才支撑，全方位提升服务农民工社会组织的基础能力和服务功能。另一方面，服务农民工社会组织应逐步健全完善其治理体系、管理制度和运行机制，持续改善服务农民工的理念、方法、技术、效率和质量，更主动、更精准、更充分地发挥社会新兴服务力量的生命力和竞争力，推动服务农民工社会组织整合好社会资源、履行好社会责任、承担好社会义务，通过坚持不懈的加强服务机制、服务体系、服务平台和服务能力建设，把服务农民工社会组织打造成为农民工问题社会治理体系中的重要主体力量，使其成为农民工公共服务的积极倡导者、主要参与者和高水平供给者，为解决我国农民工公共服务均等化问题发挥出更大的作用。

第三，促进服务农民工社会组织公平竞争、良性发展。政府应加强市场竞争机制建设，充分发挥市场竞争机制的重要作用，采取公开公平、竞争择优方式选择最专业、最优秀的社会组织承接农民工公共服务，努力激发服务农民工社会组织的内在活力和发展动力。首先，积极营造社会组织公平竞争的市场环境。通过市场竞争机制的锤炼和优化，催生和造就大批政治进步、管理规范、专业高强、服务优质、社会认可的服务农民工社会组织，并确保其诚信自律、依法经营、规范运转和健康发展，为提升农民工公共服务的质量和水平提供可靠有效的发展路径。其次，加强县（区）乡（街）基层服务农民工社会组织建设。各级政府要高度重视、精心培育、大力扶持县（区）乡（街）基层服务农民工社会组织，充分发挥县（区）乡（街）基层服务农民工社会组织近民生、接地气、知民意、效率高、服务好、成本低等特殊优势，全方位、无缝隙地打造出服务农民工的县（区）乡（街）基层社会服务体系和社会化支持网络，为农民工提供高契合度、高融合性、高衔接性的精准化公共服务，大力提升政府购买农民工公共服务的资金绩效和社会效益。最后，提升服务农民工社会组织治理效能，加快推进城市公共服务均等化、一体化建设。通过将服务农民工社会组织嵌入公共服务改革大局，促进政府、社会、市场、企业、公众等多方力量携手聚力合作解决农民工公共服务均等化问题，共同构筑起当代中国农民工公共服务多元供给、优质高效的社会治理新型格局。

三 扩大农民工服务购买目录，提升农民工服务供给质效

现代政府购买公共服务制度设计强调"种类上有扩充，数量上有规模，质量上有保障，效率上有提升"。对此，政府在编制政府购买农民工公共服务指导性目录上要下足功夫，通过拓展政府购买农民工公共服务项目的种类和规模，切实增强政府购买农民工公共服务的针对性、精准性，大力提升农民工公共服务的供给能力、质效和水平，切实满足农民工群体多层次、多样化的公共服务需求。

第一，基于农民工需求科学制定政府购买农民工公共服务指导性目录。在编制指导性目录前期论证阶段，各级政府要严格按照国家出台的具体规定，如2013年国务院办公厅《关于政府向社会力量购买服务的指导意见》（国办发〔2013〕96号）、2020年财政部《政府购买服务管理办法》（中华人民共和国财政部令第102号）等政策法规的要求，对购买范围和具体项目进行充分广泛的意见征求和专家论证，并以农民工需求和公共服务均等化为核心导向，认真调查、征询和吸纳农民工对公共服务具体配置的意见与建议。在现阶段，政府要以农民工子女义务教育、法律援助、职业培训、就业创业、生理心理健康等发展性公共服务为重心，在购买农民工公共服务的种类和范围上不断增项扩面，力争把适合社会和市场提供的农民工服务内容均纳入政府购买农民工公共服务的领域范围，形成种类齐全、内容充实、配置合理、健全完备的公共服务指导性目录。同时，政府还需建立政府购买农民工公共服务指导性目录动态调整机制，即要根据国家和地区经济建设和社会发展的实际情况，以及农民工对公共服务的需求变化，及时调整和逐步改善政府购买农民工公共服务指导性目录的种类、性质与内容，确保其具备较强的实效性、创新性、可衔接性和可持续性，防止公共服务供给内容和农民工服务需求之间发生"偏离"或"错位"现象。

第二，持续完善政府购买农民工公共服务运行机制。政府要向社会及时、充分地发布政府购买农民工公共服务的指导性目录和具体购买项目，

积极鼓励和大力支持社会组织踊跃参与和规范承接服务项目,创新优化农民工公共服务购买机制和供给模式,努力提高政府购买农民工公共服务的质效和水平。在项目执行过程中,各级政府要落实好《财政部关于做好政府购买服务工作有关问题的通知》(财综〔2013〕111号)关于规范完善购买程序的具体要求,即"按照公开、公平、公正的原则,完善政府购买服务的各项程序规定,建立以项目申报、项目评审、组织采购、资质审核、合同签订、项目监管、绩效评估、经费兑付等为主要内容的规范化购买流程"。在此基础上,可根据现阶段各地服务农民工社会组织的能力、信用等实际情况和购买项目的具体特点,适度采用更加灵活与便捷的购买流程来确定政府购买农民工公共服务的承接主体。通过适当优化和简化项目申报、预算编制、项目公示、合同签订等购买流程,切实提高政府购买农民工公共服务的运行速度、运转质量、综合效率和服务效能。此外,政府还需进一步推进和完善政府购买农民工公共服务中涉及的统筹规划、责任落实、绩效考核和指导监督等工作,并结合农民工公共服务实际供求状况,以及社会组织绩效考评结果和实际服务能力,适当延长政府购买农民工公共服务合同履行期限,以利于社会组织等服务供给主体更好地进行农民工公共服务的长远谋划和总体布局,推动构建互联互信、紧密协作、优势互补、共利共赢的新型政社关系,合力推动政府购买农民工公共服务提质增效、创新发展。

第三,推进政府购买农民工公共服务均衡发展。政府应高度重视政府购买农民工公共服务的社会治理效能和社会助力作用,通过在全国范围内加强成功典型案例的总结和宣传工作,充分发挥成功案例的示范作用和引领效应,从而推动政府购买农民工公共服务在各区域间实现均衡发展。需要格外关注的是,城市社区是农民工生活的核心区域和重要载体,而社区社会组织是农民工公共服务的重要提供者,其在满足农民工基本服务需求、改善农民工生活品质以及丰富农民工人文关怀等方面具有积极效用。同时,加强社区社会组织建设,提升社区社会组织的服务质量和效率,对于改善农民工社会关系和提升农民工社会地位具有特别重要的意义,即能够有效促进农民工及其家庭的城市融入和社会融合。对此，政府要大力培育和加快发展社区社会组织，通过政府购买服务方式支持和推动社区社会组织广泛参与和积极开展农民工服务工作。一方面，竭力加强社区社会组织公共服务供给体系和体制机制建设，推动社区社会组织健全管理制度，完善治理机构，优化服务网络，增强服务意识，提高服务能力，拓宽服务领域，提升治理效能，发挥出社区社会组织在服务农民工方面所特有的贴心、方便、快捷、高效等明显优势。另一方面，加大政府向社区社会组织购买公共服务的范围和规模，鼓励、指导和支持社区社会组织规范承接政府购买农民工公共服务的各类项目，在基层社区中构建起宽领域、多样化、高质效的农民工公共服务供给体系，最终促成政府购买农民工公共服务实现更加协调、更加全面、更深层次的均衡发展。

四 加强对政府购买农民工公共服务的绩效评价和监督管理

随着政府购买农民工公共服务的深入开展，加强对政府购买农民工公共服务的绩效评价和监督管理越来越重要，对推动政府购买农民工公共服务规范发展和高质量发展具有重要的保障作用。只有对政府购买服务建立客观刚性的评估监督机制，通过实施科学评估、有效监督和刚性管理，才能保障公共服务达成公共理性要求[1]。因此，在大规模开展政府购买农民工公共服务工作中，各级政府和各类购买主体需要真正落实相关法律法规和政策制度的具体要求，为做好政府购买农民工公共服务的绩效评价和监督管理提供工作依据、基本标准、指导原则、行为准则和工作方法。同时，各级政府和相关主体要树立需求为本和绩效管理的理念，建立健全政府购买服务的评估指标体系和第三方评估机制，推动政府监管与行业自律有机结合，逐步形成政府监管、法律监管、社会监管三位一体的综合监管体系[2]。

---

[1] 王浦劬：《政府向社会力量购买公共服务的改革机理分析》，《北京大学学报（哲学社会科学版）》2015年第4期。

[2] 吕行：《推动社会组织健康发展（治理之道）》，《人民日报》2017年3月21日。

第一，加强政府购买服务绩效评价和监督管理的政策制定和实施工作。目前，政府购买农民工公共服务涉及绩效评价和监督管理的制度设计线条粗放，内容空泛，相关组织和有关人员难以准确把握和具体应用。政府和相关机构应修正与完善社会公共服务相关法律，制订社会公共服务监管法规，完善社会公共服务监管规则，制订具有可操作性的监管法规实施细则，加强社会公共服务监管法律实施[①]。同时，政府还应加强政府购买农民工公共服务绩效评价政策制度的规范化建设，通过细化实化绩效评价的基本原则和制度内涵，为扎实开展政府购买农民工公共服务绩效评价提供内容翔实、标准清晰、操作便利的制度依据。目前，农民工在国家新型城镇化战略中的主体效用越来越突出，政府购买服务也在向农民工群体重点倾斜，因此，制定和实施政府购买农民工公共服务绩效评价和监督管理法律法规和政策制度已是刻不容缓。有关机构和部门应当从提升农民工公共服务质效和推进农民工市民化的大局出发，通过加强政府购买农民工公共服务法律法规和政策制度的制定和实施工作，确保政府购买农民工公共服务的绩效评价和监督管理实现"有章可循、有法可依"。

第二，科学构建购买服务绩效评价指标体系和监督管理运行机制。政府购买农民工公共服务设置的绩效评价指标具有理念导向作用和行为引导功能，其科学性、专业性、规范性、合理性、实操性对于科学构建绩效评价管理体系和运行机制具有重要的基石作用。一方面，从政府购买农民工公共服务的宏观要求看，其绩效评价指标设置应充分体现专业化、数量化、规范化、科学化、简约化等基本要求，不搞形式主义和繁琐哲学，既有质的考核标准，更有量的考评要求，最终做到既能实施有效评估评价，又能促进放开搞活服务，从绩效评价指标体系建设上引导和推进政府购买农民工公共服务逐步走向专业化、标准化、规范化，推动政府购买农民工公共服务的资金效益和质量水平不断攀升。另一方面，从政府购买农民工

[①] 中共广东省委党校经济学教研部课题组、余甫功：《创新广东社会公共服务监管机制的思路》，《岭南学刊》2012年第2期。

公共服务的具体要求看，其绩效评价指标设置应以质量、效率、效能和公平为主轴，建立以购买服务的规范性、质量和效率、可及性、经济性、具体效果、农民工满意度等指标为核心的绩效评价指标体系，以客观、公正、全面地反映政府购买农民工公共服务的运行质量和真实效能。在此基础上，各级政府应进一步加强政府购买农民工公共服务监督管理机制建设，不断提升监督管理工作力度和专业化、社会化水平，确保监督管理工作涵盖政府购买农民工公共服务的全方位和全过程，为推进政府购买农民工公共服务规范运行和健康发展提供重要保障。同时，应建立健全政府购买农民工公共服务绩效评价工作机制，积极推进和逐步加强第三方绩效评价工作，充分依据第三方绩效评价结果来改进不足、优化机制、提升质效和推动发展，促进政府购买农民工公共服务动态调整机制更加健全完善。

第三，建立"以农民工满意度为导向"的购买服务效果反馈机制。基于政府购买农民工公共服务的本质属性和根本目的，政府和相关考评机构应协作建立通畅、有效的服务效果反馈机制，以深入了解农民工对政府购买农民工服务的真实反映。事实上，作为政府购买农民工公共服务直接受益者的农民工是公共服务绩效评价的重要参与者，他们对政府购买农民工公共服务的质量和效果具有最终评判权，"农民工满意度"应当成为政府购买农民工公共服务绩效评价和监督管理的主要指标和重要内容。离开了"农民工满意度"的任何考评和监督都是本末倒置的假考评、假监督。因此，各级政府应积极支持绩效评价和监督管理机构及时反馈农民工的满意度和改进意见，并促进政府和社会组织不断按照农民工意见和建议改进和完善政府购买农民工公共服务各项工作，从而更好地为农民工提供优质高效、方便快捷的公共服务。如今，新型城镇化、乡村振兴、城乡融合发展等国家战略正在稳步开展，作为经济社会改革和城乡一体化发展的主要受益者，农民工群体的生活和工作变得越来越好。在此背景下，政府购买农民工公共服务实践力度及其治理效能不断加强，必将推动农民工公共服务更加健全完善，为保障农民工群体实现城市融入和安居乐业的发展目标提供强劲的发展动能。

参考文献

专著类

黄顺江:《改革开放以来我国农民工政策的演变过程》,载潘家华等主编《中国城市发展报告 No. 6》,社会科学文献出版社 2013 年版。

郑功成主编:《社会保障学》,中国劳动社会保障出版社 2005 年版。

邓大松主编:《社会保险(第二版)》,中国劳动社会保障出版社 2009 年版。

国家卫生和计划生育委员会流动人口司编:《中国流动人口发展报告 2015》,中国人口出版社 2015 年版。

李阳:《流动人口公共产品提供的公共政策研究——以流动儿童义务教育为例》,北京理工大学出版社 2015 年版。

王思斌主编:《社会工作导论》,高等教育出版社 2004 年版。

孙林主编:《社会工作实务》,复旦大学出版社 2018 年版。

田明、孙林、孙健:《流动人口时空流动过程与定居选择》,中国社会出版社 2020 年版。

张汝立等:《中国城市贫弱群体政策研究》,社会科学文献出版社 2018 年版。

岳经纶主编:《农民工公共服务:国际经验·本土实践·政策建议》,

中山大学出版社 2012 年版。

[印]阿玛蒂亚·森：《以自由看待发展》，任赜、于真译，中国人民大学出版社 2002 年版。

期刊论文类

许芸：《从政府包办到政府购买——中国社会福利服务供给的新路径》，《南京社会科学》2009 年第 7 期。

悦中山、李卫东、李艳：《农民工的社会融合与社会管理——政府、市场和社会三部门视角下的研究》，《公共管理学报》2012 年第 4 期。

何晓红：《农民工公共服务：政府、市场、社会新型协同互动》，《云南行政学院学报》2017 年第 3 期。

沈水生：《农民工共享城镇基本公共服务的进展、问题及对策》，《社会治理》2017 年第 6 期。

谢宇、谢建社：《农民工基本公共服务供给侧改革路径新探》，《江西师范大学学报（哲学社会科学版）》2019 年第 5 期。

王飞：《政府购买农民工就业培训服务模式研究》，《当代经济管理》2012 年第 12 期。

高洪贵：《农民工教育培训的困境及其超越——以政府购买公共服务理论为视角》，《现代远距离教育》2014 年第 2 期。

王为理、任珺：《农民工公共文化服务供给侧改革探析》，《特区实践与理论》2017 年第 2 期。

陈世香、赵雪：《农民工公共文化服务供给机制研究：基于"服务三角"模型的建构》，《行政论坛》2017 年第 2 期。

石丹淅、王轶：《乡村振兴视域下农民工返乡创业质量影响因素及其政策促进》，《求是学刊》2021 年第 1 期。

陈宜、张涛：《接近正义：农民工法律援助生态分析及路径建构——以 1767 个农民工法律援助案件为样本》，《学习论坛》2017 年第 9 期。

李培林：《中国改革开放40年农民工流动的治理经验》，《社会》2018年第6期。

金三林、王宾、许召元：《新时期农民工总体特征及发展趋势》，《开放导报》2011年第4期。

刘爱玉：《城市化过程中的农民工市民化问题》，《中国行政管理》2012年第1期。

龚维斌：《城市农民工的公共服务：问题与建议》，《中国行政管理》2001年第4期。

徐贵宏、贾志永、王晓燕：《农民工NGO建设的政策需求与生成路径》，《公共管理学报》2007年第4期。

张玲丽：《农民工培训基地在杭成立》，《杭州通讯》2007年第1期。

耿书仓、张效林：《新泰"六统一"搞活农民工职业技能培训》，《山东人力资源和社会保障》2018年第7期。

《"川妹子"培训全省招标》，《四川劳动保障》2005年第5期。

任改玲：《河南省对外承包工程与劳务合作的发展探析》，《对外经贸实务》2009年第9期。

李凤发：《中部打造农民工"就业名片"》，《小康》2005年第9期。

广西财政厅课题组、黄绪全、范英蒙：《广西农民工就业创业财政政策问题研究》，《经济研究参考》2017年第59期。

《湖南十大劳务品牌一年赚回600亿元》，《领导决策信息》2006年第16期。

《全总在12个省建立农民工技能培训示范基地》，《工友》2009年第7期。

谢彦琼：《实施农民工职业培训 提升农民工技能素质》，《中国职工教育》2014年第4期。

徐水源：《农民工劳动合同签订状况及其影响因素分析》，《人口与社会》2017年第3期。

唐羚、郑爱翔、赵建伟：《供给侧改革背景下新生代农民工终身职业能力开发机制研究》，《教育与职业》2018 年第 22 期。

姬建军：《陕西农民工培训"阳光工程"成效、问题和对策》，《长沙航空职业技术学院学报》2013 年第 2 期。

黄剑：《苏州市农民工职业培训的困境与对策》，《中国培训》2011 年第 2 期。

管兵、夏瑛：《政府购买服务的制度选择及治理效果：项目制、单位制、混合制》，《管理世界》2016 年第 8 期。

《南京市总工会开展关爱农民工系列服务活动》，《工会信息》2015 年第 4 期。

谌利民、王皓田、郝思思：《以平等为核心构建新时期农民工和谐劳动关系》，《宏观经济研究》2019 年第 9 期。

江永清：《我国地方政府购买服务支持大众创新创业的实践模式比较》，《中国行政管理》2018 年第 7 期。

孙健、田明：《购买服务视角下农民工政策发展及其治理效能》，《天津行政学院学报》2020 年第 5 期。

李伟：《农民工社会保障问题研究综述》，《经济研究参考》2013 年第 6 期。

刘志军、陈姣姣：《从"二元"到"双低"：农民工社会保障的"浙江模式"探析》，《中南民族大学学报（人文社会科学版）》2010 年第 3 期。

张翼、周小刚：《农民工社会保障和就业培训状况调查研究》，《调研世界》2013 年第 2 期。

章铮：《从托达罗模型到年龄结构——生命周期模型》，《中国农村经济》2009 年第 5 期。

陈彩娟：《杭州完善农民工住房保障制度研究》，《杭州学刊》2018 年第 2 期。

吴霓：《民办农民工子女学校设置标准的政策困境及解决措施》，《教育研究》2010年第1期。

中央教育科学研究所教育发展研究部课题组、吴霓：《进城务工就业农民子女接受义务教育的政策措施研究》，《教育研究》2007年第4期。

袁连生：《农民工子女义务教育经费负担政策分析》，《中国教育学刊》2010年第2期。

石宏伟、刘刚：《农民工随迁子女义务教育供给模式创新研究——基于政府—市场—社会协作的分析框架》，《江海学刊》2017年第2期。

邬志辉、李静美：《农民工随迁子女在城市接受义务教育的现实困境与政策选择》，《教育研究》2016年第9期。

张存贵：《农民工随迁子女社会化成长问题及成因探究》，《吉林工程技术师范学院学报》2014年第3期。

黄清华：《健康权 健康中国的法治理论》，《中国卫生》2016年第10期。

王建：《上海市宝山区政府为流动人口"购买服务"》，《人口与计划生育》2009年第4期。

李华、张志元：《建立农民工医疗保障制度的对策思考》，《学术交流》2009年第1期。

尹菁菁、周晓媛：《基于私人诊所构建农民工门诊医疗保障体系》，《现代预防医学》2009年第22期。

郑辉、刘燕：《农民工健康状况及其影响因素综述》，《九江学院学报（自然科学版）》2019年第1期。

骆焕荣、黄锋锐、张雪静、邓筱璇、徐少玲：《城市农民工心理状态调查分析》，《中国民康医学》2006年第11期。

胡荣华、葛明贵：《对408名城市农民工心理健康状况的调查》，《中国卫生事业管理》2008年第3期。

刘晋洪、张泉水、夏莉、陈家建、张秀芬、黄晓宇：《深圳市外来工心理卫生需求调查与分析》,《中国社会医学杂志》2007年第2期。

邓梅、杨轶冰:《农民工心理健康调查研究——以深圳市龙华新区为例》,《柳州职业技术学院学报》2019年第4期。

李琼、尹天子、杨帅、王晓刚:《农民工心理健康服务需要的现状调查与对策》,《西南大学学报(社会科学版)》2011年第3期。

于建嵘、何军民:《多措并举促进农民工心理健康发展》,《人民论坛》2019年第18期。

黄仁宗、黄广东、邵晓晖、白晓云:《农民工文化驿站效果好》,《思想政治工作研究》2014年第2期。

叶继红:《农民工文化需求与城市公共文化服务体系构建——来自江苏的调查与思考》,《中州学刊》2015年第6期。

丁振峰、窦海波、袁晓毅、李莉:《新生代农民工体育发展模式研究》,《体育文化导刊》2015年第5期。

朱寒笑、陈小蓉:《关于构建农民工体育参与与健康促进社会支持系统的思考》,《中国体育科技》2010年第3期。

林岚、李大威:《全民健身视域下农民工体育可持续发展的研究》,《成人教育》2019年第6期。

孙健、刘帅顺、李豪生:《以流动人口融入为重心创新社区治理——基于深圳市清湖社区的调查》,《社会治理》2020年第6期。

张德淼:《建立和完善农民工法律援助制度的法治意义》,《人民论坛》2019年第19期。

李福全:《加强对农民工的法制宣传教育》,《求是》2008年第2期。

王彬:《西安市出台法律援助农民工十条措施》,《农技服务》2006年第9期。

钱桂林:《为职工"购买服务"值得称道》,《工会博览》2012年第7期。

孙雁:《完善农民工法律援助工作的对策探索》,《产业与科技论坛》

2018 年第 6 期。

王文波：《关于农民工法律援助问题探究》，《法制与社会》2017 年第 16 期。

徐梅、彭博文：《农民工法律援助存在的问题及解决对策》，《人民论坛》2013 年第 14 期。

李林、王宗旗：《完善农民工法律援助工作的对策探索》，《人民论坛》2019 年第 19 期。

杨玫：《农民工网站信息服务现状的调查研究》，《图书馆学研究》2013 年第 20 期。

徐水源：《太仓市推进政府购买流动人口卫生计生服务的调研与思考》，《人口与计划生育》2016 年第 6 期。

吴玉祥：《多措并举打造流动人口卫生计生服务管理新亮点》，《人口与计划生育》2018 年第 2 期。

关信平：《社会工作介入农民工服务：需要、内容及主要领域》，《学习与实践》2010 年第 4 期。

姚青云：《社会工作介入农民工城市融入的研究——以 a 社工机构的农民工志愿者培育服务项目为例》，《社会与公益》2019 年第 5 期。

卢磊、黄小娟：《社会工作介入农民工服务的基本议题——一个本土社会工作发展领域》，《社会福利（理论版）》2019 年第 4 期。

李真、李涛、刘倩、卢金艳、杨珙瑁：《社会工作服务农民工的功能与角色》，《广东工业大学学报（社会科学版）》2013 年第 3 期。

徐道稳：《从农民工的服务需求看企业社会工作发展》，《信访与社会矛盾问题研究》2017 年第 2 期。

王红艺：《企业社会工作介入农民工服务探析》，《青海社会科学》2012 年第 1 期。

陈雪娇：《珠海协作者：内地社会工作发展的第四种模式》，《社会与公益》2013 年第 5 期。

马亚静、潘素芳、刘梦：《私营企业农民工问题与企业社会工作》，《中国劳动关系学院学报》2006 年第 6 期。

文军：《从生存理性到社会理性选择：当代中国农民外出就业动因的社会学分析》，《社会学研究》2001 年第 6 期。

李中建：《我国农民工政策变迁：脉络、挑战与展望》，《经济学家》2011 年第 12 期。

张翼、周小刚：《农民工社会保障和就业培训状况调查研究》，《调研世界》2013 年第 2 期。

刘建花：《农民工就业：职业介绍机构的缺位与对策——以济南为个案》，《山东省农业管理干部学院学报》2008 年第 1 期。

丁惠平：《依附、发轫与同构：当代中国社会组织发展历程》，《学习与探索》2019 年第 10 期。

季建辉：《政府购买公共服务的现存问题与完善建议》，《经济研究参考》2018 年第 35 期。

葛道顺：《我国公共服务采购：从行政驱动到依法治理》，《国家行政学院学报》2017 年第 3 期。

孙荣、汤金金：《政府购买公共服务：中国的理解与实践》，《情报杂志》2017 年第 10 期。

金碧华：《困境与抉择：政府向社会组织购买公共服务的评估监管制度》，《特区实践与理论》2016 年第 5 期。

中共广东省委党校经济学教研部课题组、余甫功：《创新广东社会公共服务监管机制的思路》，《岭南学刊》2012 年第 2 期。

包国宪：《绩效评价：推动地方政府职能转变的科学工具——甘肃省政府绩效评价活动的实践与理论思考》，《中国行政管理》2005 年第 7 期。

秦路杰：《均等化视角下农民工基本公共服务供给的困境与路径研究》，《企业导报》2016 年第 7 期。

李健、成鸿庚、贾孟媛：《间断均衡视角下的政社关系变迁：基于

1950—2017年我国社会组织政策考察》,《中国行政管理》2018年第12期。

王浦劬:《政府向社会力量购买公共服务的改革机理分析》,《北京大学学报(哲学社会科学版)》2015年第4期。

学位论文类

刘佳:《农民工劳务中介组织发展问题研究》,硕士学位论文,辽宁师范大学,2009年。

苏雷:《农民工公共就业培训的公众满意度研究》,硕士学位论文,西南财经大学,2011年。

严惠:《论我国农民工法律援助制度的完善》,硕士学位论文,西北大学,2017年。

魏微:《新生代农民工公共就业服务研究》,硕士学位论文,南昌大学,2015年。

杨艺芬:《政府购买农民工就业培训服务质量研究》,硕士学位论文,华侨大学,2015年。

李倩:《新生代农民工公共就业服务研究》,硕士学位论文,南京航空航天大学,2017年。

陈鑫:《河北省农民工公共就业服务研究》,硕士学位论文,河北大学,2017年。

张霄:《安徽省农民工职业技能培训研究》,硕士学位论文,江西财经大学,2018年。

于双奇:《协同治理视角下农民工公共就业培训问题研究》,硕士学位论文,山东大学,2019年。

孙明鑫:《吉林省政府解决城镇化建设中农民工职业技能培训的对策研究》,硕士学位论文,长春工业大学,2019年。

刘刚:《新生代农民工随迁子女义务教育供给模式创新研究》,硕士学位论文，江苏大学，2018 年。

李玉姣：《基本公共服务对新生代农民工定居意愿的影响研究》，硕士学位论文，中南财经政法大学，2018 年。

刘萍：《新生代农民工社会融合进程中的公共服务均等化研究》，硕士学位论文，华东政法大学，2019 年。

徐贞庆：《构建和谐社会中的农民工主体认同》，硕士学位论文，西南政法大学，2013 年。

李彬彬：《新生代农民工职业技能培训问题及对策研究——以桂林市为例》，硕士学位论文，广西师范大学，2018 年。

曾庆吉：《教育公平视野下的农民工子弟学校发展研究——以沈阳市为例》，硕士学位论文，沈阳师范大学，2012 年。

杨兰娟：《嘉兴市民工子弟学校办学状况及出路研究》，硕士学位论文，上海交通大学，2012 年。

张文：《上海市流动人口体育公共服务供给研究》，硕士学位论文，东华大学，2015 年。

陈晓菁：《家庭关系对农民工幸福感的影响研究》，硕士学位论文，湖南师范大学，2011 年。

张军：《社会工作在外来工子弟学校推广的模式探索》，硕士学位论文，中国社会科学院，2012 年。

李平：《中国转型时期城市农民工社会保障制度研究》，博士学位论文，华中科技大学，2007 年。

报纸类：

邱玥：《探路返乡创业》，《光明日报》2015 年 7 月 2 日。

高原丽：《创新方式 为农民工提供公共文化服务》，《黑龙江日报》2017 年 9 月 20 日。

丛民：《技能培训成济南农民工就业通行证》，《工人日报》2018 年 8

月16日。

王丹、程佳雯：《我省积极探索农民工返乡创业新模式》，《吉林日报》2019年9月27日。

孙覆海、孙祯、郭金鹏：《枣庄订单式培训助推农民工就业》，《工人日报》2014年7月24日。

张伟亚：《雄安新区开展职业技能提升行动　新生代农民工可免费参加技能培训》，《河北日报》2019年12月24日。

朱殿勇：《省政府与人社部签署备忘录　深入推进河南全民技能振兴工程》，《河南日报》2014年4月15日。

李艳、赵帅棋：《西安"五管齐下"促农民工融入城市》，《陕西日报》2016年6月7日。

汪瑛：《积极应对挑战　促进农民增收　我市出台扶持农民工创业12项激励政策》，《商洛日报》2009年2月6日。

乔栋、王沛：《一技在手转岗无忧（政策解读·聚焦职业技能培训（下）》，《人民日报》2018年8月3日。

陈瑞昌：《江苏50万农民工接受技能培训》，《中国教育报》2016年5月12日。

张璇：《我省每年资助1万名农民工提升学历和能力》，《宁波日报》2019年10月11日。

戴元湖：《启动技能培训"快进键"　助力乡村振兴"加速跑"》，《新华日报》2020年1月7日。

毛浓曦：《陕西开展农民工线上培训"百日行动"》，《工人日报》2020年4月24日。

韩秉志：《加强职业技能培训——助新生代农民工就业创业》，《经济日报》2019年2月15日。

张亮：《促农民工返乡创业需政策支持》，《经济日报》2017年8月16日。

张蕴：《我省组织实施农民工等四类返乡人员创业培训五年行动计划》，《青海日报》2016年10月23日。

原付川：《雄安新区引导扶持创业孵化基地 创业实体在基地享受两年孵化期》，《河北日报》2019年4月2日。

王雨：《我省全民创业行动有效带动就业》，《贵州日报》2018年2月24日。

王红：《郑州返乡农民工 创业有补贴 首批178人每人8000元》，《郑州晚报》2017年8月18日。

余嘉熙、孔维爽：《河南出台17条促进稳定就业措施》，《工人日报》2019年1月24日。

逯彦萃：《我省多举措保障农民工安全返岗顺利复工》，《河南日报》2020年2月14日。

方宪遵：《我市全力推动企业复工和农民工转移就业》，《商洛日报》2020年3月6日。

黄怀：《企业招本市农民工可获社保补助》，《厦门日报》2011年6月5日。

章鸽、彭燕娥、金睿：《政府买保险惠及全市外出务工农民工》，《长江日报》2017年12月27日。

窦菲涛：《小额人身保险为农民工撑起权益"保护伞"》，《工人日报》2017年12月14日。

程丽红、陶媛慧：《沈阳将农民工纳入公租房保障范围》，《人民政协报》2011年10月25日。

金计：《宜昌农民工购房可申报补贴 每平方米补贴100元》，《农村新报（湖北日报农村版）》2017年9月2日。

张国圣：《重庆南岸：帮"新市民"实现安居有业》，《光明日报》2008年10月9日。

袁大坤、尹勇：《巴山"背二哥"廉租公寓温暖过寒冬》，《四川日报》2013年1月7日。

刘慎平、张义国：《临沂城区实现农民工综合服务全覆盖》，《经济导报》2015年1月5日。

姜明：《天津：已建成标准化农民工公寓78处》，《工人日报》2015年6月11日。

陈学桦、郑伟伟：《"一元公寓"让农民工有了"安乐窝"》，《河南日报》2018年4月29日。

计琳：《上海60所民工子女校确定民办身份》，《中国教育报》2008年6月10日。

陈妤、孙学荣：《全市最大的民办民工子弟学校启用 918名符合条件的新区外来务工人员子女昨入学》，《舟山日报》2017年9月2日。

熊丙奇：《购买民办学位保障随迁子女平等入学权利》，《南方日报》2015年3月18日。

夏禾：《民办学校为何年增70所?》，《苏州日报》2015年10月9日。

张文凌：《昆明：政府购买民办学校公费学位》，《中国青年报》2015年10月1日。

郭文君、张超：《东莞今年拟为随迁子女购买5600个民办学位》，《南方日报》2016年5月27日。

彭欢：《南充启动关爱农民工子女活动》，《华西都市报》2014年5月29日。

刘茜、梁嘉敏、张祥：《今年省财政补贴培训本省农民工400万人次》，《南方日报》2009年1月20日。

房伟、邵馨尔：《政府购买服务 关爱留守儿童 "甬润童心"项目昨正式启动》，《宁波晚报》2017年8月10日。

李无双、宋佳佳：《暑期农民工子女免费培训圆满结束》，《郑州晚报》2017年8月18日。

项凤华：《省财政安排专项资金呵护留守儿童》，《现代快报》2017年

11月11日。

郑莉：《2019关爱农民工子女阳光少年成长营开营》，《工人日报》2019年7月18日。

王晨光：《什么是公民健康权》，《健康报》2020年1月2日。

黄秋斌、鞠成伟：《健康权的法律保护》，《光明日报》2013年4月20日。

钟洁：《"工会真是我们的娘家人"——西安市总工会为职工办实事、办好事、解难事侧记》，《陕西工人报》2016年7月12日。

范生栋：《城北区为485名农民工免费体检》，《西宁晚报》2017年8月3日。

曹树林：《河南外出打工农民有了定点医院》，《人民日报》2007年8月9日。

牛谦平：《邯郸首家"农民工优惠定点医院"挂牌 农民工持身份识别专用磁卡就诊可享受诸多优惠》，《河北工人报》2008年3月28日。

王胜昔、李世强：《开封市建起首家农民工医院》，《河南日报》2009年6月22日。

徐晗：《农民工"平安返沪"将获火车票补贴》，《劳动报》2016年12月29日。

高华庚：《医学法学专家为农民工答疑》，《辽宁日报》2019年1月11日。

李立红：《四部门部署青年志愿者关爱留守儿童"七彩假期"项目》，《中国青年报》2017年7月18日。

程菲、悦中山：《加强农民工心理健康服务》，《中国社会科学报》2018年11月28日。

赵子慧：《"关爱农民工心理咨询志愿服务热线"开通》，《南京日报》2010年6月26日。

彭杰：《政府购买服务 关爱农民工子女》，《南充日报》2015年5月

29日。

白青锋：《"为农民工思想上解惑心理上解压"——桂林市总工会主席莫玲玲谈关注农民工心理健康》，《工人日报》2013年5月14日。

钟茜妮：《6万农民工组社团 产业园区内建起文化驿站》，《成都商报》2016年6月11日。

骆颖：《江苏省苏州市吴江区推进农民工融入文化家园》，《中国文化报》2013年2月20日。

宜宣：《百万文化产品惠及农民工》，《宜宾日报》2019年2月2日。

严俊、施晓义：《为农民工免费放映电影 省总工会向11个市赠送放映设备》，《浙江日报》2006年10月17日。

周玮：《请农民工进影院 向农民工赠图书》，《人民日报》2007年4月13日。

常书香、赵赛娜：《"百场电影送农民工"活动启动》，《洛阳日报》2015年4月15日。

徐微：《我省首批农民工流动书屋建设工程启动》，《长春晚报》2015年10月31日。

邹明强、吴志武、张明：《武汉：80万册图书500份报刊供农民工免费阅读》，《工人日报》2015年7月16日。

马学礼、郑建平：《吴忠市总送农民工文化大餐》，《工人日报》2015年8月31日。

张全连、林丽、施为飞：《全省农民工学法活动周精彩纷呈》，《江苏法制报》2017年2月14日。

李婷：《"十一"90余个放映点将免费放映百余场电影 为沪上农民工送上假日文化大餐》，《文汇报》2017年9月29日。

吴雨倩：《十余家影院参与放映送票活动 海口免费请农民工看电影》，《海口日报》2018年7月26日。

钱培坚：《上海职工体育健身四季大联赛启动》，《工人日报》2011年

5月5日。

刘春华、薛剑：《首届川籍农民工运动会在广州举行》，《四川日报》2019年11月25日。

张锐：《2019年服务农民工公益法律服务行动启动》，《工人日报》2019年9月25日。

赵万山：《提高农民工法治意识促进农民工社会和谐　全省2019年农民工法制宣传教育日活动启动》，《兰州日报》2019年4月14日。

睢位红、黄军伟：《关爱农民工提供法律服务》，《河南法制报豫北新闻》2013年2月21日。

陈碧红：《法律宣传进工地　提高农民工依法维权能力》，《四川日报》2018年10月31日。

彭兴田、张春晓：《工会"购买服务"惠及职工》，《大众日报》2012年6月16日。

侯永锋、刘乐：《全省11个市设立农民工法律服务站46家　去年近两万名农民工获得法律援助》，《辽宁日报》2019年2月21日。

徐隽：《四川省司法行政系统连续8年开展帮助农民工讨薪专项行动　让农民工享有更多法律援助》，《人民日报》2019年12月12日。

靳昊：《司法部推出10项惠民举措》，《光明日报》2020年5月14日。

卢越：《尊法守法，携手筑梦　公益法律服务共援助农民工6.7万人》，《工人日报》2019年12月12日。

王宁：《"为流动人口购买法律服务"有感》，《中国人口报》2013年4月5日。

陆志瑛：《优化升级流动人口卫生计生服务》，《中国人口报》2017年6月9日。

曾妮、邓莉、姜文明：《全省最大青少年社工服务团队入驻海珠　1650万元　政府购买3年社工服务》，《南方日报》2012年9月21日。

李益民、郑唯薇：《政府购买服务　关爱留守儿童》，《湖南日报》

2020年2月14日。

张沁、谭香华、张晓熠：《长沙乡镇街道将全部建立社工站》，《潇湘晨报》2018年8月4日。

卢磊：《社会工作介入农民工服务的困境与建议》，《公益时报》2017年7月18日。

王会贤：《企业社工的东莞之路》，《公益时报》2014年8月5日。

朱小兵：《今年前10月我市处理欠薪投诉案件2078件》，《台州日报》2015年11月27日。

李佳婧：《社会组织发展：从数量扩张转向高质量发展》，《学习时报》2020年8月5日。

吕行：《推动社会组织健康发展（治理之道）》，《人民日报》2017年3月21日。

后　　记

本书是我近年来关于政府购买农民工公共服务研究的主要成果，也是辽宁省哲学社会科学青年人才培养对象委托课题（项目编号：2022lslwtkt－055）、沈阳市哲学社会科学规划课题（项目编号：SY202109Q）的结项成果。本书的出版得到了中国社会科学出版社的大力支持，在此表示衷心的感谢。本书的出版还得到了沈阳师范大学管理学院的出版资助，在此，对王海燕院长既有远见卓识、又不断提携后辈的睿智和胸襟表示深深的敬意和感谢。

我在北京师范大学攻读硕士学位的时候，就对中国农民工问题产生了浓厚的兴趣。随着我接触和访谈农民工案例数量的增加，我对中国农民工这一群体的情感和敬意愈发深厚。从乡村到城市，从田地到街区，农民工的身影已经遍布到中国的每一个角落，他们在生活中的朴素与无私，在工作中的坚持与奉献，及其彰显的自强、拼搏、创新、无畏等时代精神，常常令我十分感动，并激发我产生了对农民工群体进行广泛接触与深入探究的一种渴望。出于这种情怀，基于社会学与公共管理学的学科背景，我对中国改革开放进程中农民工的流动、家庭等问题进行了大量的考察和探索，并对农民工公共服务问题进行了重点关注，尤其是对政府购买农民工公共服务的治理效能进行了具体探析，期望借助这一领域的研究成果，能够对改善中国农民工公共服务问题起到一点推动作用。

中国农民工问题是中国社会经济转型发展和现代化建设中必须面对并

给予妥善解决的重大问题。从 20 世纪 80 年代开始，农民工在国家政策指引下进入城市务工经商，逐步发展成为我国产业工人的主体和现代化建设的重要支柱力量，为国家建设和社会发展建立了不朽的功勋。在此过程中，中国政府积极出台促进农民工融入城市和市民化的政策制度，为农民工在城市就业和生活提供有效的解决方案。其中，政府通过实施政府购买农民工公共服务的政策制度，有力提升了农民工公共服务的供给能力、供给质效和供给水平，对推进农民工均等享受城市公共服务和推进农民工市民化发挥了重要作用。但从学界对政府购买农民工公共服务的关注程度和研究力度来看，学界对政府购买农民工公共服务的理论研究明显不足。当前，在深入实施新型城镇化战略和城乡融合发展战略的关键时期，提升政府购买农民工公共服务的质效水平和治理效能，对推进农民工城市融入和社会融合的作用越来越突出。在此背景下，对政府购买农民工公共服务进行系统的理论梳理和深刻的实践总结已经成为社会科学界的重要责任。本书即是为担承这种现实责任而做出的积极努力，其立足于政府购买农民工公共服务的关键领域和具体实践，着力于总结和推广中国各级政府在购买农民工公共服务方面的主要成效和宝贵经验，对政府购买农民工公共服务存在的不足和问题进行了深入的思考和探析，对改进和完善政府购买农民工公共服务提出了改革展望和优化路径。作者衷心期望本书的出版能够对改善农民工公共服务起到一定的促进作用，同时也期盼能够为研究和治理中国农民工问题提供有益的参考和借鉴。

孙　健

2021 年 10 月 3 日